戦略課長

竹内謙礼／青木寿幸

PHP文庫

○本表紙図柄＝ロゼッタ・ストーン（大英博物館蔵）
○本表紙デザイン＋紋章＝上田晃郷

プロローグ

「ワン、ツー、ワン、ツー、スリー、フォー！」

山本吾郎《やまもとごろう》は、ギターを指で叩くと、突然、ベッドの横で歌い出した。

「ごめんよ〜、昨日はケンカしてごめんよ〜。ウォウ、ウォウ、許してくれよ〜」

朝7時に叩き起こされて、無理やり聴かされた曲にしては、あまりにも拍子抜けした歌だったが、その滑稽《こっけい》な歌詞に、道明《どうみよう》美穂《みほ》は思わず噴き出してしまった。

しかし、吾郎は構わず、歌い続ける。

「悪気はなかったんだよ、ベイビー、愛しているから許してくれよ〜」

ひたすら懺悔《ざんげ》の歌を繰り返す吾郎。美穂は「分かったわよ、分かった！」と言って、ゆっくりと拍手をしながら、ベッドから身を起こした。

「許してあげる」

「ホント⁉」

吾郎は外国人のように両手を大げさに広げて、喜びを表現した。ぐるぐるとヘビの模様が描かれた趣味の悪いバンダナと、童顔で女の子のようにカワイらしい吾郎の顔が、たまらなく美穂の母性本能をくすぐった。

「昨日は悪かったよ。あっ、美穂の誕生日の7月4日を忘れていたわけじゃないんだよ。ただ、昨日はバンドの仲間と飲みすぎちゃって……それで、帰りが終電になっちゃってさ。昨日中に、〝おめでとう〟って言えなくて、ホントにごめんよぉ」

「いいのよ。私みたいな5歳も年上の彼女のことなんて、若い子にキャーキャー言われているうちに、忘れちゃったんでしょ」

「あーん、許してくれよぉ」

吾郎は甘えた声を出すと、美穂の横に座って、ぎゅっと肩を抱き寄せた。

「ごめんよぉ～。俺《おれ》、美穂がいなかったら、本当にダメだからさぁ」

「本気で、そう思ってる？」

「もちろんだよ。こうやって音楽活動を頑張れるのも、美穂を幸せにしてやりたいっていう思いがあるからなんだよ。いつか俺がメジャーデビューしたらさ、こんなボロっちいアパートなんか引き払って、六本木のでっけぇ高級マンションで暮らさせてやっからさ」

「ボロっちいアパートで悪かったわね！　ここの家賃は、全部、私が払っているのよ！」

「あっ、そういう意味じゃないんだよ、あの、その……なんていうのかなぁ、居候《いそうろう》の俺が偉《えら》そうに言えないよね、ははっ、ははは」

吾郎の困惑《こんわく》した笑いに釣られて、美穂も一文字にした口をゆるめて笑い出した。

「今年で私も30歳よ。会社の仕事だって別に楽しいわけじゃないしさ。一発ヒット曲でも出して、もう少しラクさせてよ」

美穂は、そう言うと、吾郎の背中をパシンッとひっぱたいた。

「いてっ！」

「はい、これで昨日のケンカはチャラ！　私はこれから通勤ラッシュに揉《も》まれて、会社に行かなきゃいけないんだから、はい、どいて！」

美穂は吾郎を払いのけながら、下着姿のまま、洗面所に向かって歩き始めた。

「今日は、いつもより早いんだね」

「この間の株主総会で、銀行から新しい取締役を迎え入れることが決まったみたいなのよ。うちの会社、業績が悪くて、株価もずっと低迷していて、とうう銀行がお金だけじゃなくて、経営陣まで送り込んで来ることになったの」

美穂はタオルを首にかけると、マツモトキヨシで買ったセール品の化粧水に手を伸ばした。

「なんか、よく分かんないけど、大変そうだなぁ」

「さらに、今年は課長に昇進しちゃったからね、大変さが倍増よ」

「女で課長さんって、大変なの？　美穂みたいにキレイな課長さんだったら、お酒飲んで変なことしてくる上司や取引先とか、いるんじゃないの？」

洗面所の鏡に、心配そうな顔をする吾郎の顔が映った。それを見て、美穂は長い髪の毛をかきあげながら、口にヘアゴムをくわえて、ぎこちない口調で答えた。

「最近は、セクハラとかに厳しい時代になったから、そういうバカなことをする男性は皆無《かいむ》ね。私が言っている『大変』っていうのは、仕事のことよ」

「仕事が大変？　課長になると、何か、難しい数式が並んだ資料でも作らされるの？」

「うーん、ちょっとニュアンスが違うかな。今回は、先輩がたまたま転職しちゃったから、自動的に課長に繰り上がっただけで、仕事の内容はあまり変わっていないの。それより、今、うちの会社の業績が悪化していて、正直、自分が何をすれば、それが好転するのかが、さっぱり分からないのよね。そういう『分からないこと』と毎日向かい合って、仕事をしなきゃいけないことが、『大変』ってことなの。私の言っている意味、分かる？」

「うーん、分かんないや。だけど、とにかく大変そうだ。それだけは、俺でも分かる」

吾郎は小さく頷《うなず》くと、また布団の中にもぐりこんだ。

「簡単に言えば、ミュージシャンが曲を作ってメジャーデビューするよりも、もっと大変ってことよ」

「あー、それは嫌みだなぁ」

ベッドから飛び起きて困った顔をする吾郎の顔を見て、美穂は口元を優しくゆるめた。

戦略課長　目次

STRATEGIC MANAGER

序　章

「新しい上司の名前は、ロボット？」

白髪のポマードを整えながら、社長が会議室に入って来ると、全員が立ち上がって一礼をした。

「課長以上の人間は、全員、集めたかな?」

「はい、集まりました」

答えたのは、〝タヌキ〟というあだ名がつけられた部長の田沼《たぬま》だった。

社長と遠い親戚《しんせき》に当たる田沼は、会社が30年前に上場したときから働いており、今では、経理部長だけではなく、人事部長も兼任していた。社長に対しての、絶対的な〝イエスマン〟であり、目上の取締役などには媚《こ》びへつらうが、部下には叱咤《しった》するという典型的なダメ上司。美穂《みほ》が入社した当時から、まったく人望がない人物だった。

しかし、田沼の態度が極端に目立つだけで、会社の上司のほとんどが、上の人間には逆らわず、下の人間には口うるさいというスタンスを取っているのも事実である。「上司がやることには疑問を持たない」、「言われたことだけをやる」、「余計なことはやらない」というのが、社内で安泰《あんたい》に過ごすために社員が身につけた、〝我が社の三大処世術〟と言えるものだった。

美穂も入社当初は、その卑屈《ひくつ》な社内体質に違和感を覚えたが、「これが、うちの会社のカラーだから」という先輩達の話を聞いているうちに、いつのまにか、社内の〝イエスマン体質〟に慣れてしまっていた。

田沼は簡単な挨拶をしたあと、眉間《みけん》にシワを寄せながら、硬い口調で話し始めた。

「みなさんもご承知のとおり、我が『ホリデイ産業』は、今期、上場して30年目を迎えますが、この節目《ふしめ》の年に、前期比で売上が2割減となりました。流通業界の低迷に伴って、我が社のメイン商品である紙袋とビニール袋の製造の受注が減ったことに加え、最近の地球温暖化によるエコブームでエコバッグを持ち歩く消費者が増えたことが、主な要因だと思われます。さらに、最近では競合会社との値引き合戦により、利益率が減る一方で、業績が回復する見込みが立たない厳しい状況が続いています。そして、みなさんも知っているかと思いますが、うちの株価が1週間前には、過去5年間での最安値を更新してしまいました」

田沼は、そう言うと、手元にある水を一口飲み、咳払《せきばら》いをしてから再び話し始めた。

「この現状を打破するために、当社のメインバンクである東京明治SF銀行の優秀な社員一名が、我が社の取締役に就任してくれることになりました。どうぞ、お入りください」

ガチャン。

田沼が会議室の入り口を指すと、扉が大きな音を立てて開いた。そして、そこには全身グレーの、ブリキでできた玩具《おもちゃ》のようなロボットが立っていた。顔はバケツをひっくり返した円錐《えんすい》台形をしており、頭には小さな電球が点滅している。腹話術の人形のようなアゴに線の入った口は半開きになっていて、丸い胴体の胸のモニターには、なにやら細かい曲線や数字が映し出されていた。ロボットはガシャン、ガシャン、ガシャンと金属がきしむ音を立てながら会議室に入って来て、社長と田沼の間にあるイスに腰を下ろした。

田沼が、額の汗をぬぐいながら話を続けた。

「こちらが、東京明治SF銀行から出向して来ていただいた……えーと、お名前はなんでしたっけ？」

「ロボットです」

美穂は、「それは名前じゃないだろ」と思ったが、田沼は「そうですか」と言って、何事もなかったように話を続けた。

「はい、ロボットさんにはですね、今日から、我が社の取締役として、今後の新規事業に携《たずさ》わってもらいます。えー、ロボット取締役の下で動いてもらうのはですね……営業三課の道明《どうみょう》美穂課長、道明課長いますかぁ」

「あ、はい」

美穂は、思いもよらなかった指名に、慌てて立ち上がった。

「道明課長、まずは、あなたの課で、ロボット取締役の新規事業を全面的にバックアップしてあげてください」

「バックアップって……何をすれば」

「それは、ロボット取締役と相談してください。以上、今日の会議は終わりです。社長、何かありますか？」

田沼がそう言うと、社長は「ワシからは何もない」と答えて、ゆっくりと席を立ち上がった。それと同時に、田沼が「今日も一日頑張りましょう！　以上！」と大きな声をあげて、会議は終了した。

ロボットは、「ウィーン」というモーター音を響かせて立ち上がると、再び金属音を立てながら、みんなと一緒に会議室から出て行った。

その後ろ姿を見て、頭が真っ白になっていた美穂は、ようやく我に返った。

ロボットと仕事って？

そんなこと、常識的にできるわけがない！

美穂は会議室から出て行こうとする田沼を見つけると、急いで駆け寄った。

「田沼部長。これは……ちょっと、オカシイんじゃないでしょうか」

「何が、オカシイんだね？」

「だって、ロボットですよ、ロボット。っていうか、あのロボットは、何ですか？」

「さっきの会議の話を聞いていなかったのか？　あのロボットは、東京明治SF銀行から出向して来て、株主総会でうちの取締役に就任が決まったお方だよ」

「いえ、聞きたいのはそこじゃないんです！　あのロボットは一体、何で動いているんですか？　誰か、中に人が入っているんですか？」

「そんなの知らないよ。私が作ったんじゃないんだし」

まったく話がかみ合わない。面倒くさそうに答える田沼に、さらに美穂は食い下がった。

「とにかく、生身の人間だったら仕事はできますが、あんな得体の知れないロボットと一緒に、仕事なんてできません！」

「そう言うなよ～。メインバンクには、逆らえないんだからさ」

「では、そのメインバンクの人に聞いてください！　あのロボットが一体何者なのか、どうして人間の言葉が話せて、自分の意思で動けるのか！」

美穂がそう言うと、田沼は耳をほじくりながら、ぐにゃりと顔を歪《ゆが》めた。

「道明君、キミは細かいこと気にするねぇ。ほら、社長だって、『何もない』って言ってたじゃないの」

「私の質問のどこが細かいんですか！」

「とにかく、私は大学も文系だから、機械のことはよく分からん。誰か、他の奴に聞いてくれ」

そう言うと、田沼は大きく突き出たお腹をさすりながら、会議室を出て行ってしまった。

美穂は、ひとり会議室に残されて、どんよりとした不安に包まれながら、呆《ぼう》然《ぜん》と立ちすくんだ。

STRATEGIC MANAGER

第1章

自分の夢を、ビジネスで実現しようとするな

――新規事業を成功させる3つの戦略

「へぇ、そのロボット、そんなに厳しいんだ」

吾郎《ごろう》がそう言ったとき、ちょうど目の前に、注文したハンバーグ定食が運ばれてきた。

「事業計画書を出すと『ダメ』のひと言よ。会社に来てから1週間、座っているだけだから、マネキンみたいなロボットだと思っていたんだけど、さすがに銀行員だけあって、事業計画書は最後まで細かく、ちゃーんと見るのよね」

「ふーん、そのロボットって、男なの？　女なの？」

吾郎はいたずらっぽい顔をして、美穂《みほ》に聞いてきた。美穂はファミレスの苦いコーヒーをすすりながら、落ち着いた口調で答えた。

「たぶん、男。声が低いし、ガタイも大きいから、少なくとも女じゃないわ」

「会社のみんなは、ロボットが働いていることを、疑問に思わないの？」

「そこよ！　いい質問してくれたわ」

美穂は、テーブルの上に身を乗り出して話し始めた。

「私の会社って、上場会社で、本社の社員だけでも100人いるのよ。ひとりぐらいは、ロボットが働いていることに、疑問を持ってもいいと思うでしょ。でも、誰も質問すらしないのよ。たぶん、決まったことに対して何か言うと上司に疎《うと》まれるし、なによりメインバンクのロボットということもあって、ケチをつけたところで、何も変わらないという現実があるから、みんな知らんぷりをしているんだと思うわ」

「大人の社会って、大変だね」

　吾郎はそう言うと、ハンバーグの上に乗っている目玉焼きを、おいしそうに、ほおばった。

「とにかく、会社から予算5000万円を使って、3年間でそれを回収できる新規事業の計画書を出せって言われているの。それが完成するまでは、ちょっと帰りが遅くなるから、覚悟してね」

「そっかぁ、美穂の手料理は、しばらくお預けかぁ」

　吾郎は、ナイフとフォークを使う手を止めて、少し寂しそうな顔をした。それが演技なのか本性なのかは分からないが、美穂は、その仕草《しぐさ》を見て、たまらなく吾郎のことを愛《いと》おしく思った。

「ねぇ、美穂、その事業計画書っていうのは、あとどのくらいで完成するの？」

「今までコツコツ作り上げてきた事業計画書だから、あと1週間ぐらいで完成するると思うんだけど……これが、なかなか通らないから、最初から作り直しになりそうなのよね」

「えーっ、作り直しって、今まで作ってきた資料がパーになっちゃうってこと？　それは、もったいないよ！」

「実は、私もそれに頭を悩ませているのよねぇ」

美穂は、今まで作り上げてきた事業計画書をもとに修正していくべきか、それとも全部ご破算にして、最初から事業計画書を作り上げるべきなのか悩んでいた。

確かに、今作っている事業計画書は、自分としても不安な点がいくつかあって、これで推《お》し進めるのが厳しいことは分かっていた。しかし、ここでもう一度、最初から作り直すとなると、さらに事業計画書の完成が遅れてしまう。

吾郎の「もったいない」という発言は、美穂の気持ちを代弁《だいべん》しているものでもあった。

「そのまま頑張って、今作っている事業計画書は完成させた方がいいよ」

「吾郎も、そう思う？」

「当たり前じゃん！　俺も曲を作るときに、すごく悩んで時間がかかっても、絶対に途中で捨てたりなんかしないよ。完成するまでに時間がかかった曲って、愛着も湧《わ》くし、何といっても、〝自分がやり遂げた〟という達成感がたまらないんだ」

吾郎は、そう言うと、何かを思い出したのか、腕時計に目を落とした。

「美穂、ごめん！　俺、そろそろライブに行かなきゃ」

「ううん、いいのよ。ここは払っておくから」

「わりぃ。じゃあ、仕事頑張ってね！」

吾郎はギターを抱えると、美穂とハイタッチを交わして、急ぎ足でファミレスを出て行った。その後ろ姿を見て、〝やっぱり夢を追いかけている男はカッコいい〟と、美穂は改めて思った。

間違った事業計画書で成功できるほど、ビジネスは甘くない

美穂が食事を終えて会社に戻ると、オフィスには誰もいなかった。

大きなため息をついて自分の席につくと、パソコンの画面に映し出された事業計画書が目に付いた。

ゆっくりとマウスでスクロールして、改めて読み直す。

今まで、百貨店の紙袋やスーパーのビニール袋を製造していたホリデイ産業が、新規事業としてナイロンバッグを製造し、お店を出して販売を始める計画は決して悪くない。実際、製造業の会社が、小売業に進出して成功した事例は、いくつも知っている。

現在、ホリデイ産業は、紙袋やビニール袋の売上が下がったことで、工場の製造ラインが、一部止まっている状態である。そのスペースを少し改良して、新しい商品を製造することができれば、工場という資産を有効に使うことにもなるはずだ。

もともと、「おしゃれなナイロンバッグ」、「女性向けのトートバッグ」、「男性をターゲットにした革カバン」の3つの新規事業が、検討に上がっていた。

そこで、美穂は、それぞれの競合会社のデータを収集するだけではなく、ナイロンバッグ、トートバッグ、革カバンの3種類のプロトタイプのモデルを作って、取引先である百貨店に頼んで置いてもらい、テストマーケティングをしていた。

結果は、ナイロンバッグとトートバッグが同じぐらいの販売個数だったが、革カバンは予想以上に売れ行きがよく、他のバッグに比べて1・5倍ぐらいの販売個数だった。

ただ、革カバンは製造するための初期投資が大きすぎて、予算をオーバーすること、そして、トートバッグは、売上から経費を差し引くと、赤字になることが判明した。

そこで、美穂は、予算内で始められて、なおかつ利益も黒字になる「おしゃれなナイロンバッグ」を製造して、販売する計画を考えていた。

美穂が作った事業計画書どおりに進めば、おそらく年間1万個の販売を達成することができて、売上も1億円になるはずである。

「この事業計画書のどこがダメなんだろう?」

美穂は、ロングヘアの頭をくしゃくしゃっとかきむしった。そして、ふと頭の中に、ある考えがよぎった。

あのロボットは、銀行からの出向である。だから、おそらく事業計画書の内容よりも、営業利益を計算する過程に対して、〝ダメ出し〟をしているのではないだろうか?

美穂は、入社当時に習った乏しい会計知識を掘り起こしながら、自分の事業計画書について、もう一度、考え始めた。

まず、工場がある会社は、商品ごとの営業利益を計算するときに、『売上原価』を使ってはいけないことは分かっていた。『売上原価』とは、あくまで売れた商品だけの分であり、工場に在庫として残っている商品の『売上原価』は、営業利益に反映されない。

「工場に在庫として、こんなに積み上げられている商品なのに、その営業利益は黒字だから作り続けますという意見は、オカシイだろ？」

昔、そんなことを上司に言われた記憶がある。

だから、美穂は今回の事業計画書でも、工場で発生する材料費だけを、商品の売上に比例する『変動費』として、それ以外の工場で発生する給料や賃料などの経費は、売上に比例しない『固定費』としていた。これで、売上と営業利益が比例することになる。

「営業利益の計算方法図①（次ページ）は、絶対に間違っていないと思うんだけどなぁ」

美穂は、再び大きなため息をついた。

首をぐるぐると回し、両手を突き上げて身体を後ろに大きくそらしながら、「ふぁ〜」と大きなあくびをすると、目の前にロボットの顔があった。

１個 8000 円の売上原価の商品を、１個１万円で販売する
変動費（材料費）１個当たり 6000 円、固定費 20 万円がかかる

工場で 100 個を製造したが、50 個しか販売できなかった

売上	50 万円
売上原価	40 万円
販売費及び一般管理費	5 万円
営業利益	5 万円

売上	50 万円
変動費	30 万円
工場の固定費	20 万円
販売費及び一般管理費	5 万円
営業利益	▲5 万円

『販売費及び一般管理費』は、営業マンの給料、事務所やお店の賃料、広告宣伝費のことで、売上に比例しない経費なので、『固定費』となる

図①

美穂は驚いて、イスから転げ落ちそうになったが、なんとか体勢《たいせい》を整えて立ち上がった。

「ま、まだ、いらっしゃったんですか？」

美穂がそう言うと、ロボットは頭の上にある豆電球を光らせながら答えた。

「仕事が残っていてね」

「それは、ご苦労さまで、ははは」

美穂は床に転がったイスを起こすと、愛想《あいそ》笑いをしながら座り直した。

「まだ、事業計画書を作っているのか？」

「はい、何がダメなのか、ぜんぜん、分からなくて」

心の中では「お前が事業計画書を承認しないから、こんな残業続きなんだよ！」と言いたかったが、その言葉はぐっと飲み込んだ。

「課長になるまで、事業計画書を作ったことがないのか？」

「何度か作ってきましたけど……ほとんど修正なしで、承認されていました」

ロボットは、目の付近から望遠レンズが動くような機械音を立てながら、じっと事業計画書を見入った。

「うわぁ！」

「こんなレベルの低い事業計画書を通すから、ホリデイ産業は、経営状況が悪化するんだ」

「でも、今まで、うちの会社は、この事業計画書でうまくやってきました」

美穂は、少し強い口調で言い返した。美穂は、仕事に対して思い入れもないし、愛社精神もない方だったが、何も知らないロボットごときに、そんなことを言われる筋合《すじあ》いはなかった。

しかし、ロボットはたんたんと美穂の反論に答えた。

「ホリデイ産業の『既存の商品』で、『新しいお客』を開拓する場合や、『既存のお客』に『新しい商品』を売る場合には、今までのノウハウが使えるので、事業を成功させる確率は高いだろう。それに、今までの事業の延長だから、昔の事業計画書を使い回して、少しぐらい、いい加減なものでもよかったのかもしれない。でも今回は、『新しい商品』で、『新しいお客』を開拓しなければいけないんだ。しかも、バッグを売るビジネスモデルは、目新しくもないし、将来的に顧客が増えていく市場でもない。競合会社のシェアを奪わなくてはいけないのに、間違った事業計画書をもとにして成功できるほど、ビジネスの世界は甘くはない」

このロボットの意見に、美穂は言葉が返せなかった。

確かに、今までは事業計画書と現実に多少のズレがあっても、商品をリニューアルしたり、価格を下げたりすることで、つじつまを合わせることができた。

しかし、今回は新規事業であり、そのような小手先のごまかしが通じないことは分かっていたので、漠然とした不安を抱いていた。それに、最近では、本業でも事業計画書と現実が大きくズレてしまい、いろいろな部署で失敗が続いていたことも、美穂にとってプレッシャーになっていた。

「では、私たちの事業計画書の作り方が、間違っているってことなんですか？」

「現実の世界が、事業計画書どおりに進むことの方が珍しい。でも、その事業計画書をよく練って作り、途中で修正しているのに、ことごとく事業が失敗している場合には、何かしら『事業計画書の作り方』に大きな問題があると考えるべきだろう」

美穂は、ホリデイ産業の現状を見抜かれているようで、唾《つば》をゴクリと飲み込んだ。

「私は、銀行から出向して来たロボットであり、プログラムの中に、『ホリデイ産業を再生させて、貸付金を回収する』という命令がインプットされている。だから、道明課長の事業計画書を未完成の状態で、承認するわけにはいかない」

「じゃあ、この事業計画書のどこを修正すればいいんですか？」

「この事業計画書は根本的に間違っているから、新しく作り直すしかない」

「そんなぁ！」

　美穂は大声で叫んだ。

「今まで作った事業計画書は、全部ナシにしろってことですか？　今まで使った時間が、もったいないじゃないですか！」

「そこだ！」

「……今、私、なんか言いました？」

「その考え方が、そもそもの間違いなんだよ」

　ロボットは、そう言うと、自分のわき腹から突然、ＵＳＢケーブルを引っ張り出して、美穂のパソコンに繋《つな》いだ。

「接続確認！」という声を発すると、ロボットの腹の下からカタカタと、美穂が作った事業計画書がプリントアウトされて出てきた。

「このロボットはプリンターにもなるのか？」と美穂は驚いたが、ロボットは構わず事業計画書の『営業利益の比較』の表図②（次ページ）を指差して話し始めた。

「まず、道明課長は、新しく開発するナイロンバッグと、女性用のトートバッグの営業利益を計算しているな」

「はい、この表のとおり、女性用のトートバッグは、1個売るごとに、マイナス1000円になっています」

「トートバッグ1個を売るときに、なぜ固定費が、ナイロンバッグの2倍以上も大きくなるのだ？」

「なぜって、ナイロンバッグを作ろうが、女性用のトートバッグを作ろうが、工場のラインは使いますし、営業マンの人件費や事務所の賃料だって、同じようにかかるじゃないですか。これを、商品ごとに振り分けないと、正確な営業利益が導き出せませんよ」

　美穂は、商品の変動費に比例させて、固定費を配分することで、公平に負担させることができると考えていた。これは、部署の経費に比例して、本社経費を配分する方法と同じであり、会計の考え方としても間違っていない。美穂

	ナイロンバッグ	トートバッグ
商品1個当たりの売上	10000円	20000円
変動費（商品の材料費）	6000円	14000円
固定費（工場の固定費、販売費及び一般管理費）	3000円	7000円
商品1個当たりの『営業利益の比較』	1000円	▲1000円

比例して配分する

同じ比率

図②

は、この表の結果から、ナイロンバッグを作って、売ることに決めていた。

ロボットは美穂の話を聞いて、しばらく黙っていた。

美穂も、この表のどこが間違っているのかが分からず、とりあえずロボットの返事を待った。

将来の判断は、過去の意思決定に、ひきずられてはいけない

30秒ほどの沈黙のあと、先に口を開いたのはロボットだった。

「複数の新規事業を比べるための事業計画書では、過去に投資したことで発生している、本社と工場の固定費を配分する必要はない」

「ちょ、ちょっと待ってください！　何を言っているんですか？　本社と工場の固定費を無視したら、営業利益が赤字になる事業を進めてしまうかもしれませんよ」

美穂は、このロボットは、とんだポンコツ銀行員だと思い、さらに話を続けた。

「いいですか？　変動費は商品を1個売るごとにかかりますが、固定費はなにも売らなくてもかかるんです。会社が赤字になっても、本社と工場の賃料は支払うんですよ。だからこそ、固定費を回収できる売上を確保しなければいけないんです」

「今回の新規事業をやらなくても発生する固定費は無視していい。それより、新しく発生する固定費は計算できているのか？」

「まぁ、それならば、ナイロンバッグでも、トートバッグでも、新たに雇うアルバイトの人数も決まっていますし、表参道に第1号店を出して販売しようと思っているので、賃料も見積もっています。大体、その合計が年間2000万円で、販売個数は、どちらのバッグも年間1万個を見込んでいるので、在庫を無視すると、1個当たりの固定費は2000円ですね」

「では、その固定費だけをこの事業計画書には入れればいい。これで計算されるのは、『営業利益』ではなく、新規事業から生まれる『キャッシュフロー』
ということになる」
「『キャッシュフロー』だか、なんだか知りませんが、それだとオカシなこと
になりますって！　このままでは、本社の営業マンの給料も、工場の賃料も、
回収できないかもしれないじゃないですか！」
「それが回収できないことは、新規事業のせいではない。あくまで、どの『新
規事業』をやるべきかという意思決定は、それを実行することで発生する『キ
ャッシュフロー』だけで判断すればいいんだ」
「言っている意味が、さっぱり分かりません！」
　美穂は鼻息を荒くしながら、ロボットを見つめた。ロボットはハードディス
クが回るような小さな回転音を立てながら、さらに話を続けた。
「では、分かりやすく解説するために、少し話題を変えよう」
「そうしてください。頭がパンクしそうですよ」
「今、道明課長には、彼氏はいるのか？」
「い、いきなりなんですか？」
「答えたくないのか。では、相対性理論を応用して、分かりやすく説明……」

「分かりました！　言います、言いますよ！　彼氏はいます。もう5年も付き合った5歳年下の彼氏がいます」

「なんの仕事をやっている？」

「ミュージシャンです。でも、まだ売れていないので、私のアパートで一緒に暮らしています」

「遠まわしに言えば、〝ヒモ〟って奴か？」

「遠まわしに言わなくても、〝ヒモ〟です」

美穂は、彼氏の吾郎を〝ヒモ〟という言葉に置き換えることに、最近、違和感を持たなくなっていた。

言いたい奴には、言わせておけという気持ちと、いつか吾郎がビッグなミュージシャンになったときに、〝ヒモ〟と言っていた人達を、見返してやろうという思いもあった。

「その彼氏と、いつかは結婚するのか？」

「まぁ、彼は考えていないかもしれないですけど……私は30歳になってから、ちょっとは意識していますね。彼が大学を卒業して、すぐに同棲したから、すでに3年も一緒に住んでいて、彼の楽器やライブの売れ残ったチケットも、私が全部、買ってあげてきたし……彼の成長を今までずっと見守ってきたので、今さら、他の男に乗り換えるのも情が移ってできませんよ」

「それは、過去の思い出が、『別れるのは、もったいない』という気持ちを作り出しているということか？」

「もちろん、愛情の方が大きいと思いますけど……そういう考えが〝ない〟と言えば、ウソになりますね」

「では、その〝もったいない〟という考え方は、捨てた方がいいな」

美穂はロボットの言葉を聞いて、ふとさっきの、吾郎が〝時間をかけて作ってきた曲を途中で捨てるのは、もったいない〟と言っていた言葉を思い出して反論した。

「今までの思い出が多ければ多いほど、心が溶け合うんです。それが、人間の情なんです。それを捨てることなんてできませんよ」

「私は、思い出や情を捨てろと言っているのではない。将来の意思決定をするときには、無視をしろと言っているだけだ。つまり、そのミュージシャンに投資してきた思い出は大切にするべきだが、道明課長の将来の幸せとは、まったく関係がないってことだ」

美穂は、ロボットが何を言いたいのかよく分からなかった。しかし、ロボットはおかまいなしに話を続けた。

「では、今から道明課長が幸せな結婚を目指して、活動を始めると仮定しよう」

「世間で言う〝婚活〟ってやつですね」

「その婚活のために、エステや洋服に200万円を投資して、今よりずっとキレイになって、さらには料理や語学も身につけて、弁護士や医者とお見合いをしたとする」

「私は別に、弁護士や医者と結婚したいなんて、これっぽっちも思っていないんですけど」

「仮の話だ。今、私のデータには〝女性が好きなものは、ステータスがあるお金持ち〟という情報だけがインプットされているから、許してくれ」

ロボットは、そう言うと、さらに話を続けた。

「仮に、そのお見合いがうまく進んで、道明課長が年収2000万円の医者と結婚できたとしよう。それならば、婚活で投資した200万円は、〝十分、回収できた〟ってことになる」

「確かにそうです。でも、たぶん……その200万円は、今の彼のために使うと思いますよ」

「では、今の彼氏がミュージシャンとして成功する確率はどれくらいあるんだ？　このまま彼氏に投資を続けて、幸せになれる見込みは？　それよりも、婚活に投資をして、もっといい男を見つけた方が、幸せになれる可能性が高いんじゃないのか？」

美穂は思わず黙り込んでしまった。

確かに、最初は新橋駅前のＳＬ広場で歌う吾郎の姿に一目ぼれして、美穂の方から猛烈《もうれつ》なアタックをしたのがきっかけだった。カッコよかった彼にはファンもたくさんいて、かなりの倍率を勝ち抜いて、美穂はようやく吾郎と付き合い始めたのだ。

美穂は、彼の夢を一途に追う姿が本当に好きで、生活費のほとんどを面倒みてあげていた。デートも食事代もすべて美穂持ち。携帯電話の使用料金さえも、美穂が払っている。誕生日プレゼントに、少しでもいい曲が作れればと思い、高級なギターやアンプを贈ったこともあった。

しかし、吾郎からの見返りは、愛情以外にほとんどなかった。

誕生日に贈られるのは自分で作った曲ばかり。そう言えば、先日も自分の誕生日を忘れられただけではなく、お祝いのプレゼントも謝罪の歌でごまかされた。

美穂は少し重い口調で、ゆっくりと話し始めた。

「言われてみると、今までの思い出に囚《とら》われすぎて、自分の将来について真剣に考えてこなかったのかもしれません。今まで彼と付き合ってきた過去を、全部なかったことにすれば、もしかしたら、今後はもっと思い切った行動が取れるような気がします」

「その話と、今回の事業計画書を、置き換えて考えてみろ」

そう言われて、美穂は「あっ」と小さな声を発した。

「確かに、将来の投資の判断に……過去の投資は関係ありません」

美穂は、モヤモヤした霧が晴れたような気分になった。美穂にとって過去にどれほど思い出があろうが、次に人を好きになって、幸せになっていくことには関係がない。自分の気持ちさえ切り替えて、将来の行動を実行できるならば、過去に囚われることはないのだ。

「過去に投資した、本社と工場の固定費が、将来のキャッシュフローを生み出すわけではない。だから、『営業利益』を比較して、新規事業への投資の判断

	ナイロンバッグ	トートバッグ
商品1個当たりの売上	10000円	20000円
変動費（商品の材料費）	6000円	14000円
新規事業をやることで発生する固定費	2000円	2000円
商品1個当たりのキャッシュフロー	2000円	4000円

比例しない

図③

をするというのは、そもそも間違いなんだよ」

「では、新しく開発する商品の事業計画書で、過去の投資である、本社と工場の固定費を無視すると……ナイロンバッグは1個売ると2000円の儲《もう》けになって、トートバッグは1個売ると4000円の儲けになる。つまり、将来のキャッシュフローが大きくなる〝トートバッグ〟を製造して、販売するという判断をするべきなんですね」

ロボットは、無表情で「正解」と叫ぶと、「ピンポンピンポン」という安っぽいクイズ番組の正解音を発して、腹の下からカタカタと新しい用紙図③（上図）をプリントアウトした。

「道明課長、この過去に意思決定した費用のことを、『埋没費用』と呼ぶのだ」

「埋没費用？　さっき言っていた〝もったいない〟という気持ちのことですか？」

「〝もったいない〟という言葉は、ムダな経費を使わないスローガンとしては、必要な言葉ではある。しかし、それによって、過去に意思決定した固定費を回収するために、判断を間違ってしまったら、本末転倒だ。埋没費用は、比べてもいけないし、後悔すべきことでもないんだ」

「言っていることは理解できましたが……それでも、過去の投資を一切無視するのは、難しいもんですね」

「過去の判断が間違っていたことを、認めなくてはいけないからな」

「過去の投資が失敗していたってことですか？」

「ホリデイ産業の場合には、既存の商品の需要を見誤って、工場を大きく作りすぎたってことだ。今では、工場の賃料やそこで働く社員の給料が、ムダな固定費になってしまった。さらに、売上が下がっても、本社を移転するわけではないから、本社の賃料も高いままだ。ただ、それを、今回の新規事業で回収しなければいけないという理由はどこにもない」

ロボットの話を聞いて、美穂は、大学の卒業旅行でハワイに行ったときのことを思い出していた。『せっかくハワイに来たんだから』と、一緒に行った友達につられて、なんとなく高いブランドのバッグを買ったのだが、決して使い勝手がよいものではなかった。今思えば、本当に欲しいバッグでなければ、『買う』という意思決定をすべきではなかったのだ。そのときは、ここまで来て、何も買わないのは〝もったいない〟という気持ちが働いてしまった。でも、ハワイの旅費もホテル代も、すでに支払った〝埋没費用〟であり、バッグを買ったとしても、戻って来るわけではないのだ。

結局、美穂は後悔したくなかったので、ずっと「このカバンは使いやすい」と、友達の前で言い続けていた。

「あの……ありがとうございました」

「なにがだ？」

ロボットは席について、美穂を見つめた。

「なにがって……いろいろ教えてくれて、ありがとうございます」

「教えたつもりはない。聞かれたから答えただけだ。今まで、事業計画書に対して何度もダメ出しをしてきたが、道明課長は、一度も『どこがダメなんですか？』と聞いてこなかっただろ。ホリデイ産業を再生させるために、道明課長には、力になってもらいたいと思っている。だが、残念ながら、私はロボットだから、人の気持ちを汲《く》み取ったり、感情を推測《すいそく》したりすることができない。コンピュータと同じで、インプットされて、初めてアウトプットすることができる。だから、これからは遠慮なく、私に質問してくれたまえ」

ロボットは、そう言うと、ぎこちない動きで、頭を下げた。

意外なリアクションに、思わず美穂は面食らってしまったが、事業計画書を作ることに、ちょっと興味を持ったこともあり、さらに詳しく話を聞くことにした。

上場会社というだけで、売上が上がることはない

「結論として、今回の事業計画書は、『新商品として、女性用のトートバッグを作る』ということで、まとめてもいいんですか？」

「今の段階では、予想した1年間の売上から、変動費と固定費を差し引いたキャッシュフローしか計算していないから、判断できないな」

「では、他になんのデータをそろえれば、判断ができるんですか？」

「初期投資のデータが必要になる」

ロボットに言われて、美穂はすぐに、それが載っている資料を取り出した。

「表参道にお店を出すとすれば、内装設備の１０００万円と保証金の２０００万円で合計３０００万円、それに、最初の広告宣伝費として２０００万円が初期投資としてかかると考えています。これは、どの商品を製造して、販売したとしても同じですね」

「工場への初期投資もあったはずだが？」

「あぁ、革カバンの機械設備のことですか？　ナイロンバッグとトートバッグは、工場にある機械設備を利用すれば、製造することができるんですが、革カバンだけは、裁断機などで２０００万円の新しい機械設備を買わなくてはいけないんです。しかも、それを設置するためには、今まであった古い機械設備を廃棄しなければいけないんですよね」

「その古い機械設備は、どこか中古で買い取ってくれるところはないのか？」

「それも一応調べました。中古市場では１０００万円の価格で売られているようです。ただ、下取りをしてもらうとなると、修繕費や運送料が高くて、ほとんどゼロ円になってしまうそうですけどね」

「ちょっと待て。将来の投資の意思決定に、下取り価格がゼロ円の機械設備は関係ないだろ」

「えっ、1000万円で売っている機械設備を捨てるなんて、〝もったいない〟……あれっ？　もしかして、これも埋没費用ですか？」

「ホリデイ産業が作っている紙袋やビニール袋の売上が回復して、工場がフル稼働して、その機械設備を将来、使うことがあるのなら、埋没費用にはならない」

「それに関しては、工場長が、その機械設備を使って作る紙袋は特殊で、ずっと需要が減り続けているから、もう使うことはないと言っていました」

「ならば、その機械設備は、埋没費用になる」

「ただ、今回の新規事業の予算は5000万円しかありません。2000万円の裁断機が買えなければ、もともと革カバンを製造することができませんよ」

美穂は首を横に振ったが、ロボットは目をチカチカと光らせながら、話を推《お》し進めた。

「とにかく、事業計画書を作るときには、すべての可能性を検討しなくてはいけない。テストマーケティングでは、革カバンが一番、売れ行きがよかったんだろ。予算という制約だけで、その選択肢を潰《つぶ》してしまうのは、おかしな話だ」

「でも、男性向けの商品を売るなんて……」

美穂は、〝あまりカッコよくない〟と言いかけて、言葉を飲み込んだ。

このロボットに、女性の感情など分かるはずがない。それに、どケチなうちの会社が、最初に決めた『5000万円』という予算を超えるお金を、今回の新規事業に出すはずもない。検討するだけムダだとは思ったが、ここはロボットの空想話だと割り切って、話にだけは付き合うことにした。

ロボットは、そんな美穂の冷めた気持ちを察《さっ》することもなく、たんたんと話を続けた。

「予算5000万円で収まるように、革カバンを販売するお店の場所を変えたり、広告宣伝費を削ったりすればいいのではないか？　もともと、なぜ店舗は表参道で、広告宣伝費に2000万円も使う必要があるんだ？」

その言葉を聞いて、美穂は小さく鼻を鳴らして答えた。

「うちは、経営が苦しいと言っても、歴史ある上場会社なんですよ。まさか、1号店が郊外というわけにはいきません。しかも、表参道でバッグと聞けば

〝このお店〟と言われるように、開店したときからブランド化するためには、最低でも2000万円の広告宣伝費は使わなければ目立たないと、広告代理店の人から言われています。表参道には、競合会社のお店も多いですし……なんなら、広告代理店の人が持ってきた調査データも見ますか？」

美穂が、そう言うと、ロボットの頭の上から突然大きな赤灯《せきとう》が現れて、「ウーウー」と大きな音を立てて回り始めた。

「あのぉ……なんですか？　この赤灯は？」

「会社の危機を感じたときに発令される警告だ！　今から私は、道明課長に事業計画書の作り方について、徹底的に指導をしなくてはいけない！」

「私に指導をしないと、どうなるんですか？」

「この新規事業は、絶対に失敗する」

「えっ、本当ですか！」

「今から、事業計画書の作り方を説明するから、そこに座れ！」

ロボットは、頭の上にある赤灯をクルクルと回しながら「指導開始！」と言って、ゆっくりと話し始めた。

美穂は、何が起きたのか瞬時に理解できず、ただ言われるがまま、近くにあったイスに腰を下ろした。

「いいか、『上場会社だから』というプライドは、まず捨てるんだ。今から新しい事業に参入するんだぞ。しかも、紙袋やビニール袋を作っているホリデイ産業なんて会社の名前は、誰も知らん」

「でも、ホリデイ産業は、創業65年、上場して30年という歴史がある会社ですよ」

「それなら、会社の歴史が長いほど、売上は比例して上がるものなのか？　もし、それが本当なら、もっとあとで新規事業を立ち上げた方がいいんじゃないのか？　ホリデイ産業が倒産せずに残っているならば、創業100年目で新規事業に参入すれば、今より知名度が上がっていて、売上もよくなるってことだろ？　道明課長の理論だと、その方が、成功する確率が上がるはずだ」

ロボットの言っていることは、もっともだった。会社の歴史の長さや上場会社という肩書きと、売上が比例するわけがない。もし、その理論が正しいならば、今のホリデイ産業の業績は、もっといいはずである。

美穂は、いつのまにか自分がプライドの高い人間になっていたことを自覚した。

歴史が長い会社ほど偉くて、さらに、上場していれば、知名度があって社員も優秀だというモノサシを、いつから持ち始めたのだろうか。親や親戚から「そんな歴史のある上場会社で働くなんて、エリートねぇ」と何度も言われて、その気になっていたのかもしれない。だが、親もホリデイ産業という会社を知っていたわけでもなく、あくまで、『上場している会社』という認識しか持っていないのだ。

冷静に考えれば、新しい市場では、ホリデイ産業は無名な未公開会社と同じ立場であり、逆に上場会社の社員という高いプライドが慢心《まんしん》になって、新規事業に失敗する確率が上がってしまいそうである。

美穂は少しおとなしくなった声で、しおらしく話し始めた。

「そう言われると、ホリデイ産業はBtoBのビジネスモデルなので、今までTVCMも打ったことがないですし、他の媒体《ばいたい》でも広告を積極的に行なってきたわけではありません。一般の消費者に知られているはずがないですね」

「海外でも通用するような有名ブランドでなければ、その業界以外の人は、会社名なんて知らないもんだ。それよりも、道明課長が予想した、『1年間の売上1億円』の根拠を知りたいんだが」

「根拠、ですか？」

美穂は言葉に詰まった。

「えーっと……3年間で、予算の5000万円を回収できる事業計画書を作れと言われたから……お店の保証金の2000万円が返ってくると考えれば、3年間の営業利益の合計は3000万円が必要となりますよね。そこから逆算すると、1年間の売上は1億円となり、それを商品1個の販売価格で割ると、販売個数が出ます。それを、テストマーケティングの資料や競合会社のデータと比較してみると……そんなに的外れな目標設定ではなかったので、まぁいいかなと」

再び、ロボットの警告を意味する赤灯が、クルクルと回り出した。

「ま、待ってください！　将来のことなんて分からないし、事業計画書で、ガチガチに数字を作ってしまったら、逆にその考えに凝り固まってしまうんじゃないんですか？」

美穂は思い切って反論してみたが、すぐにロボットは言葉をかぶせてきた。

「じゃ、なんのために事業計画書を作っているんだ？　まさか、社内の稟議《りんぎ》を通すためだけの書類じゃないだろうな。みんな、時間を削って、売上を少しでも上げようと努力をしている中で、意味がない作業をやっているようでは、勝てるわけがない。いいか？　人間は、将来を確実に予想することはできない生き物なんだ。だからこそ、その不確実性と、うまく付き合っていくために、〝羅針盤《らしんばん》〟となる事業計画書が必要になるんだ」

「羅針盤って……つまり、事業が失敗しそうになったら、最初に作った事業計画書を見て、もう一度、数字を検証して修正するってことですね」

「違う！　根本的な考え方がオカシイ！」

ロボットはさらに声を張り上げた。

「事業計画書は数字だけではない！　もし、予想していた売上を達成できなかったら、道明課長はどうやって検証するつもりなんだ」

「事業計画書の売上を下方修正して、現実に合わせます」

「現実を従順《じゅうじゅん》に受け入れることが、柔軟性があって、優秀だと思っているのか？　それは、努力もせずに諦めただけの、負け犬だろ。いいか、最初に作った数字に理論がないから、そうなるんだ。理論があれば、事業のやり方を変えて、売上を上げることができるんじゃないのか？」

「数字の理論というのは？」

「経営戦略だよ。〝戦略なき投資は、失敗する〟ということを肝《きも》に銘《めい》じて欲しい」

美穂はロボットの言葉を聞いて、頭の中がパッと電気を照らしたように明るくなった。

今回、根本的に自分が間違っていたのは、事業計画書を作る姿勢なのである。ビジネスで成功するために作ったものではなく、会社から与えられた500万円という予算を使い切るために、事業計画書を作ってしまったのだ。美穂は、急に自分が作った事業計画書を見られるのが、恥ずかしくなった。

「……まずは、経営戦略を作って、それを数字に落とし込んでいくのが、事業計画書の正しい作り方なんですね」

美穂がそう言うと、再びロボットは「正解！」といって、安っぽい正解音を響かせた。

「でも、その『経営戦略』というものを、どうやって立てればいいんですか？」

「経営戦略とは、他社に勝つための競争戦略から、マーケティング戦略、財務戦略、IT戦略、人事戦略まで、すべてを総称する言葉になる。ただ、道明課長の立場で、決められた予算の中で、事業計画書を作ることだけに絞るならば、『競争戦略』だけ分かればいい」

「それだけでいいんですか？　せっかくだから、いろいろな戦略も教えてくださいよ」

「構わんが、50時間ぐらいは必要になるぞ」

「……遠慮しておきます。初心者なので、今の私に必要な競争戦略だけを、簡単に教えてください」

それを聞くと、ロボットは突然、「発射！」と叫んで立ち上がると、腹を大きく開いた。

美穂は「きゃっ！」と叫んで、その場にしゃがみこんだが、そこからは、プリントアウトされた用紙が一枚飛び出してきただけだった。

「道明課長、何を怖がっているんだ？」

「いや、『発射』なんて言うから、ミサイルでも飛び出してくるのかと思って……」

「お腹にミサイルなんて積んでいたら、危ないだろ」

美穂は、「ミサイルは、どこに積んでも危ないだろ」と思ったが、安全だと分かったので、とりあえず床に落ちた用紙図④（次ページ）を拾い上げることにし

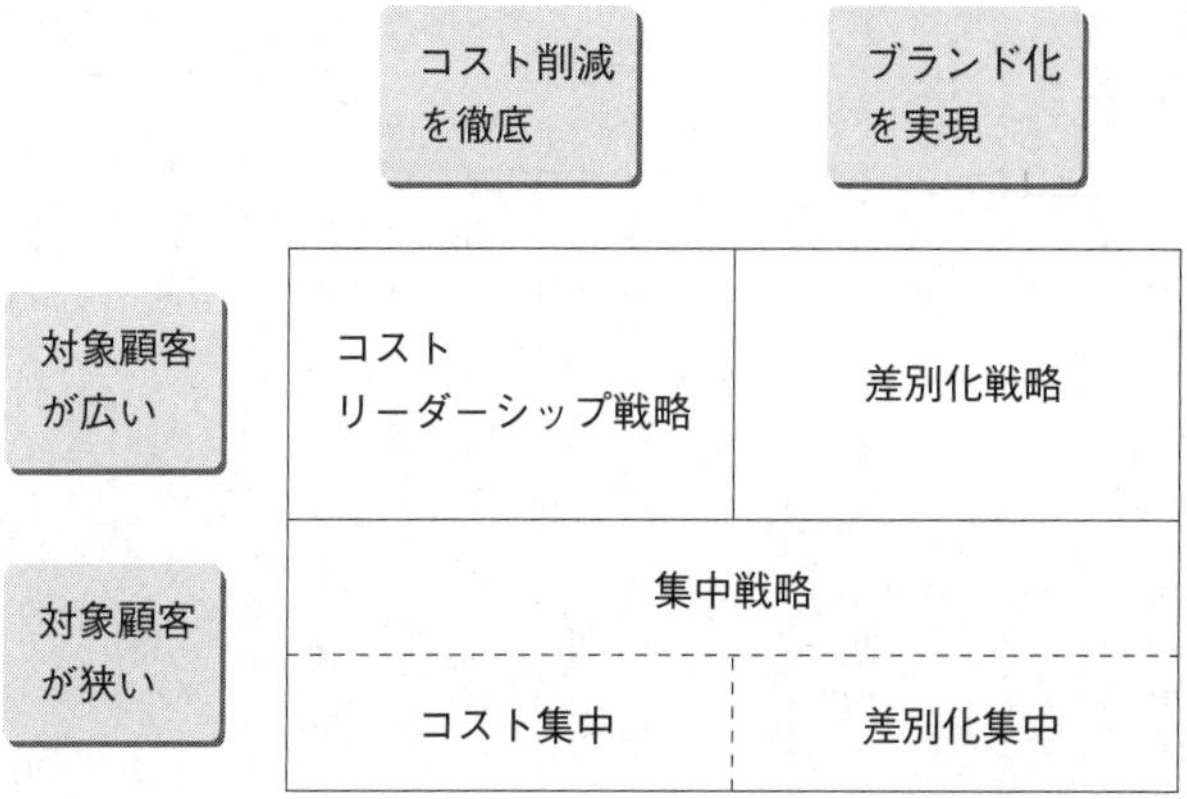

	コスト削減を徹底	ブランド化を実現
対象顧客が広い	コストリーダーシップ戦略	差別化戦略
対象顧客が狭い	集中戦略	
	コスト集中	差別化集中

図④

た。

2つ以上の競争戦略を選択すれば、どっちつかずで失敗する

「これ、何ですか?」

「競争戦略の3つの方法を表している。この会社が、競合会社に勝つためには、このうちのどれかの戦略を取ればいいんだ」

「えっ、たったの3つですか! 世の中には業種も会社もこんなにたくさんあるのに、すべてが、3つの戦略に収まるんですか?」

「3つで十分だ。というよりも、ほとんどの会社が、これさえも理解できていない。道明課長も、3つだけと言いながら、今まで知らなかったんだろ? まずは、この戦略を理解してから、もっと多くのことを知っても遅くはないはずだ」

ロボットは、そう言うと、ゆっくりと用紙を指差して説明し始めた。

「まず、ひとつ目は、『コストリーダーシップ戦略』。業界で大きなシェアを持っている会社が、とにかく誰にも負けないように低いコストを実現することで、商品の販売価格を下げて売る戦略のことだ」

「いわゆる、価格競争に負けない会社ってことですね」

「一度、この戦略に走ったら、『一番安い価格』という地位を維持するために、コストカットを続けていく努力が必要になる。もっとも単純な方法だが、中小の未公開会社にとっては参入障壁も高く、市場を荒らされることが少ない。価格を下げることで、販売個数も一気に増えて、シェアを広げることもできる。それで、実際に販売個数が増えれば、『規模の経済』と言って、大量生産によって製造コストをさらに下げることにも繋がる」

「コンビニのプライベートブランドや格安ジーンズを販売するアパレル会社なんかは、この戦略で売上を伸ばしているんですね。でも、すでに売る場所があればいいですが、今回の新規事業は1店舗から作っていくので、この戦略は無理ですよ。それに、事業が軌道に乗るまでは、余っている工場の一部を使うだけなので、製造できる商品の個数にも限りがあって、『規模の経済』も見込めませんよね」

「２つ目の『差別化戦略』は、価格ではなく、ブランドイメージ、技術、顧客サービスで、他社と差別化する戦略のことだ。お客に競合会社の商品と比べて価値のある商品だと思ってもらえるならば、価格競争に巻き込まれることもない。ただ、差別化するためには、時間とコストがかかる。例えば、設計方法を差別化するためには、最初の研究コストがかかるし、ブランドイメージを作るまでには広告宣伝費もかかる。もちろん、それによって、参入障壁が高くなるというメリットはある。一度、お客についたイメージを覆そうとすると、競合会社は、それ以上の時間とコストをかけなければいけない」

「なるほど、そう考えると、今回の新規事業で私がやろうとしているのは、この『差別化戦略』なんですね。やっぱり、表参道にお店を出して、広告宣伝費もバンバン使うという戦略自体は間違っていなかったんですね。表参道で有名なお店になれば、雑誌にも取り上げられて、全国から注文が殺到《さっとう》するはずですから」

「ちょっと待て。差別化戦略は、自分が差別化できたと思っても、お客に〝差別化されている〟と認められなければ、意味がない。しかも、機能やサービスが優れているだけではなく、それに対して、お客がより多くのお金を支払ってもよいと思わなければダメなんだ。今回、道明課長は、自分たちの商品が、競合会社と何が明らかに違って、それが価格にしていくらになるのか、きちんと説明できるのか?」

「有名なデザイナーに描いてもらったロゴで、ブランディングしようかと思っていたんですが……それで競合会社よりも少しだけ安い価格にすれば、売れるのかなと」

美穂がそう言うと、再びロボットの赤灯が回り出した。

「それではダメだ！ この3つの戦略のうち、同時に2つ以上の戦略を選択すると競争には勝てなくなる」

「なぜ、2つ以上の戦略を選んじゃ、ダメなんですか?」

「よく考えてみろ。デザイナーのロゴで差別化したいなら、他社よりも販売価格を高くしなければ、お客に価値があるロゴだと思ってもらえないだろ」

「まぁ、自分のロゴを安く売って欲しいデザイナーもいませんしね」

「しかも、商品の材料費に加えて、デザイン料というコストも上乗せされてしまう。さらに技術力やサービスではなく、デザインだけで差別化するためには、相当な広告宣伝費を使わないと認知度を上げることができないはずだ。それなのに、商品の販売価格を下げたら、その経費を捻出《ねんしゅつ》することもできなくなるぞ」

ロボットの言うとおりである。有名なデザイナーのロゴをつけているのに、安く売ってしまったら、ブランド力を落としてしまう。

「会社が使えるお金と時間は限られている。2つ以上の戦略をやろうとすると、絶対に中途半端に終わるんだ。よく、『うちの会社は、なんでもできます』と言う社長がいるけれど、それは『うちの会社は、なにもできません』と宣伝しているのと同じで、なんの特色もないから潰れてしまう。ビジネスでは、『選択と集中』によって、『やることを決める』のではなく、『やらないことを決める』のが、重要なんだ」

「うーん、そうなると戦略はひとつだけしか選択できないわけですね。冷静に考えれば、初めて売り出すバッグなのに、ロゴをつけるだけで、販売価格を高くできるとは思えませんから、差別化戦略も現実的ではありませんね……それならば、3つ目の『集中戦略』を教えてください」

「最後の3つ目の『集中戦略』は、特定のグループにターゲットを絞る戦略のことだ。『商品』、『地域』、『顧客』などを切り口にして、ターゲットを絞り込むことで、限られた範囲での低価格や差別化ができるようになる」

ロボットは、そう言うと、赤灯の回転速度を下げて、少し静かに話し始めた。

「これで、3つの戦略の解説が終わった。すべての会社が、競合会社に勝つために、この戦略のうち、どれを選択するべきかを真剣に日々考えている。もし、戦略を間違えれば、競合会社には勝てないし、一度、始めた戦略をすぐに変えるのも、失敗の原因になる。それで道明課長、今までの話を加味して、今回の新規事業で取るべき戦略は、この3つのうち、どれがよいと思う?」

ロボットの説明で、〝経営戦略〟の重要性を知った美穂は、ビジネスモデルを客観視できる冷静さを得ていた。

表参道の店舗で、女性を対象にして、おしゃれでかわいいバッグを大々的に広告宣伝して売るというビジネスは、〝カッコいいし、友達にも自慢できる〟という自分の願望が入っていた。そこには、なんの経営戦略もなかったことが、ハッキリ理解できていた。

実は、革カバンはデザインがシンプルであるため、変動費の材料費が50％と安く、固定費を振り分けたとしても、一番、営業利益が大きくなることが分かっていた。テストマーケティングでも、他の2つに比べて1・5倍の売れ行きだったことも確かだ。

ホリデイ産業の企画部のデザイナーたちは、今まで紙袋やビニール袋を作っていた男性が多い。女性の受けがよいバッグよりも、自分達に身近な革カバンの方が、デザインだけではなく、機能も含めて、提案しやすいのだろう。

それも分かっていたが、美穂は、どうしても女性用のバッグを作りたかった。

有名ロゴが付いているバッグの売上を伸ばすことで、ホリデイ産業の地味なイメージを払拭《ふっしょく》して、女性にも会社名を知ってもらいたいという気持ちがあったのだ。

だが、今は、儲かるビジネスをやることが先決であり、そんな気持ちでは、新規事業が成功しないことが、ロボットの説明で痛いほど分かってしまったのだ。

「道明課長、どの戦略を選択するのか、決めたのかな？」

「はい、ちょっと考えたんですけど……男性用の革カバンの専門店を横浜にオープンして、その地域での差別化を目指す『集中戦略』で、どうでしょうか？　横浜ならば、表参道に比べて、競合会社は多くありません」

「〝男性用の革カバン〟で、お店は〝横浜〟となると、今までの戦略とは、まったく違ってしまうが、それでもいいのかな？　それに、そもそも、初期投資の機械設備の2000万円がないのでは？」

「もともと、横浜は出店場所として候補に入っていたので、賃料の相場は分かっていますし、商圏分析などのデータも集めてあります。横浜なら、お店の保証金は1000万円で済むので、内装設備と合わせて2000万円もあれば、開店できるはずです。それに、客層も悪くないですし、地域の集客力もあります。ただ、表参道に比べれば、圧倒的に男性のお客が多いんです。だから、横浜で勝負するなら、革カバンがいいと思います。それに合わせて、ロゴをもう一度、作り直してもらいます」

「横浜という地域で、ナンバーワンのお店を目指すならば、『差別化集中』の戦略を選択するということになるな」

「はい。しかも、顧客は男性のサラリーマン層だけに絞りたいと思います」

「そうすると、主力商品はビジネスバッグになるのか？」

「いいえ、ビジネスバッグだけに絞ってしまうと、販売価格を高くできないため、3年間で予算の5000万円を回収できる売上を達成できない可能性があります。そこで、休日用のナイロンバッグや旅行カバンも販売しようと思います」

「人が集まる地域というのは分かるが、お店への集客はどうする？」

「ターゲットを絞ることで、広告宣伝費は1000万円に抑えて、新聞の折込チラシと地域限定のフリーペーパーで集客します。あとは、インターネットの検索キーワード広告を展開して、ブランドとしての認知度が上がってきたところで、横浜の旅行雑誌や首都圏のサラリーマン向けの男性誌に、タイアップ広告を展開していければいいかなぁと思っています。これによって、お店を横浜にしたことで削れた1000万円と合わせて、初期投資の2000万円が浮くので、革カバンを製造するための機械設備を買うことができるはずです」

「よく練られた経営戦略じゃないか。この『戦略』を実現するために、具体的な『手段』を考えれば、事業計画書の数字も、より現実的なものとなるはずだ」

ロボットは、そう言うと、腹から1枚の用紙をプリントアウトした。

「この図《図⑤》（次ページ）のように、一番上に目的があり、それを達成するために、手段を考えていく。同じレベルの手段は横に並べて、比べていく。それを、『選択と集中』によって、『やらない選択肢』は消していく。残った選択肢から、売上の数字を算定して、その経費を見積もってキャッシュフローを計算していくんだ」

「これで、５０００万円の予算を3年間で回収する売上が達成できない場合には、どうすればいいんでしょうか？」

「その原因をこの図から探して、経営戦略を見直せばいい。例えば、目標の売上が達成できなければ、まずは一番下のレベルである集客方法を再検討して、より費用対効果が高い広告に切り替えるんだ。それでもダメならば、次はその上のレベルに行き、販売する商品の構成を変えることを検討する。それでも、大幅に売上が足りない場合には、新しい商品を作るか、さらに上のレベルに行き、男性のサラリーマン以外をターゲットにした集中戦略に切り替えることも、あり得る。この図があれば、自分がどこの戦略を変更しようとしているの

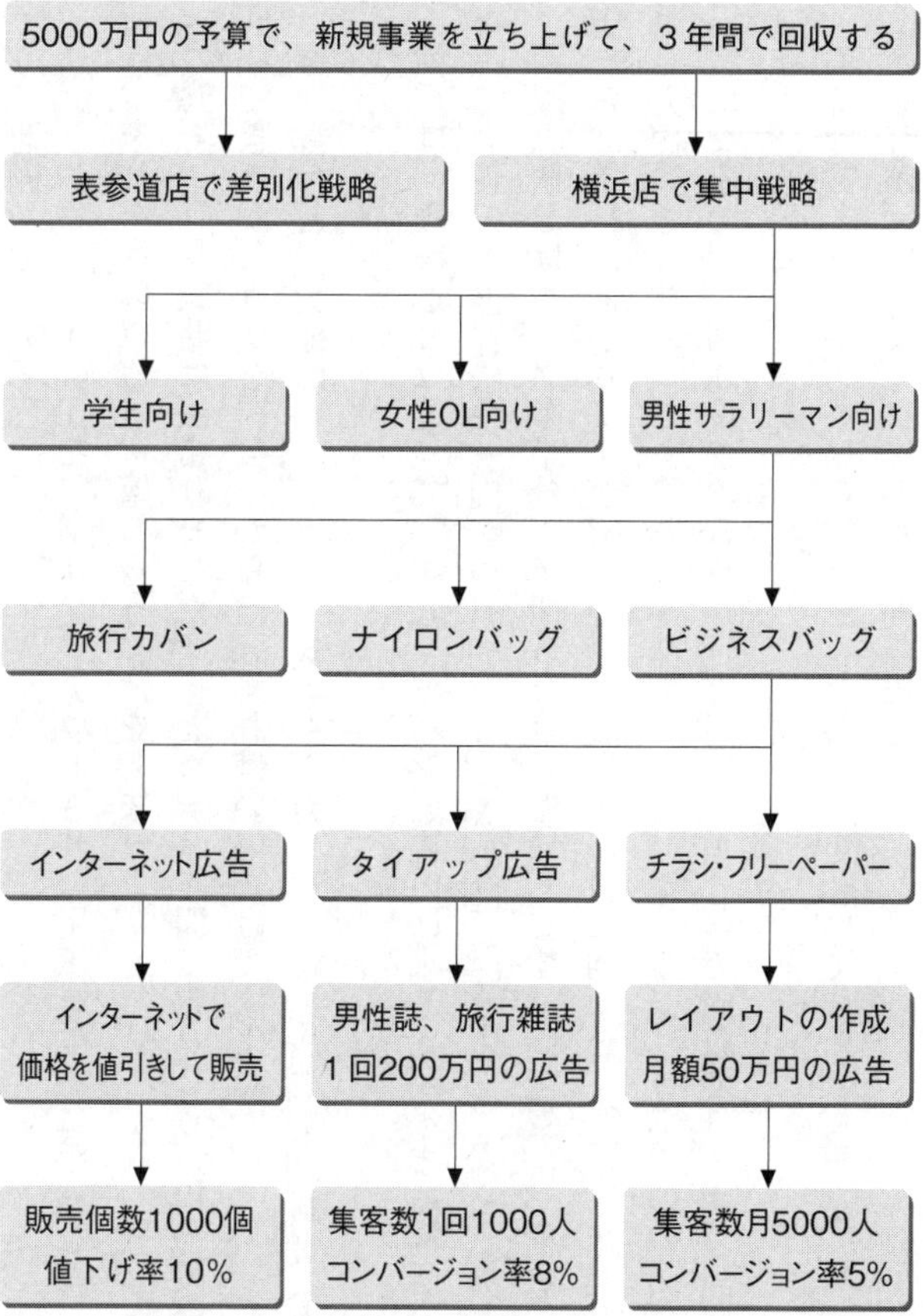
5000万円の予算で、新規事業を立ち上げて、3年間で回収する
表参道店で差別化戦略
横浜店で集中戦略
学生向け
女性OL向け
男性サラリーマン向け
旅行カバン
ナイロンバッグ
ビジネスバッグ
インターネット広告
タイアップ広告
チラシ・フリーペーパー
インターネットで
価格を値引きして販売
男性誌、旅行雑誌
1回200万円の広告
レイアウトの作成
月額50万円の広告
販売個数1000個
値下げ率10%
集客数1回1000人
コンバージョン率8%
集客数月5000人
コンバージョン率5%

図⑤

かが、理解できるだろ」

ロボットは、そう言うと、プリントアウトされた用紙を美穂に手渡した。美穂は、それを受け取ると、嬉《うれ》しそうに声を弾ませた。

「これで、経営戦略は決まりました。あとは、3年間で5000万円の投資を回収できるかどうかを、数字から検証すればいいだけですよね」

そう言うと、美穂は、パソコンに数字を入力して、新しい事業計画書図⑥（次ページ）を作成した。

「横浜は、表参道とは違って、洋服やカバンを買いに来る人が集まる場所ではないですし、広告宣伝費も抑えるので、さっきの図図⑤（65ページ）から逆算して……販売個数はバッグの半分の年間5000個にします。固定費は、横浜のお店ならば賃料は下がりますが、その分を広告宣伝費に回すとすれば、年間2000万円になります。これなら、1年間のキャッシュフローが3000万円の黒字になるので、初期投資の5000万円は1・6年で回収できます。回収に3年も、必要ないですね」

美穂は笑みを浮かべながら、パソコンのキーを叩いていると、再び、ロボットの赤灯が、勢いよくクルクルと回り出した。

革カバンの売上 販売価格の平均２万円 ×5000 個	１億円
変動費（材料費など）　原価率 50%	5000 万円
固定費（人件費、広告宣伝費、賃料など）	2000 万円
革カバンの事業によって 生み出されるキャッシュフロー	3000 万円

図⑥

「道明課長、回収期間の１・６年の計算根拠はなんだ？」

「『投資金額÷１年間のキャッシュフロー＝回収期間』ですが？」

「いろいろ指摘したいことがありすぎて、困るな」

税金は、公務員に支払う手数料と考えよう

　美穂は、どこがダメなのか分からず、自分が新しく作った事業計画書とロボットを見比べていた。突然、ロボットの左腕のカバーが開き、そこに電光掲示板が現れて、３つの項目を映し出し、ピカピカと点滅させた。

〈新規事業の事業計画書を作成するときのポイント〉
①会計上のキャッシュフローを計算して、予算と比べる
②投資の判断をするときには、時間的価値を考慮する
③毎年の売上は、できるだけ現実的に予想する

肘《ひじ》のところで曲がっている電光掲示板が読みにくいのか、美穂は頭を上下に動かしながら読み終えると、ロボットに話しかけた。

「ひとつ目の『会計上のキャッシュフローを計算する』とは、どういうことですか？」

美穂は少し首をかしげてみせた。

「今までは、どの事業をやるべきかを判断するための事業計画書を作成し、新しく発生するキャッシュフローを計算してきた。ところが、5000万円の予算は会計上のものであり、それと比べるキャッシュフローは、会計上のものを使わなくてはいけない」

「私が、最初の事業計画書で計算していた『営業利益』を使うってことです

か？」

「会計上の『営業利益』ではなく、会計上の『キャッシュフロー』を使うんだ」

ロボットは、そう言うと、左腕の電光掲示板の項目の下に、新しい数式を追加した。

会計上のキャッシュフロー＝営業利益－法人税＋減価償却費－運転資金

美穂は、下から覗《のぞ》くようにして、その数式を読んだ。

「いきなり『法人税』って言われても、税金の知識はほとんどありません」

「それほど、難しく考える必要はない。営業利益に対して、40％の法人税がかかるとだけ覚えておけばいい」

「うわー、そんなにかかるんですね！　でも、この数式で営業利益から差し引いているってことは、もしかして税金って、変動費や固定費と同じ経費と考えるってことですか？」

「ホリデイ産業の本社では、毎日のゴミ出しや防犯対策は、どうしている？」

「いきなりなんですか？　まぁ、ゴミは、ビルの清掃会社の社員が、すべてのフロアから集めていますし、防犯対策は、警備会社が、警備員を夜に巡回させています」

「それは、無料でやってもらっているのか？」

「そんなわけないですよ。ちゃんと手数料を支払っています。そうしなければ、そこで働く人たちは、ボランティアになってしまいますよ」

「その集められたゴミは、焼却炉で処理するし、警備員が怪しい人を見つけたら、警察を呼ぶだろ？」

「それが、公共サービスですからね」

「でも、そのためには、ゴミの収集車を運転する人、焼却炉で働く人、警察官だって給料がもらえなければ、生活できないだろ」

「……税金は公共サービスを受けるための手数料ってことなんですね」

「ただし、税金は、公平性や助け合いも必要だから、儲かっている会社にたくさん支払ってもらって、赤字の会社は少しで許してもらえる。とにかく、税金も経費であり、キャッシュフローをマイナスにするのだ」

「えーっと、革カバンの事業の固定費は、会計上では変動費に比例して配分されることになるので……さっきの事業計画書図⑥（67ページ）とは違って、変動費の半分の2500万円が固定費になりますよね。とすると、営業利益は2500万円になって、それに40％をかけると、1000万円の税金になるから……

あちゃー、年間のキャッシュフローがすごく減ってしまいますねぇ」

税金のことを考えると、美穂は暗い気持ちになった。

「いや、道明課長の営業利益の計算方法は、間違っている。初期投資で、革カバンを作るために、2000万円の機械設備を購入する予定だろ。それに、建物の内装設備も1000万円と見積もっている。営業利益は、これらの減価償却費も差し引いて計算しなければいけない」

「さっきの数式にも、『減価償却費』という項目がありましたね」

「減価償却費とは、毎年、支払いが発生しているわけではないが、会計上では経費になるため、営業利益が小さくなり、それをもとに計算される税金を少なくする効果があるんだ」

「この減価償却費って、具体的に、どうやって計算するんですか？」

「減価償却費の計算には、毎年、同じ金額だけ償却する『定額法』と、最初は大きくて、だんだん小さくなる『定率法』がある」

「それならば、最初に経費が大きくなる定率法の方が、早い段階で節税できるってことですね」

「建物だけは定額法を使って償却しなければいけないと決められているが、それ以外は定率法で償却できる。革製品の機械設備の耐用年数を9年、お店の内装設備の耐用年数を3年とすれば、定率法での3年間の平均の減価償却費は、年間700万円となる。もっと、詳細に計算してもよいが、それでも、数十万円しか変わらないから、ここは、ざっくり分かればいいだろう」

「そうすると……」

美穂は口元にペンをあてながら、眉間にシワを寄せて電卓を叩いた。

「税金は年間で720万円になりますね。あと『運転資金』は、どうやって計算するんですか？」

「運転資金というのは、会社の『流動資産』から『流動負債』を差し引いた金額のことになる。革カバンの事業の場合には、流動資産は『売掛金』と『商品』、流動負債は『買掛金』になるな」

「『売掛金』って、お客が商品をカードで買うと、売上はそのときに上がるけど、入金はその2ヶ月後になるから、そのズレた差額ってことですよね」

「そうだ。では、『買掛金』の意味は分かるか？」

「えーっと」

美穂は昔習った、うろ覚えの会計用語を思い出した。

「商品を仕入れても、すぐに支払わなくてもよいお金のことですよね？　革カバンなら、材料の仕入先から請求書を受け取って、その翌月末までにお金を支払うとすれば、その間は『買掛金』として計上されるんですよね」

「そのとおりだ。分かってるじゃないか」

ロボットは、珍しく美穂のことを褒めた。

「社内研修で、何度も教えられたので……ただ、今回の新規事業の場合は、売掛金も買掛金も考えなくていいんです」

「なぜだ？　革カバンの平均の販売価格が２万円前後ならば、お客がカードで支払う可能性は十分にあるだろ」

「そうなんですが、新規事業の資金繰りは、ホリデイ産業の経理部が管理することになっていて、こちらは商品を発注するだけでいいんです。ホリデイ産業にとって、１店舗分の売掛金と買掛金なんて、本業に比べれば、全然、小さいですからね。だから、初期投資にも商品の仕入れ金額は入れていません」

「だとすれば、『運転資金』はゼロと考えていいな」

「これで、1年間のキャッシュフローを計算すると……約1800万円になって、予算5000万円は2・8年で回収できることになりますね。まぁ、ぎりぎりですが、3年間はクリアできました」

「ちょっと待て、まだ、〈新規事業の事業計画書を作成するときのポイント〉の3つの項目（68ページ）のうち、ひとつ目しか見ていないだろ」

「そっ、そうでした」

お金は時間が経つと、価値が小さくなってしまう

美穂は、もう一度、ロボットの左腕の電光掲示板を見た。

「えーっと、2つ目は『時間的価値』でした？　初めて聞く言葉ですね？」

「時間が経つにつれて、お金の価値が下がるという意味だ」

ロボットがそう言うと、美穂は、大声で笑い出した。

「そんなこと、あるわけないですよぉ～。100万円は、何年経っても100万円だし、1億円は何年経っても1億円です。食べ物みたいに、お金が腐って、価値が下がることなんてあるわけないじゃないですか」

「じゃあ聞くが、『今、100万円を貸してくれるならば、1年後に100万

円を返す』という条件で、道明課長は、私にお金を貸してくれるのか？」

「……ホントに、1年後には返してくれるんですか？」

「私は、銀行員だぞ」

「それは関係ないと思いますけど……うーん、でも止めておきます。その100万円を銀行に預けておけば、利息がつくじゃないですか。100万円が絶対に返ってくると保証してくれたとしても、その分だけ、損をしちゃいますからね」

「ほら、時間が経って、100万円の価値が変わっているじゃないか」

「あっ、確かにそうだ」

美穂は開いた口を右手で押さえた。

「今の100万円と、1年後の100万円は同じじゃないだろ？　つまり、1年後の100万円は、今の100万円よりも、価値が低いってことになるんだ」

美穂は、少しだけ嫌な気持ちになっていた。

それは、吾郎に合計で200万円ぐらいのお金を貸しているが、まだ1円たりとも返ってきていないからである。もし返ってきたとしても、利息がつくことは、100％ないという自信もある。

〝利息がゼロ〟というのは、時間的な価値で考えると、200万円以上の損をしていることを理解してしまったのだ。

そんな美穂の気持ちとは関係なく、ロボットは抑揚のない言葉で話を進めた。

「今すぐ、銀行に預ければ、定期預金で1％の利息が付くし、1000万円までなら、銀行が倒産したとしても元本を保証してくれる。国債の金利も1％ぐらいなので、100万円はリスクがゼロで、1年後には101万円になる。では、ここで問題だ。1年後に預けたお金をピッタリ『100万円』にするためには、現時点で、いくら銀行に預ければいい？」

「利息がつくと仮定して、1年後にピッタリ『100万円』になればいいんですよね。えーっと……待ってください。何もせずに、1％の利息が付くから、100万円を1・01で割ればいいんだ……ってことは」

美穂は念のため、近くにあった電卓を軽く叩いた。

「分かりました。99万円を現時点で持っていれば、1年後には1％の利息がついて、100万円ピッタリになります」

「正解だ。つまり1年後のお金を現在の価値に〝割り引く〟ことで、『100

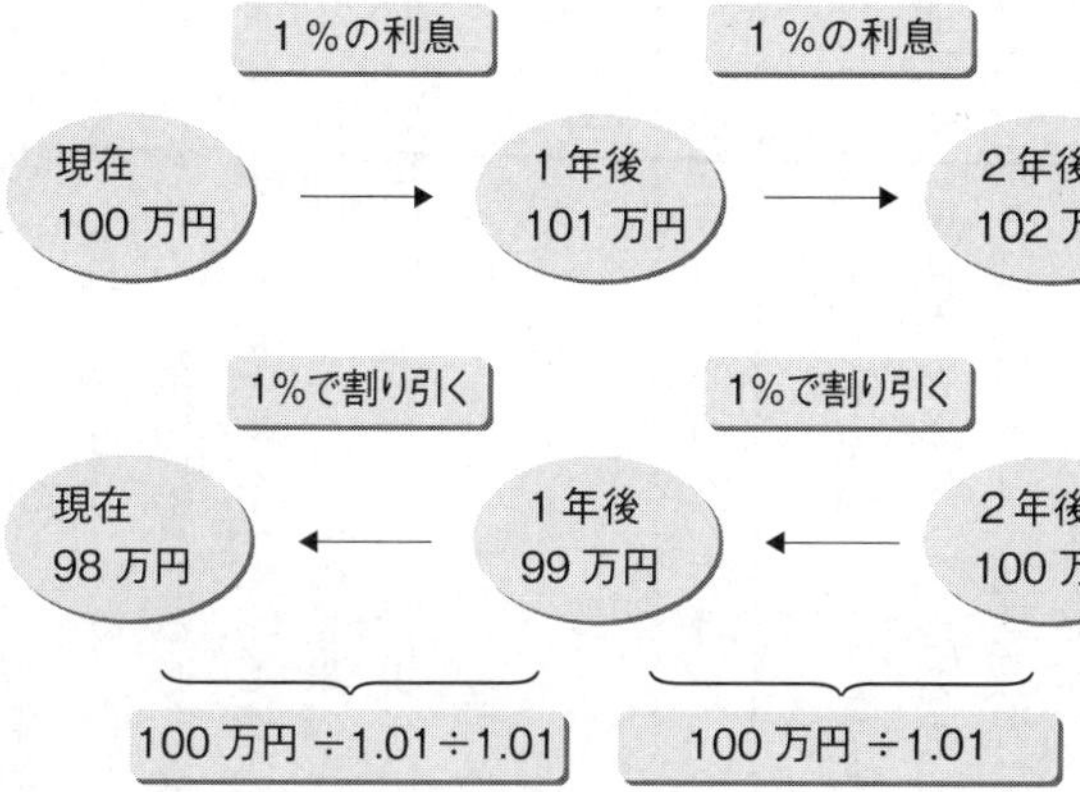

図⑦

万円の現在価値は、99万円になる』と計算できる」

ロボットは、そう言いながら、ゆっくりと腹から用紙図⑦（上図）をプリントアウトし始めた。

「で、ここからが本題だ。この考え方を2年後に当てはめると、1年後の101万円にさらに1％の利息が付いて、102万円と計算できる。逆に、2年後の100万円は、1年後の99万円を1・01で割って、現時点で98万円の価値になる」

「なんとなく、言いたいことが分かってきましたよ。つまり、革カバンの事業で稼ぐ、1年後、2年後、3年後の1800万円のキャッシュフローは、お店を開業するときの1800万円とは違うってことなんですね。でもなぜ、将来のキャッシュフローを、現時点の価値に〝割り引く〟必要があるんですか？」

「革カバンの事業に投資するべきなのか、それとも止めるべきなのかという判断は、最初に投資する『5000万円』という〝現時点での予算〟と比較しなくてはいけないだろ。この将来のキャッシュフローの現在価値の合計から、初期投資を引いた金額を『正味現在価値』と呼ぶんだ」

ロボットは、そう言うと、左腕の電光掲示板の項目を消して、新しい数式を映し出した。

正味現在価値＝将来のキャッシュフローの現在価値の合計－初期投資

「もし、『将来のキャッシュフローの現在価値の合計＜初期投資』であれば、正味現在価値がマイナスになるので投資しない。一方、『将来のキャッシュフローの現在価値の合計＞初期投資』であれば、正味現在価値がプラスになるので投資することになる。とりあえず、ここでは、最初の目的である『新規事業の3年間のキャッシュフローの現在価値の合計＞5000万円の予算』となる

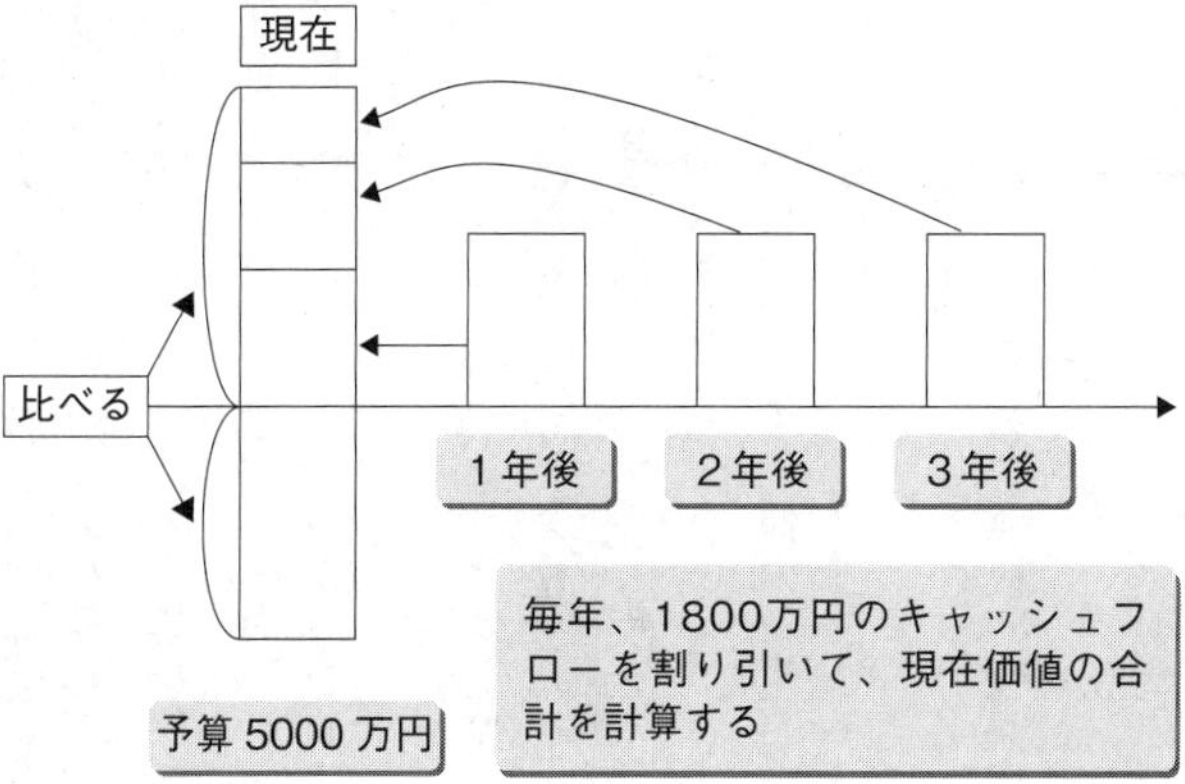

図⑧

のかを、検証してみることにしよう」

ロボットは、そう言うと、腹から新しい図図⑧（上図）をプリントアウトした。

「それで、3年間のキャッシュフローの現在価値の合計で5000万円が回収できない事業であれば、やるべきではないってことですね。ただ、1％の金利で、3年間のキャッシュフローを割り引いたとしても、さっき私がキャッシュフローから計算した『2・8年』と、あんまり結果は変わらないと思いますよ」

「おいおい、なぜ、1％で割り引くんだ？」

「だって、予算の5000万円を事業で使わずに、銀行に預けておけば、1％の利息がつくじゃないですか」

「ホリデイ産業の株主は、銀行に預金して欲しくて、出資しているわけじゃないだろ。もし、革カバンの事業に5000万円を投資しなければ、銀行の利息よりも収益率が高い他の事業を探してもらって、この5000万円を使って欲しいと考えるはずだろ。つまり、革カバンの事業をやることは、他の新規事業で儲かったはずのキャッシュフローを諦めることになる。これを『機会費用』と呼ぶんだ」

「ちょ、ちょっと待ってください。それなら、銀行の利息である1%で割り引くのではなく、ホリデイ産業が他の新規事業に5000万円を投資して、『儲かるはずの収益率』で割り引かなくてはいけないってことですか？　複雑な話になってきましたね」

「道明課長の立場で、他の新規事業がどのくらいの収益率になるのかは、分からないはずだ。だから、ここでは、革カバンの競合会社の収益率を使って、割り引くことになる」

「なるほど、もし競合会社の収益率の方が高ければ、投資家は、そちらの会社の株に投資した方がよいですからね」

「投資家にとって、ホリデイ産業の株に投資したお金の『機会費用』は、別の会社に投資したときの収益率と同じになるってことだ。それで、『正味現在価値』がマイナスになるのであれば、ホリデイ産業としては、革カバンの事業に5000万円を使わない方がよいことになる。逆にプラスであれば、投資家の立場から見ても、ホリデイ産業に投資すれば〝儲かる〟ことになるから、5000万円のリスクを負っても、革カバンの事業を始めるべきだという結論になるだろ」

「でも、革カバンの競合会社の収益率なんて、分かるんですか？」

「ちょっと、待ってろ」

ロボットは、シュンシュンとディスクの音をさせた。

「10％だ」

「えええっ！　どうやって、計算したんですか？」

「私は、証券市場の株価や事業のデータをすべて持っているからね。どうやって計算したかを説明してもいいが、今の道明課長の知識で理解できるかな？」

ロボットは、そう言うと、人差し指で自分の頭を突《つつ》いてみせた。

「いや、説明してもらっても、10％は変わらないんですよね。それより今は、革カバンの事業をやるべきかの瀬戸際なので、ホリデイ産業の新規事業の『正味現在価値』を計算する方が先決です」

美穂は、そう言うと、再び電卓を取り出して、パチパチとキーを叩き始めた。

「えーっと、仮にホリデイ産業が革カバンの事業を行ったとした場合、3年分のキャッシュフローの現在価値の合計は……約4400万円になります。ということは、初期投資の5000万円を差し引くと、キャッシュフローがマイナスになってしまいますね。もしかして、ホリデイ産業として、革カバンの事業には投資できないって結論になるんですか？」

「まだ、すべての計算が終わったわけではない」

それを聞いて、美穂はすぐに飛びついてきた。

「あっ、分かった！　もしかして、ロボット取締役は、これを一発逆転できる、すごい戦略も知っているんですね。何か新しい飛びっきりの販促方法があるとか、ファッション雑誌の編集者と知り合いだとか、芸能事務所に特別なコネクションがあるとか。それなら、早く言ってくださいよ」

美穂は、目を輝《かがや》かせて、ロボットの肩に手をかけた。

「いや、なにもないけど」

「えっ？　今、なんて言いました？」

「そんな、都合のいい戦略があるわけないだろ。それどころか、さらに、今のキャッシュフローが減ってしまう悪い知らせがある」

ロボットは、左腕の電光掲示板に、さっきの〈新規事業の事業計画書を作成するときのポイント〉の3項目（68ページ）を映し出して、美穂に見せた。

「3つ目の『売上を、現実的に予想する』という項目が残っているだろ」

「現実的、ですか？」

「そうだ。道明課長が作った事業計画書では、1年間の売上が1億円となっていたな。でも、現実には、お店を出して、すぐにお客があふれかえることはないだろ？」

「確かに、有名人のタレントショップではないですからね」

「1回の広告だけで、消費者にお店があることを知ってもらうことはできない。何度も広告を出して、時間をかけて教えなければいけないんだ。立地がよいから、広告をしなくても道を歩いているお客が勝手に入って来て、商品を買ってくれるというのは幻想だ。つまり、少なくとも売上が軌道に乗るまでに、最低でも3ヶ月はかかると思った方がいい」

ロボットがそう言うと、美穂はすぐに口を挟んだ。

「開店のときに、何度もチラシを撒《ま》いて、〝オープニングキャンペーン〟は、できるだけ派手にやるつもりです。さっきの経営戦略の図《図⑤》（65ページ）でも、チラシとフリーペーパーのコンバージョン率は５％となっていました。広告代理店の人が持ってきた資料にも、確か、同じような数字が載っていましたよ」

「コンバージョン率５％というのは、実績があるお店も入れた平均だろ。それに、最初に来店した95人は買わずに、最後に来た５人が買っても、コンバージョン率は５％ってことになる。広告は出してから効果があるまで、絶対に３ヶ月以上はかかるもんなんだ。１年目から５０００個を売るためには、知名度もない革カバンのお店が、オープン初日から３６５日、２万円の革カバンを１日平均14個も売らなければいけない。この話のどこが現実的だ？」

「むぐぐ……」

「それを加味して、正味現在価値を計算しなければいけない。１年目の最初の３ヶ月間の売上は通常の月の売上の半分になると予想すると、１年目は88％の売上しか達成できなくなる。これで、キャッシュフローの現在価値を計算すると、４３００万円になるから、正味現在価値はマイナス７００万円にもなる」

美穂は少し黙っていたが、突然、大きな声を出した。

「あああっ、私、分かっちゃいました」

「なにがだ？」

「横浜のお店に、保証金が1000万円あるんでした。心配して損しちゃいましたよ。3年後に、これを返してもらえば、いいんじゃないですか？　えーっと、3年後の1000万円を現時点に割り引くと……ほら、750万円になりますよ。ロボット取締役は、これを知ってたんですね。もう、人が悪いなぁ」

「私はロボットだから、隠し事などしない。残念ながら、その保証金の1000万円は返ってこない」

「なぜですか？　賃貸契約書には、お店が出て行くときに返すって書いてあるはずです」

「お店を閉めるときには、内装設備を取り壊して、原状回復しなければいけないだろ。それで、保証金の1000万円は使ってしまうよ」

「でも、このままでは、この新規事業は失敗するって結論になってしまいますよ。もしかして……本当に、投資すべきではないという判断になるんですか？」

「これが、現実ってことだ」

「そんなぁ！　これだと会議に、3年間で予算の5000万円を回収できる事業計画書を提出できないですよ！　どこかの数字を変えてでも、プラスにするしかありません！」

「数字をいじって、黒字にすることは、簡単にできる。この事業計画書でも、1年間の売上を1・2倍の1億2000万円にするだけで、1年目の売上が87%でも、正味現在価値はプラスになる。テストマーケティングでは、革カバンは他の商品に比べて、1・5倍ぐらい売れていたんだろ？　それならば、ウソの売上で事業計画書を作っても、会議では見抜けないはずだ。ただ、そんなことしても、何の意味があるんだ？」

ロボットの言うとおり、数字をいじったところで、現実には失敗してしまうならば、本末転倒な話である。

「では、どうすればいいんですか？」

「もう一度、経営戦略を練り直して、キャッシュフローを計算するんだ。集客の手段を変えれば、売上を上げることができるかもしれない。革の材料費の仕入先を見直して変動費を下げることができれば、もっとキャッシュフローは大きくなるはずだ。他にも商品の販売価格を上げるという方法もある」

「そういう細かいところを見直して、シミュレーションを繰り返すことで、事業計画書が本物になるってことなんですね。それでも、正味現在価値がマイナスならば、やっぱり、この投資は止めることになるんですか？」

「ホリデイ産業が決めた『3年間で初期投資の5000万円を回収する』という最初の命題が、そもそも間違っているのかもしれないな。もし、この新規事業が、4年目以降でも十分に稼ぐことができるならば、その期間で5000万円を回収できればいいはずだ」

「それに関しては、実際に検討しました。ただ、競合会社を調べたところ、新商品の開発とそれに合わせた広告宣伝、それにお店の内装設備の変更は、3年に一度ぐらいの周期で行なう必要がありそうなんです。もちろん、出店するときほどの投資金額は、かからないかもしれませんが、新商品によっては、工場で新しい機械設備を購入することだってあるかもしれません」

　ロボットは、その言葉を聞いたあと、しばらく、目をチカチカさせながら直立不動のままでいた。美穂が「壊れたのか？」と思って近づいた瞬間、突然、口を開いて話し始めた。

「そう言えば、ビジネスバッグだけではなく、休日用のナイロンバッグ、旅行カバンも売るんだったな」

「はい、商品のロゴ以外のデザインはすでに決まっていますし、材料の仕入先も調べてあります」

「すべての商品が3年以上も当たり続けるはずがないし、他の種類の商品を開発して、大きく入れ替える可能性は高い。それならば、3年間での正味現在価値を計算して、判断すべきという考え方は間違っていないな」

「それに、社長と田沼部長は、〝前例《ぜんれい》主義〟なんです。過去に4年間で予算を回収する事業計画書が、社内の稟議で通ったことがありません。つまり、他の新規事業であっても、3年間で回収するという条件は同じなんです。私、もう一度、経営戦略を見直してみます。でも、新しい戦略のためのデータを集めて、正味現在価値まで計算するとなると、何時間もかかりそうですね」

「いや、それは大丈夫だ」

ロボットは、そう言ってクルリと姿勢を変えると、背中にあった小さな観音扉を開いた。

「今までの書類を、ここに入れるんだ」

「……は、はぁ」

美穂は恐る恐る書類を放り込むと、扉は勢いよくしまり、ロボットの背中で激しい機械音が鳴り始めた。

「よし、今だ！　道明課長！　経営戦略で、変更したい部分を教えてくれ。一瞬で、正味現在価値を計算できるぞ！」

「あっ、はい！　えーっと、じゃ、じゃあ、どうしようかな……あっ、そうだ！　取引先で特殊なアタッシュケースを製造している会社があって、「横浜の小売店に卸していたけど、そこのお店が潰れた」と社長さんが愚痴をこぼしていました。その商品をうちのお店に置いて、販売手数料を受け取るのはどうでしょうか？　その商品であれば、場所も取りませんし、一部の熱狂的なファンもいて販売実績もあります。もし取り扱うことになれば、その取引先も独自に広告宣伝をしてくれるはずです」

「では、その会社名を教えてくれ。私のデータには、世界中の会社の商品と、そのビジネスのシミュレーションデータがインプットされているんだ」

「すごい！　さすがロボットですね！」

美穂が、その会社名と商品名を教えると、ロボットはぶつぶつと話し始めた。

「あのぉ、話しかけてもいいですか？」

「なんだね」

「今、なにをやっているんですか？」

「事業計画書の修正箇所を、自分の口でしゃべらないと、計算できないんだ。あっ、ちょうど、正味現在価値まで計算できた」

ロボットは、そう言うと、「チーン」と音を立てて、口からレシートのような紙を出してきた。

「そのアタッシュケースを取り扱えば、3年間のキャッシュフローの現在価値の合計が5500万円で、正味現在価値は、500万円のプラスになる」

「……本当に計算したんですか？」

「なんか言ったか？」

美穂は「いえ」と小声で答えると、1回咳払いをしてから話し始めた。

「これで事業計画書が完成しました。もとの計画のままで突き進んでいたら、大きく失敗していたと思います。ありがとうございました」

発射角度を間違うと、ミサイルは目標にはたどり着けない

自分の席に戻ろうとした美穂に、ロボットが話しかけた。

「待て、最後にひとつだけ、言っておきたいことがある」

ロボットの声が、今までとは違って低くなったような気がして、美穂は姿勢を正した。

「道明課長から見て、この新規事業が成功する確率は高いと思うか？」

その言葉に美穂はドキリとしたが、それを悟《さと》られまいと、落ち着いた口調で返事をした。

「私は、成功すると信じています。だって、先頭に立って指揮する人が、〝失敗するかも〟なんて思っていたら、絶対にうまくいきませんからね。もしかして、ロボット取締役は、ここまでやっても、失敗する確率が高いと思っているんですか？」

「いや、この事業の成功する確率は、100％に近いと思っている」

美穂は〝100％〟という言葉を聞いて、少し面食らった。

「この経営戦略は、競合会社に比べて、飛び抜けて優《すぐ》れているわけではない。

ホリデイ産業に革カバンの特別な技術力があるわけでも、企画力があるわけでもない。集客もありきたりな方法だ」

「……なんか、褒《ほ》められていませんね」

「でも、ホリデイ産業が上場会社ということで、最初から信用力があるからこそ、表参道でも、横浜でも、お店を出すことができる。また、ホリデイ産業は商品を作る工場を持っていたから、他の小売店が外注で革カバンを作るよりも、コストも低く抑えられている。もし、外注していたら、最初は商品の数も少ないから、相当、ふっかけられるはずだ。しかも、今回、道明課長が始める新規事業では、商品を仕入れる運転資金も必要ない。それどころか、初期投資の5000万円もホリデイ産業が用意してくれるんだろ。脱サラして、自分の貯金を使って起業する人たちに比べたら、夢のような好条件じゃないか」

「それは……ある意味、私たちが、〝ズルイ〟ということですか？」

「世の中は、もともと不公平なんだから、気にすることではない。子供のときには、学校で世の中は平等だと教えられるのに、社会に出ると、親がお金持ちだったり、コネがあったりする人は、有利だと理解する。よく、親に頼らないで事業をやっている人が、カッコいいと言う人もいるけれど、そんなものは建前でしかない。持っている財産やコネクションは徹底的に使ってでも、成功すべきだ。一度しかない人生なのに、自分から進んで、不利になることはないだろう」

「……ロボット取締役は、なにが言いたいんですか？」

「道明課長は、これほどまで有利な立場でありながら、たった1店舗の成功を目指すのか？」

その言葉を聞いて、美穂も声のトーンを下げながら話し始めた。

「もちろん、1店舗だけを成功させるだけではダメだと思います。今のホリデイ産業の下がってきた売上を穴埋めするためには、10店舗ぐらいは成功させないと」

「道明課長は、ホリデイ産業のために、仕事をしているのか？」

「あっ……いえ、違いました。革カバンを買って、喜んでくれるお客のためでした」

美穂は一瞬、目をつぶったが、すぐに開けて、言葉を続けた。

「どうせ、ここまでやるって決めたんですから……100店舗を目指します！」

美穂がそう言うと、ロボットはパチパチと手を叩いた。

「それが、道明課長の『こころざし』であり、目標ということだな。それでは、そこまでのプロセスも作っておいてくれ」

「プロセス、ですか？」

「そうだ。事業計画書は目の前の目標だけではなく、遠い将来の目標を達成するための道のりも考えなくてはいけない。1店舗のとき、5店舗のとき、20店舗のとき、100店舗のときの経営戦略は変わってくるはずだ。それを今から決めておけば、行き当たりばったりの運に任せた経営になったり、何をやるべきか迷ったりすることがなくなる。もちろん、現実は計画とは違ってくるから、随時、修正していくことにはなる」

「まだ、1店舗目を出してもいないのに、そこまで必要ですか？」

「どんなに性能がよいミサイルでも、発射台の角度が間違っていたら、目指す地点まで飛ばないだろ。目標にたどり着くための角度は、最初に計算しておかなければいけないんだ」

ロボットは頭のてっぺんにあった赤灯を格納《かくのう》して、繋がっていたUSBのケーブルも外し、自分の席に向かって歩き出した。

美穂は、「これで、話は終わりか？」と、突然の講義の終了であっけに取られた。

ただ、ロボットの言った意味がなんとなく分かった。1店舗だけの経営戦略しか作っておかなければ、せいぜい10店舗が成功すれば満足してしまうはずだ。だからこそ、最初から100店舗までの経営戦略を作っておかなければ、それを達成することなど、到底《とうてい》できないということなのだろう。

世の中には、すごくおいしい料理を作れるのに、1店舗しかないレストランもある。一方、そこそこの味なのに、全国に100店舗のレストランもあるのだ。それは、最初から、何を目指すのかという『こころざし』が、違っていたのだろう。

美穂は終電時間を過ぎることを覚悟で、もう一度、100店舗を目指すための事業計画書を見直すことにした。

「朝帰りは、さすがにやばいかな？」と思い、一瞬、吾郎の心配する顔が頭の中をよぎったが、それよりも、今は仕事の方が面白いと、再び机に向き直って、一心不乱《いっしんふらん》にパソコンのキーを叩き始めた。

STRATEGIC MANAGER

第2章

寝ていても儲かる、株の投資話

——ポートフォリオを使えば、事業リスクは減らせる美穂《みほ》が応接室に入ると、社長が、今まで見たこともないような笑顔で近づいて来た。

「いやぁ、道明《どうみよう》君、革カバンのヒット、すばらしいよ！」

「ありがとうございます」

横浜にオープンした男性向けの革カバンのお店は、経営戦略どおり、地元オフィス街のサラリーマンの評判を呼び、あっという間に人気商品になった。

さらに、男性向けの情報誌で、芸能人に紹介してもらったことをきっかけに、首都圏で大ブレイク。今では、革カバンのネットショップも立ち上げて、横浜以外のサラリーマンからの注文が相次ぎ、1ケ月待ちの状況が続いている。

今後は、東京都内に店舗を出していく計画も立てており、それと同時に、今までの「集中戦略」から、「差別化戦略」に切り替えを図ろうと、新しい革カバンの企画を練っていたところだった。

「ワシはね、道明君だったら絶対にやってくれると思ってたんだよ。ねぇ、田《た》沼《ぬま》君」

「はぁ」

社長の横で、田沼がつまらなそうな顔をして頷《うなず》いた。

おそらく年下の女課長に手柄《てがら》を取られたことと、新しく就任した取締役のロボットに活躍《かつやく》されたことが、タヌキ部長にとっては面白くなかったのだろう。

「それで、呼び出したのは他でもない。実はキミに今度、部長に昇進してもらおうと思ってな」

「ぶ、部長ですか？」

美穂は、声をうわずらせた。

「今まで、営業三課として動いてもらっていたが、新たにカバン事業部を作るから、そこの部長として、頑張ってもらいたい」

「いえ、その、私なんかじゃ……」

美穂は、顔の前で手をぶんぶんと振り回した。しかし、社長は、その手を力強く捕まえて、ぎゅっと握り締めてきた。

「ホリデイ産業の将来は、道明君、キミの肩にかかっているんだ」

30歳のか弱い女の肩に、上場会社の将来をたくしてしまう社長に対して呆《あき》れてモノも言えなかった。しかし、ここで断れば、自分の手がけてきた革カバンの新規事業が、〝タヌキ〟こと田沼に横取りされてしまうと思い、しぶしぶ、昇進を受諾《じゅだく》することにした。

ただ、美穂はひとつだけ条件をつけてもらおうと思い、おそるおそる社長に尋ねた。

「あのぉ……私の上司は今までどおり、ロボット取締役でいいのでしょうか？」

「あぁ、構わんよ。どうせ毎日、座っているだけだろ」

美穂がロボットの話題を出すと、社長は急に表情を曇《くも》らせた。銀行が、無理やり自分の会社に出向させたロボットを、あまり快く思っていない様子だった。

しかし、今回の男性向けの革カバンがブレイクしたのは、すべてロボットが教えてくれた事業計画書のおかげだと言っても過言ではない。店のコンセプトからマスコミ向けのプレスリリースの書き方など、すべての販促テクニックはロボットの指示によるものだった。

今までなに気なく会社で仕事をしていた美穂にとって、ロボットと仕事をすることは、毎日が新鮮《しんせん》で、入社して初めて〝仕事が面白い〟と思う日々を過ごしていた。

「まぁ、あのロボットとは、適当にうまくやってくれたまえ。で、他になにか質問は？」

　社長にそう言われて、いい機会だと思い、美穂はロボットについて質問することにした。

「前から気になっていたんですが……ロボット取締役は、毎日、どこから来て、どこへ帰って行くんですか？」

「はぁ？　キミはそんなことが気になるのかね？」

　美穂は「気にしない方が、オカシイだろ」と思ったが、社長と田沼は顔を見合わせながら、不思議そうな顔をしていた。

「そこらへんは、出向元の東京明治SF銀行から情報が開示されていないから、ワシもよく分からん。最近は個人情報保護の問題で、銀行もそういうことに、うるさいしな」

「個人情報保護って……」

「それに、ロボットだって、人間と同じように、プライベートでやらなきゃいけないこともあるんだろ」

「プライベートなことって、言いますと？」

「例えば……油を差したり、ソフトをインストールしたり、体に色を塗ったり、電球を交換したり……とにかく、いろいろだ」

どうやら社長も田沼も、ロボットが社内で働いていることに、あまり違和感を持っていないようだった。さらには、社内のスタッフも、ロボットが働いていることをすでに受け入れている状況で、美穂以外は誰ひとり、ロボットがどういう仕組みで動いていて、毎日どんな生活をしているのかなどということには、まったく興味を持っていないようだった。

今までホリデイ産業がトップダウンのワンマン経営だったからなのか、とにかく、周りの人間と同じことをしていれば、問題は起こらないという暗黙のルールが存在していた。

そのため、社内でオカシイ出来事が起きても、誰もなんの疑問も持たず、会社全体が鈍感《どんかん》な体質になっていたのである。

「道明君、ロボットといっても、空を飛んだり、ミサイルを発射したりするわけじゃないんだから、普通の上司と付き合う感じで、うまくやってくれたまえ。機嫌でも損ねて、銀行に悪い報告がいったら、それこそ一大事だ」

田沼は、そう言うと、「ねぇ、社長」と言って、突き出たお腹をゆすりながら、社長の方へ擦《す》り寄っていった。

吾郎《ごろう》からメールが来たのは、その日の夕方だった。

「緊急の用があるから会いたい」ということだったので、仕事を抜け出して近くの公園に行くと、いつもの人懐《ひとなつ》っこい笑顔を振りまきながら、美穂の方に手を振って近寄って来た。

「ごめん、忙しかった？」

「ううん、ちょうど手が空いたところだったから。で、緊急の用って何？」

「実はさぁ」

吾郎は、そう言うと、突然、両手を合わせて頭を下げてきた。

「お願い！　２万円貸して！　２万円が無理なら、１万円でもいい！」

「なによ、急に」

「実は、今日、大井のナイター競馬で、絶対に勝ちそうなレースがあるんだよ」

「また競馬？」

美穂は長い髪の毛を鬱陶《うっとう》しそうにかきあげながら、ため息をついた。

「この間も、私の貸したお金で、大負けしたじゃないの」

「あれは、直前に雨が降って馬場がよくなかったんだよ。予想どおりのコンディションだったら、絶対に勝てたレースだったんだ。今日の夜は天候がいいから、俺の計算どおりにレースが進むはずなんだ」

美穂は「まったくもう」と言って、長財布からお金を取り出そうとした。

しかし、そのとき、「彼に、このまま投資しても幸せになる見込みは？」、「時間が経つにつれて、お金の価値は下がる」という、ロボットの言葉を思い出した。

一瞬、美穂の手が止まったが、それよりも先に、吾郎の手が美穂の掴《つか》んだお札を握り締めていた。

「ありがとう！　絶対にこのお金、何倍にもして返すからさ！」

吾郎は、嬉《うれ》しそうに1万円札2枚を掴んで、ポケットにしまいこんだ。

「あのさぁ、吾郎」

美穂が、少し落ち着いた声で吾郎に話しかけた。吾郎は「ん？」と言って、整った小さな顔をこちらに振り向かせた。

「最近、曲、書いている？」

「あ……うん、今、書いているところ。ちょっと、一部のパートで詰まっちゃってさ。でも、なんとか完成させるよ」

「私が言うのもなんだけど、『この歌、ダメだな』って思った曲は、早めに諦《あきら》めて、次の曲を作り始めた方がいいと思うよ」

「えっ、なんで？」

吾郎は、美穂の唐突《とうとつ》なアドバイスに、きょとんとした顔をして固まっていた。

「ひとつの曲を作るのに時間がかかるのは、自分でこだわりすぎているんじゃないのかな。それより、もっと聴く側の気持ちになって、みんなに受け入れられる曲をたくさん作って、音楽事務所に持ち込んだりとかして、いろんな人の意見を聞いた方がいいと思うんだけど」

美穂は、そう言うと、吾郎と目を合わさずに、長財布をバッグにしまいこんだ。

「うーん、美穂は音楽の世界が分からないから、そういうことを簡単に言えると思うんだけど、そんなにこの世界、甘くないんだよねぇ。それに、音楽事務所の人って言ってもピンきりで、分かってない奴が多いからね」

吾郎は頭をかきながら、言葉を続けた。

「音楽って、自分を表現することだと思うんだ。自分の魂を曲に込めて、それを人に伝えるのが仕事なわけよ。自分が納得できる音楽であれば、人にも感動を与えることができる。それを歌い続けていれば、大手の音楽事務所が絶対に声をかけてくるはずなんだ。美穂のやっている会社の仕事とは、ちょっと違うんだよ」

美穂は、音楽も仕事も同じじゃないかと思ったが、これ以上、吾郎と話をしても結論は出ないと思い、「そういうもんかもね」と言って、自分の意見を折ることにした。

吾郎も気まずくなったのか、「じゃあ」と言って、駆け足で立ち去っていった。

その後ろ姿を見ながら、美穂の頭の中には、何度もあのときのロボットの言葉が繰り返されていた。

美穂は久しぶりに仕事が早く終わったが、まっすぐアパートに帰る気にはなれなかった。

吾郎と夕方、気まずい別れ方をしたので、家に帰って顔を会わせても、ケンカになって気分が悪くなることは、ある程度、予想がついていた。

　また、給料日前でお金がない状況だというのにもかかわらず、安易《あんい》にお金を貸してしまった自分に対して、自己嫌悪になっていた。

　今日は新橋あたりで食事をしようと、ひとり繁華街を歩いていた。

「和食にしようかなぁ」

　美穂が独り言をつぶやきながら、小さな居酒屋に入ろうとしたとき、ふと反対側の歩道に、見覚えのある人が歩いているのを見つけた。

　いや、正確には〝人〟ではない。

　上司のロボット取締役が「ガシャン、ガシャン」という大きな機械音を立てながら、夜の新橋の街を闊歩《かっぽ》していたのである。

　美穂は、すぐに電柱の陰に身を隠した。

　ロボットは、美穂に気がつかない様子で、反対側の歩道を銀座方面に向かって、歩いている。

　不思議なことに、周りの人は、誰ひとりとして、ロボットが歩いていることに違和感を持っていない。

　おそらくこの街は、ぐでんぐでんの酔っ払いか、自分のことで精一杯なサラリーマンしかいないので、ロボットなんかに気を取られている場合ではないのだろう。

途中、酔っ払いと肩がぶつかったり、呼び込みのお兄さんにピンクチラシを渡されたりしていたが、ロボットは歩調を変えず、ひたすら銀座方面に向かって、歩き続けていた。

美穂は、ロボットが一体どこへ行くのか気になり、後をつけることにした。

ロボットは一定の速度で歩き続け、そのまま新橋から銀座に向かい、奥まった通りに入って行った。

「どこまで歩き続けるのかしら？」

美穂がそう思ったとき、ロボットの足がピタリと止まった。

そこは、銀座でも有名なクラブの前だった。女性の美穂でも、テレビや雑誌で何度か目にしたことがある高級店である。

「いらっしゃいませ」

入り口にいたボーイが、腰を90度に曲げてお辞儀《じぎ》をした。

「今日は、何名様で？」

美穂は、それを電柱の陰から覗《のぞ》いていて、「見れば分かるだろ」と思ったが、ロボットは指を2本立てて「ふたり」と言った。

「えっ」と、美穂が言った瞬間、ロボットの首が90度に曲がり、こちらに向いた。

「あそこの女性と私の、ふたりだ」

ボーイが店内に向かって、「２名様入りまーす」と大声で叫んだ。

ロボットは、１回だけ美穂に手招きをすると、そのまま店内に入っていった。

美穂は、どうすればいいのか分からなくなったが、ボーイが「どうぞ」と笑顔で誘うので、「はぁ」と言って、ロボットの後に続いて店内に入っていった。

胴元の取り分が多いギャンブルは、必ず、負ける

「きゃー、ロボット、いらっしゃーい！」

店内は、美穂が想像していた以上に照明が明るく、出迎えたホステスも品があってカワイらしい女性ばかりだった。

しかし、それ以上に美穂が驚いたのは、ロボットがこのクラブの常連客だということである。

「もう、最近、来てくれなかったじゃないのー」

「仕事が忙しくて」

「今日は、お連れさんと一緒?」

「会社の部下だ」

「私、『カエデ』って言います。よろしくー」

そう言って、大きな巻き髪をしたホステスは、美穂に名刺を差し出した。

「あのぉ、ロボット取締役は、いつもこちらのお店にいらっしゃるんですか?」

「いつもじゃないですけど、月に数回は来てくれますよ」

カエデという女性は、落ち着いた口調でそう言うと、テーブルの上で慣れた手つきで水割りを作り始めた。

「ロボットだから、水を飲んだら壊れるんじゃないか?」と思い、美穂はじっとその動きを観察していたが、それよりも先に他のホステスが数人、雪崩《なだれ》のようにテーブルに割り込んできた。

「あーん、ロボット、寂しかったよ〜」

「わー、会いたかったわぁ」

「ちょっと、写メ撮らせて、写メ〜」

予想外に、ロボットはホステスの人気者だった。

会社にいるときのように、黙っているだけかと思っていたが、サービス精神も旺盛《おうせい》で、頭の電球をピコピコ光らせたり、口からプリクラを出したりして、ホステスを喜ばせるポイントは、ロボットなりに心得ている様子だった。

「わたしぃ、手相とか見るのが、得意なんですよぉ～」

ホステスが甘えた声でそう言うと、ロボットは会社にいるときよりも、1オクターブ高い声で反応した。

「おっ、じゃあ俺の手相も見てくれよ。あっ、いけね、ロボットだから手相ねえんだ」

「きゃははー、ちょーウケるー」

そんな面白くないギャグも、ロボットの口からポンポンと飛び出して、美穂のいるボックス席は、お祭り騒ぎで盛り上がり続けた。

数時間後、騒ぎもひと段落して、カエデという女性以外のホステスは席から外れていた。

ロボットは、どこから持ってきたのか、ネクタイを頭に締めて、飲んだくれのサラリーマンのような格好で席にじっと座っていた。

「こういう店にも、よく来られるんですか?」

美穂が、そう言うと、ロボットは、いつも会社にいるような口調で答えた。

「『ホステスと遊ぶ』というデータがインプットされているから、それをアウトプットしただけだ」

「でも、楽しそうでしたよ」

「楽しそうにする行動がインプットされているだけで、自分には感情がない」

「じゃあ、なんでこういうお店に通うんですか?」

「定期的にこういうところで情報を収集しなければ、世の中で起きていることが分からなくなる。ナマのお客の声や考え方は、自分が新聞やインターネットから入手する情報よりも何倍も興味深くて、参考になる」

ロボットは、そう言うと、グラスに入ったウイスキーを手に取った。しかし、入店してから、一口もお酒には手をつけていない。

「それよりも道明課長、今日は元気ないな」

「えっ、なんで分かるんですか?」

「いつも私がインプットしている表情と違う。何か、悩み事でもあるのか?」

「実は……彼氏のことで……あっ、こういうプライベートな相談ってしちゃダメですよね？」

美穂が、そう言うと、ロボットの横に座っていたカエデというホステスが、話に割って入ってきた。

「あら、ロボットさん、こう見えても異性の相談には乗ってくれるのよ。この間も、私が変な男にストーカーされたときに、いろいろ助けてくれたんです」

「その話はよせ」

ロボットが話を止めようとしたが、カエデは構わず話を続けた。

「閉店後に、いつもその男に店の前で待ち伏せされてね。それで困っているときに、ロボットさんが出て来てくれて……」

「ミサイルでも、発射したんですか？」

美穂が、そう言うと、カエデは「ふふふっ」とカワイらしく口を押さえて笑い出した。

「そんなことするわけないじゃないですか、漫画の世界じゃあるまいし」

美穂は「ロボットが、目の前にいること自体が漫画だろ！」と思ったが、話を最後まで聞くことにした。

「その男の人をじっくり説得してくれてね。それ以来、もうストーカー行為はなくなったんです。だから、ロボットさんには、いろいろ相談してみるといいと思いますよ。あっ、私は席を外させてもらいますからね」

カエデは、そう言うと、小さくウインクをして席を立った。

「カエデは、おしゃべりだな」

ロボットは、そう言うと、グラスを置いて腕を組んだ。

しかし、美穂はカエデが話に入ってくれたおかげで、少し気持ちが軽くなっていた。


「それで、彼氏がどうしたんだ？」

「ええ、実は今日、彼が私からお金を借りていったんです。競馬をやるって言って……どうして、男の人はギャンブルが好きなんですかね？」

「男に限らず、ギャンブルはみんな好きだぞ」

「えっ？　ロボット取締役もギャンブルをやられるんですか？」

「あぁ、株の投資をやっている」

ロボットが、そう言うと、美穂は口を真ん丸く開けて驚いた。

「株の投資って……そもそも、ギャンブルなんですか？」

「競馬と同じで、合法的なギャンブルだ。だから、私のやっていることと、道明課長の彼氏がやっていることは、そんなに大きな違いはない。ただ……」

ロボットは一呼吸置いて、言葉を発した。

「普通のギャンブルは、必ず、みんな負ける」

「必ず負ける？　ちょ、ちょっと待ってください。うちのダメ彼氏だって、たまには競馬で当てて、私に食事なんかをおごってくれますよ」

「それは、〝たまたま〟勝ったときがあるだけで、今まで投資した金額をすべて合計して、それ以上に勝っていることは、まずない。これは競馬、パチンコ、宝くじ、すべてに言えることだ」

「なんで、〝必ず負ける〟なんて、言えるんですか？」

美穂は、少し食い下がってみた。

「胴元《どうもと》が賭《か》け金から取り分をもらって、その残りを、みんなに配るからだ。例えば、パチンコであれば20％、競馬なら25％、宝くじなら50％を、胴元が搾取《さくしゅ》しているんだ。だから、長期間やっていれば、胴元以外の全員が負けて、勝ち続けることはできない」

美穂は初めて博打《ばくち》の胴元の取り分を聞いて、予想していた割合より多いことに驚いた。

「考えてみたら、そうですね……競馬で当たって儲《もう》かったと思ったら、それは横にいる人が、お金を貢《みつ》いでくれただけですからね。パチンコでたくさん玉が出たって、それは隣にいる人の玉が、こっちに流れてきただけですしね」

「競馬場で捨てられたハズレ券の一部が、胴元によって、単純に払い戻されているってことだ。でも、私はギャンブルを全否定するわけではない。ゲームセンターに行ったら、ずっとお金を取られ続ける。それと同じで、トータルで負けたお金は、遊びとして使ったと思えばいい。例えば、一番、搾取されていないパチンコなら、80％が払い戻される仕組みになっているから、1日で5万円を突っ込んでも、1万円しか負けない。それで、1日遊べて、楽しいと感じるならば、いいんじゃないか。ディズニーランドに遊びに行っても、入場料も合わせて、1日で1万円ぐらいは使うだろ」

美穂は、その話を聞いて、近所にあるパチンコ店のことを思い出した。

あれだけ派手なネオンと内装を作り、さらにTVCMで、新しくできた機種を宣伝して、それで「胴元の取り分が少ない」というのは、あり得ない話である。

美穂が運営をしている革カバンのお店と同じで、パチンコ店も、投資したお金を回収できる見込みがあったからこそ、そこに出店しているのだ。彼らもビジネスである限り、「儲かる仕組み」、つまり賭け事をやっている人にとっては、「負ける仕組み」を作っているはずである。

美穂は、改めてロボットに問いただした。

「じゃあ、損をするのは、賭け事に参加する人達だけってことですか？」

「パチンコ店だって、来てくれる人が減って、人件費や水道光熱費が賄《まかな》えなくなれば、赤字になる。それに、黒字であったとしても、毎年、入れ替えるパチンコ台の設備投資を回収しなきゃいけない。つまり、胴元であるパチンコ店は、賭け事に参加するお客である『投資家』を呼び込む努力を常にしなくてはいけないんだ。しかも、同業者のパチンコ店は近くにたくさんあるし、競輪場、競馬場などのギャンブル会社も競合相手になる。結局、胴元であるパチンコ店もビジネスとして儲かるために、経営戦略を練って、ちゃんと事業計画書を作らなければいけないんだよ」

「そっかぁ、じゃあ、株の投資も、そういう賭け事と同じで、投資家が必ず負けてしまう仕組みになっているんですね」

「いや、株は違う」

ロボットの口調が、ほんの少し力強くなった。

「株は、胴元である証券会社の取り分が数パーセントと非常に少ない。さらに、ちょっと考えれば、リスクは最小限に、リターンは最大限にすることができる。それで、ずっと経済が成長して、証券市場に参加する投資家が増えていくならば、株の投資は勝ち続けることも可能だ」

「つまり……ロボット取締役は、負けない『株の投資術』を知っているってことですか？」

「ああ、こうやって銀座に飲みに来られるのも、株の投資で稼いだお金があるからだ」

「ホントですか！　じゃあ、私にもその投資術を教えてくださいよ！」

美穂はガラステーブルに手を置くと、勢いよく身を乗り出した。

「道明課長は、株に投資したことがないのか？」

「昔から興味はあるんですが……本を買っても、分からない言葉ばかりで。でもやっぱり、上場会社で働いているんだし、株の知識ぐらいないと恥ずかしいですよね」

美穂は、今まで、なんとなく流れに任せて昇進してきたが、早ければ来週にも部長になることが発表されることもあり、これからは、より高いスキルが求められると感じていた。

ただ、社会人として最低でも読まなくてはいけない日経新聞は、同棲《どうせい》する吾郎が、「４コマ漫画がない」と文句を言って、取るのを止めてしまっていた。それに、美穂自身、テレビで株価のニュースが流れ始めると興味がないので、すぐにチャンネルを替えてしまうあり様だった。

そういう自分を変えたいと思っていた矢先なので、今、株の投資術をロボットから学ぶのは、決して美穂にとってマイナスの話ではない。

それに、今まで吾郎に投資してきたお金が、少しでも返ってくるのなら……美穂は、そう思うと、俄然《がぜん》、やる気が湧《わ》いてきた。

「お願いです！　私に、株の投資術を教えてください」

美穂が、そう言うと、ロボットの頭にあった豆電球がピコピコと光った。

１００％儲かる話を、他人に教える人はいない

店内の喧騒《けんそう》とは裏腹に、ロボットと美穂は、深刻な顔つきで話し合っていた。

「まず、株を買うときに、絶対にやってはいけないのが、プロの株コンサルタントが薦《すす》める株を、そのまま言いなりで買ってしまうことだ」

「株に詳しい人が薦めるんだから、買った方がいいんじゃないですか？」

「冷静に考えてみろ。儲かる株があるなら、人に教えずに、自分で買っているだろ」

「……そのとおりです」

美穂はバッグからメモ帳を取り出し、ロボットの言うことを一字一句メモし始めた。

「それに、もし100％儲かる株を教えてくれる人がいれば、みんなが、その人に聞いて同じ株を買ってしまう。そうなると当然、その株の価格が上がってしまい、安く買えなくなるから、儲からない株になってしまうだろ」

「そうすると、プロが薦める儲かる株の話は、あんまり当てになりませんね」

「株コンサルタントの意見を参考にするのはいいが、それを鵜呑《うの》みにしてはいけないということだ。もともと、プロが予測しても、アマチュアが予測しても、儲かる確率はあまり変わらないからな」

「えっ、素人でも、ですか？」

「いや、素人ではない。素人というのは、道明課長のように、まったく知識がない人間のことだ。アマチュアとは、株に関する理論を学んで、本業にはしないが、自分なりに株の投資術を身につけた人間のことを指す。素人とは、違う」

「それじゃ、その理論さえ学べば、私でもプロと同じぐらい、儲けられるんですか？　なんだか、急に話が胡散臭《うさんくさ》くなりましたねぇ……」

美穂は、口をひん曲げながらロボットを見つめた。

「まぁ、別に信じないなら、教えなくてもいい」

「いや……すみません、その話を詳しく教えてください」

ロボットのそっけない口調にびっくりして、美穂は、態度を豹変《ひょうへん》させた。

「まず、株のリターンとリスクの関係から、分かりやすく説明しよう。道明課長は『正規分布』という言葉を知っているか？」

「なんですか、それ？」

「正規分布とは、ガウス分布とも言われていて、確率密度関数を持つ確率分布で、中心極限定理によれば、任意の確率分布に従う……」

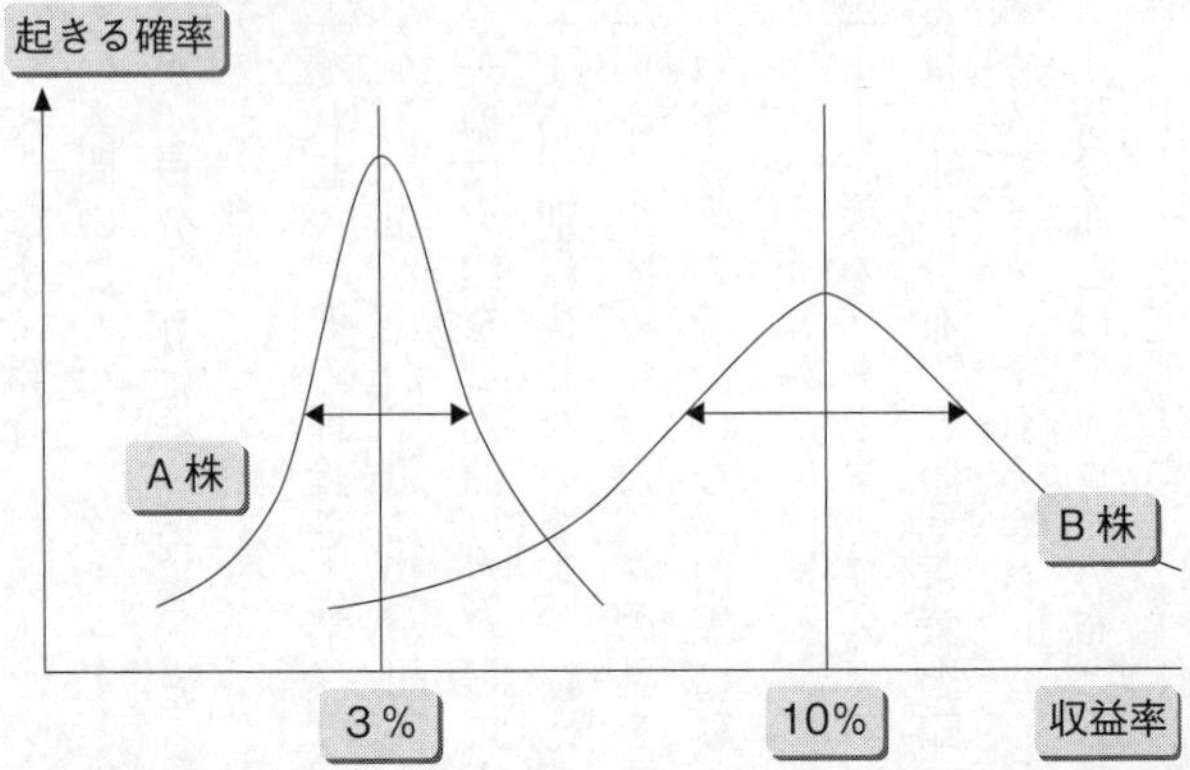

図⑨

「あのぉ」

「なんだ？」

「お話し中すみませんが、さっぱり意味が分からないんですけど……もう少し分かりやすく解説してもらえますか？」

美穂がそう言うと、ロボットは胸にあるモニターの図図⑨（上図）をこちらに向けた。そこには、縦軸と横軸の線の真ん中に、山なりの曲線が描かれていた。

「中心値から外れるに従って、大きい方にも、小さい方にも、同じようにだんだん『起きる確率』が減っていく分布のことを、『正規分布』と言う。株の収益率は、必ず、この正規分布になるのだ」

「株の収益率って……何ですか？」

ロボットは、左腕の電光掲示板に、簡

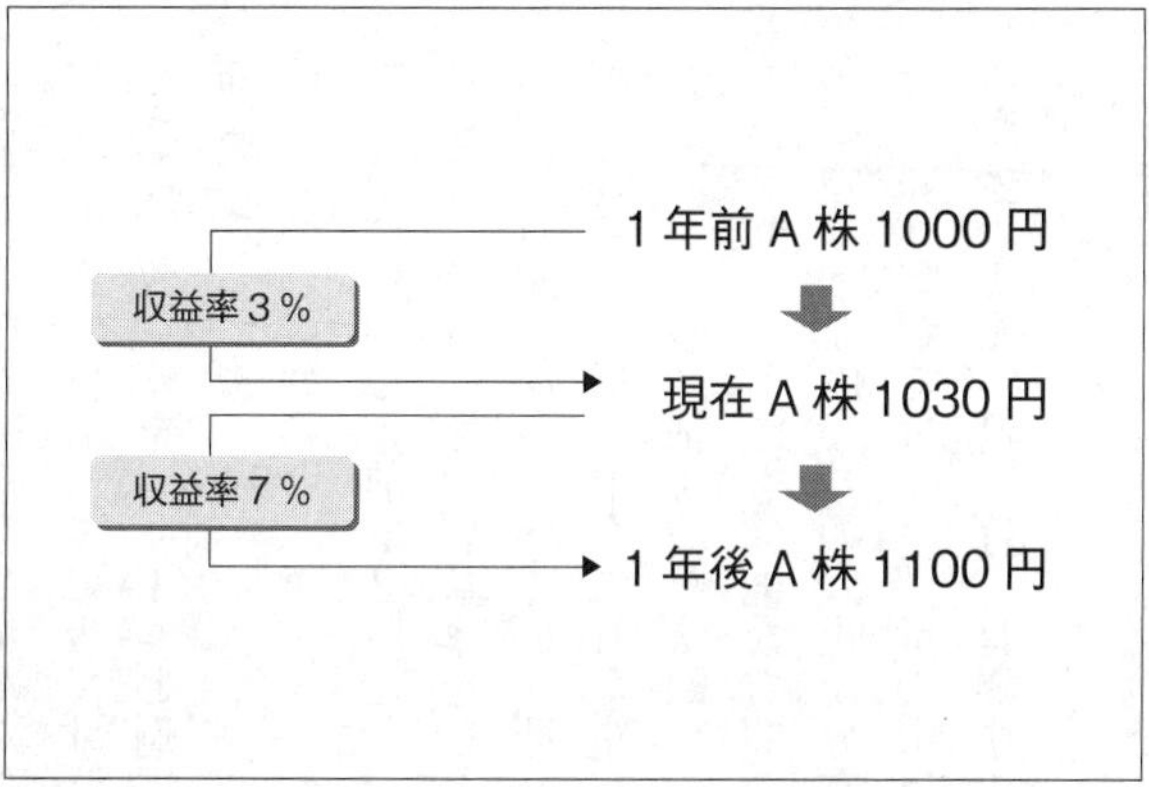

図⑩

単な図図⑩（上図）を映し出した。

「例えば、この向かって左側の尖《とが》っているグラフのA株があるだろ。これを1年前に1000円で買ったと仮定して、現在、1030円の価格で売れるとする。この場合、『収益率は3％』ということになる。ここまでは意味が分かるか？」

「はい、そこまでは」

「このA株の収益率を、過去何十年間もずーっと測定して、平均を出したものが、この『正規分布』の真ん中の3％、つまり、このグラフで一番尖っているところになるんだ」

「A株の収益率が、平均の3％になる確率が一番多くて、3％よりも高くなる確率はだんだん少なくなり、同じように3

%よりも低くなる確率もだんだん少なくなるってことですね。しかも、その度合いが、左右で同じってことですか？」

「そうだ。収益率を、ずーっと過去から測定すると、すべての株がこのような分布図になる」

「ずーっとですか？」

「ずーっとだ。2年前は2％だったかもしれないし、5年前は10％だったかもしれない。でも、その収益率をひとつひとつ、ずーっと拾って、それを点で表して、分布図を作っていくと、それぞれの株で高さや広がり度合いは違ってくるが、必ず、平均を中心にした左右対称の釣鐘《つりがね》型になるのだ」

美穂は、この「絶対的な法則」みたいな話が、今ひとつピンとこなかった。

「すみません、とても幼稚な質問なのかもしれませんが、すべての株の収益率が、このような山なりの『正規分布』になるって、誰が決めたんですか？」

「そういう問題ではない。世の中は、データの量が多いと『正規分布』になるものが多いんだ。例えば、世界中の人間の身長も、同じように『正規分布』になる」

「本当ですか！　男性でも女性でもですか？」

「そう、必ず、この『正規分布』のように平均が一番多くて、そこから外れるほど、背の高い人も低い人も、同じような確率で減少していくんだ。これは、体重でも、指の長さでも、昆虫の大きさでも、葉っぱの数でも同じように、すべて『正規分布』になる」

美穂は「へーっ！」と感嘆《かんたん》の声をあげた。

「じゃあ、このクラブで働いている女の子の美人度なんかも、『正規分布』になるんですか？」

「それは、無理だ。『美人度』は、数値で表せない」

「確かに……で、株の収益率が、『正規分布』になることは分かったんですけど……分布が、左右対称の山なりになるって、だけのことですよね？」

「そうではない。正規分布には共通する性質があることが分かっているんだ。もう一度、このモニターの図（図⑨）（122ページ）を見てみろ。A株とB株の収益率の平均が違うのは分かると思うが、他にも違いがあるだろ？」

美穂はグラフをじっと見つめた。

「すごい単純なことですが……A株は、やや尖った山の曲線で、B株は、ゆるやかな山の曲線ってことですかね？」

「そのとおり。A株は『尖っている』ということは、分布が真ん中の平均に集まっていることを意味する。つまり、3%の平均を中心として、そこから収益率が大きく変わらないから、『ローリスクな株』と考えられる。反対にB株は『ゆるやか』ということは、分布が外に広がっていることを意味する。つまり、10%の平均を中心として、そこから収益率のブレが激しいということだから、『ハイリスクな株』と考えられるんだ」

ロボットは一気にまくしたてると、一呼吸置いてから言葉を続けた。

「この中心からの広がりの度合いを、『標準偏差』と呼ぶ。だから、A株の『標準偏差』は小さくて、B株の『標準偏差』は大きいことになる」

「『標準偏差』……なんか、学校で勉強したような気がするけど、文系の私にとったら、なんだか苦手な用語ですね」

「難しいのは漢字だけだ。肝心なのは『平均＋標準偏差×2倍』から『平均－標準偏差×2倍』に入る確率が、95・44%になるという性質だけ覚えておけばいい」

「……余計に、分からなくなりましたけど」

「例えば、A株の『標準偏差』が5%だとすると、A株の収益率は、約95%の確率で、マイナス7％から13％に収まることになる。つまり、1割以上の損をする可能性がほとんどないってことだ。一方、B株の『標準偏差』が15％だとすると、B株の収益率は、約95％の確率で、マイナス20％から40％に収まることになる。〝約95％の確率〟というのは、外れる確率が5％しかないから、ほとんど当たるってことだろ」

「まぁ、明日の天気予報で、『95％の確率で晴れます』って言われたら、傘は持っていかないですからね。それで、B株は『投資したら、大きく損をするかもしれないけど、めちゃくちゃ儲かることもある』から、博打性が高いってことなんですね」

「そのとおり。ギャンブルの世界では、いわゆる〝大穴〟って言われるやつだな」

「でも、なぜ、95・44％って、言い切れるんですか？」

「さっき言っただろ？　株の収益率は必ず『正規分布』になる、と」

美穂は「あー、なるほど」と、大きく口を開きながらゆっくりと頷いた。

「それが、『正規分布』の性質なんですね。ただ、この株の収益率の分布は、過去の株価のデータから計算しているんですよね？　あくまで、株に投資するときには、将来の収益率が分からなければ、意味がないと思うのですが」

ロボットは、胸のモニターに新しい図図⑪（次ページ）を映し出した。

「そうだな。だから、過去の収益率の『平均』と『標準偏差』を参考にして、投資家が、その株の収益率を予想して、そうなって欲しいと期待するから、『期待する株の収益率＝リターン』、『期待する株の収益率の標準偏差＝リスク』となるんだ。ただ、その会社が大きなプロジェクトを成功させたり、失敗させたりしない限り、リターンとリスクがいきなり変動することはない。だから、リスクを取りたくない人は、やっぱり、B株よりもA株を選んで投資することになる。ここで重要なのは、リスクとは、『危険』ではなく、『不確実性』という意味だってことだ。つまり、リスクを取るとは、失敗する確率を大きくするだけではなく、成功する確率も大きくなるってことなんだ」

この話を聞いて、美穂は頭の中である理論がひらめいた。

「分かった！　過去の株価のデータから、A株のようにリスクが小さくて、B株のようにリターンが大きな会社の株を探せってことですね！」

「全然、違う！」

「あれ？　私の理論、間違っていますか？」

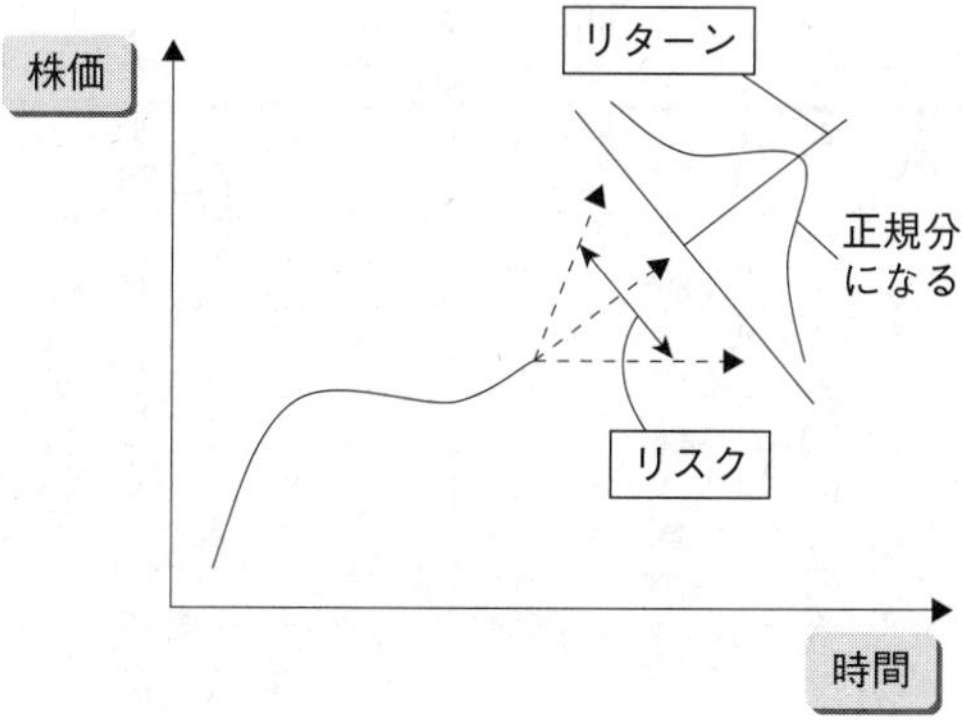

図⑪

「大間違いもいいところだ。ローリスクでハイリターンな株など存在するわけがないだろ。もしあれば、その株を買う人が多くなり、現在の株価は上がってしまう。リターンは、現在の株価と将来の株価の差で計算されるから、現在の株価が上がれば、予想した1年後の株価との差額が縮まって、リターンが小さくなってしまうんだ。逆に、ハイリスクでローリターンな株も存在しない。そんな株があれば、売る人が多くなり、現在の株価は下がるから、リターンが大きくなる。つまり、自動的に、A株のようにローリスクでローリターンか、B株のようにハイリスクでハイリターンになってしまうってことだ」

「……」

「道明課長、どうかしたか？」

「ロボット取締役が言いたいことは、『そんなウマイ儲け話はない』ってことなんですね。もしかして、彼氏探しも同じかもしれません。性格がよくてカッコいいんだけど、貧乏な人だったり、不細工で性格が悪いんだけど、お金持ちだったり……性格もよくてカッコよくて、なおかつお金持ちでもある、そんな都合のいい男なんて、いるわけないですよね」

「ちなみに道明課長の彼氏は、ローリスクでローリターンなのか？　それとも、ハイリスクでハイリターンなのか？」

「間違いなく、ハイリスクでハイリターンですね」

「じゃ、道明課長の彼氏選びは、〝大穴〟狙いってことなんだな。B株を買っている投資家と同じだ」

それを聞いて、美穂は心の底では「ハイリスクで、ローリターンなのかもしれない」という不安がよぎったが、表情には出さず、硬い表情で笑ってみせた。

リターンは変えずに、リスクだけを減らす方法

店内の照明がゆっくりと明かりを落とし、レトロ調でテンポの遅い曲がホールに流れ始めた。

「私、リスクが小さくて、ボロ儲けできるようなオイシイ話って、やっぱりないってことが分かりました。株の投資は初心者なので、おとなしくローリスクでローリターンな株を探すことにします」

「いや、まだ株の理論の話は半分も終わっていない。これだけで、株のプロと同じレベルで、投資できるわけがないだろ」

「えっ？」

ロボットは、今度は腹から、印刷した紙図⑫（133ページ）を出してきた。

「図は難しそうに見えても、話の内容はそれほど難しくないから安心して聞いて欲しい。まず、A株もB株も同じ1株1000円で、A株はローリスクでローリターン、B株はハイリスクでハイリターンとする。A株だけ10株持っているとすると『A点』、B株だけ10株持っているとすると『B点』にいることになる。今、A点にいたとして、A株を5株売って、B株を5株買うとする。

ここで、A株とB株の相関係数が1とすると、将来のリスクとリターンは、A点とB点を結ぶ直線のちょうど真ん中の『X点』に移る」

「すみません、相関係数ってなんですか？」

「A株の価格が変わったときに、B株の価格がどうなるかを、マイナス1から1の間の数値で表したものだ。相関係数が1のときには、A株が値上がりすると、必ずB株も値上がりし、A株が値下がりすると、必ずB株も値下がりすることになる。今、A株とB株のリスクとリターンの率が違うので、『X点』は、『A点』よりも、ハイリスクでハイリターンになっているだろ。そのまま、A株をすべて売ってB株を10株持つならば、よりハイリスクで、ハイリターンな『B点』に移ることになる。これ以上、A株を売ることはできないので、『B点』よりもハイリスクでハイリターンになることはない」

「それでは、この『C点』というのは、なんですか？」

「相関係数は最大で1だが、最低でマイナス1になると言っただろ。もしA株とB株の相関係数がマイナス1とすれば、A株が値上がりしたときに、B株は必ず値下がりすることになる。そのため、A株を売って、B株を増やしていくと、ちょうど、リスクがゼロになる『C点』にたどり着く。この『C点』で

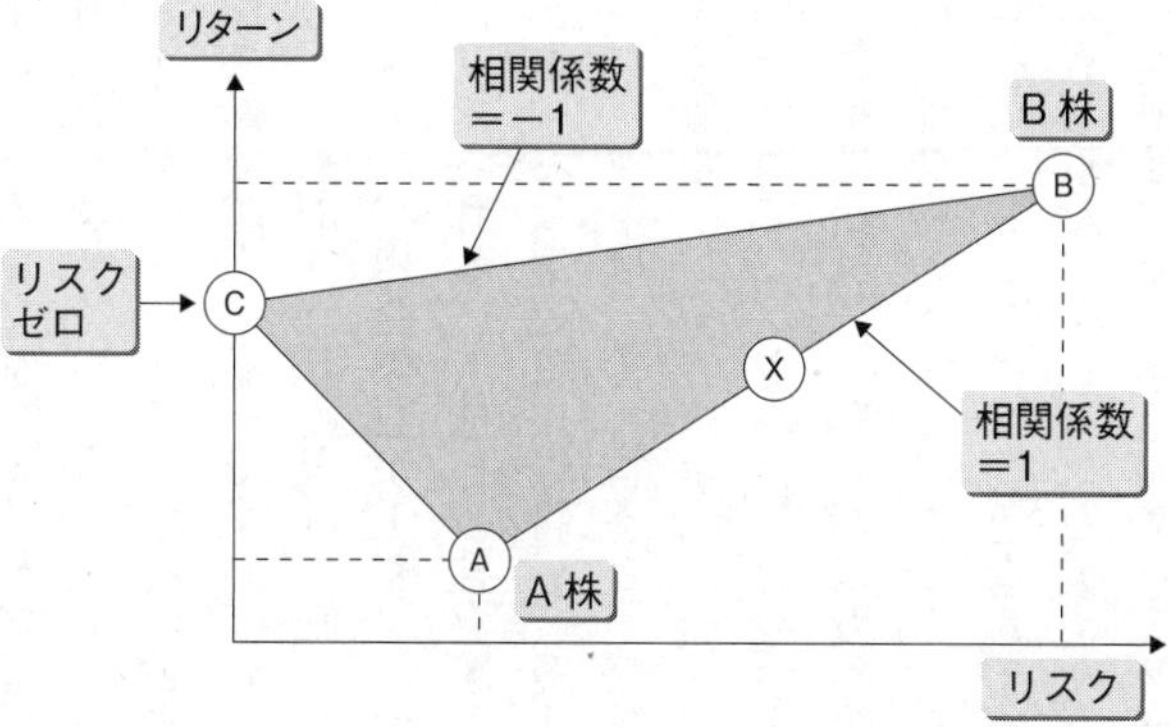

図⑫

は、リスクはゼロだがリターンだけがプラスになっている。もっとリターンが欲しいと考えて、A株をすべて売ってB株を10株持つと、さっきと同じ『B点』に移ることになるだろ。つまり、A株とB株を組み合わせて買ったときのリスクとリターンは、相関係数が最低と最大を表したこの三角形（上図のグレー部分）の中に、必ず収まることになる」

「それなら、相関係数がマイナス1になるA株とB株を探して、うまく組み合わせれば、リスクをゼロにすることができるってことなんですね」

美穂は少し喉《のど》が渇《かわ》いたので、水割りを手に取った。

「いや、冷静になって考えてみろ。世の

中に、そんなに都合よく相関係数が1やマイナス1になる株の組み合わせがあると思うか?」

「うーん、言われてみたら、必ず同時に値上がりしたり、値下がりしたりする株なんて、……ないですね。しかも、過去はたまたま相関係数がマイナス1でも、将来の株価の動きは、誰にも分からないですから」

「現実に、相関係数が1やマイナス1にはならないとしても、ある程度の予測は立てられる。A株とB株を組み合わせて買ったときの、リスクとリターンの図を、ちょっとここに書いてみるぞ」

ロボットは、そう言うと、自分の中指を1本はずし、つめの形をしたキャップを取ると、そこにボールペンが現れた。

「それって、ボールペンだったんですね」

「親指は鉛筆、人差し指は万年筆、薬指はシャープペン、小指はクレヨンだけど、他のものがよかったか?」

「そのクレヨンは、何色なんですか?」

「もちろん、クレヨンと言ったら、赤だろ」

美穂は、なぜ赤色のクレヨンを持ち歩いているのか、さっぱり分からなかっ

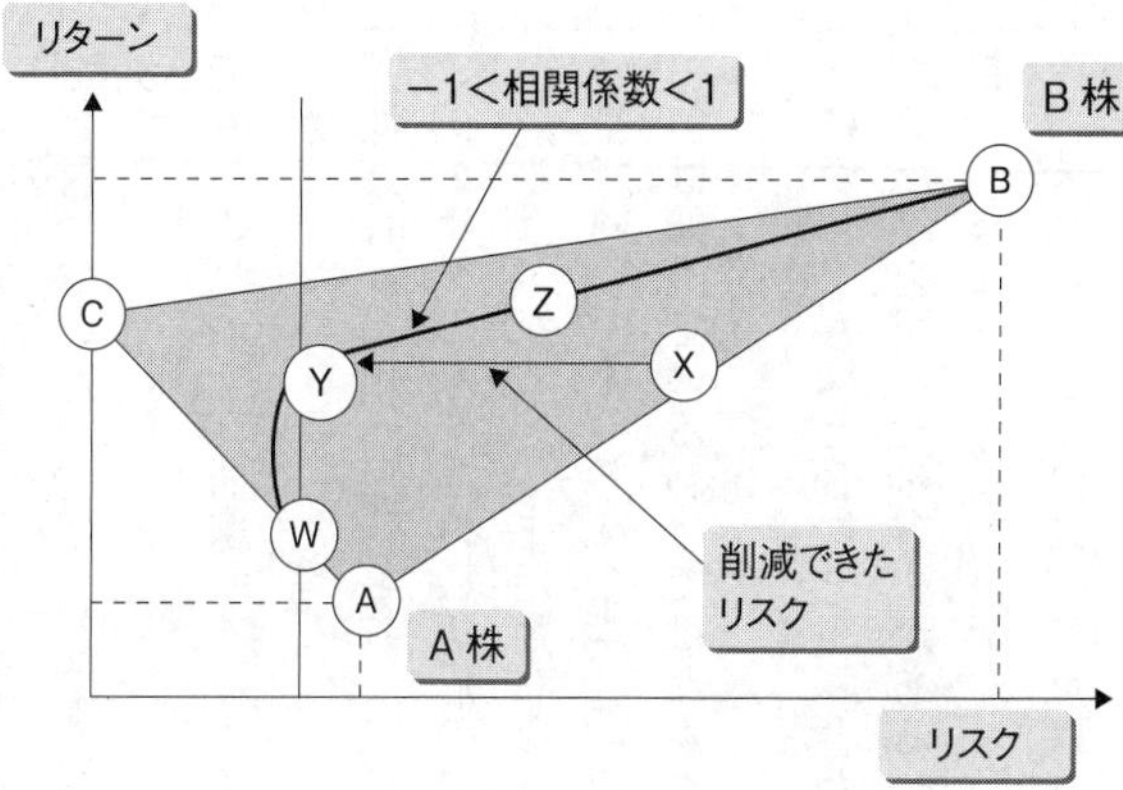

図⑬

たが、ロボットはおかまいなしに、中指のボールペンで、図に曲線を書き入れた図⑬（上図）。

「さっきも言った通り、リスクとリターンは必ずこの三角形の中に納まるから、この曲線のようになるしかないんだ。ここで、『Y点』を見て欲しい。『X点』と比べて、リターンが同じなのに、リスクが減っているだろ」

「確かに、A株とB株を、それぞれ5株ずつ持っているならば、リスクとリターンは、その平均になる気がしますが、実際は違うってことですね」

「つまり、A株とB株の相関係数が1になることはないから、単純に組み合わせて買うだけで、リターンはそのままで、リスクだけ減らすことができるってことなんだ。これで、さっき道明課長が無理だと言っていた、『ローリスクでハイリターンな投資』が実現できたことになる」

「でも、これって、曲線じゃなくて、ジグザグになる可能性もあるんじゃないですか?」

「A株とB株の相関係数をひとつに決めているから、そうはならない。それに、ジグザグでも、この三角形の中にあるかぎり、リターンは同じでリスクだけが減るはずだろ? まだ疑問ならば、A株とB株の共分散を計算して……」

「いや、いいです。ちょっと、酔った勢いで、難癖《なんくせ》をつけてみただけですから」

美穂は酔っているわけではなかったが、数学は分からないので、話をそらすことにした。

「とにかく、A株とB株を組み合わせて買うだけで、リターンはそのままで、リスクだけを減らせる方法があるってことなんですね」

「そのとおり。これを『ポートフォリオ理論』と呼ぶ。Y点とW点を比べると、リスクが同じなのに、Y点はリターンが大きくなっているだろ? これだと、絶対に投資家は、Y点を選択することになる。だから、この曲線の上側を投資家は選択するのが、有利な投資というわけだ」

「じゃ、Y点とZ点では、どうなるんですか？」

「Z点は、Y点よりもハイリスクでハイリターンになっているだろ。つまり、B株をより多く組み入れて投資していることになる。だから、『リスクは大きくなるけど、大きなリターンを狙いたい』という投資家は、このZ点を選択する。逆に『大きなリターンを望まないので、リスクも小さくしたい』という投資家はY点を選択する。まぁ、最終的には投資家の好みによるってことだな。どちらにせよ、この『ポートフォリオ理論』は、簡単だが、とても重要なことなんだ」

ロボットは、そう言うと、左腕の電光掲示板で、文字をピカピカと点滅させた。

分散投資することで、リターンは変わらず、リスクだけを減らすことができる

「ビジネスでも、同じことが言えるんですか？」

「日常生活で考えると分かりやすい。例えば、保険会社が倒産することだって

ある。ひとつの生命保険会社に、高い保険料を掛けていると、倒産のリスクを負うことになる。でも、生命保険会社を3社に分散して、それぞれに3分の1ずつの保険料を掛けておけば、倒産のリスクを減らすことができるだろ。同じように、ビジネスでも、ひとつの事業、ひとつの店舗、ひとつの商品に絞るほど、リスクが高くなるってことだ。そこから単純に、複数の事業、複数の店舗、複数の商品に展開していけば、リスクを減らせることになる」

「じゃあ、私のやっている革カバンの事業はひとつ、店舗もひとつ、商品だけは20種類ぐらいありますが、リスクをあまり分散できていないってことですね」

「予算が5000万円という制約の中で、『集中戦略』を選択して事業を始めたんだから、リスクを分散できないのは仕方がないだろ。でも、この革カバンの事業が失敗したら、どうなったと思う？」

「どうなるって……社長と田沼部長から、すごく怒られたでしょうね」

「でも、それだけだ」

「それだけって……怒られることは嫌なことですよ」

「それでも、〝それだけ〟のことだろ。失敗したからって、道明課長がクビになるわけでもないし、借金を負うわけでもない。最初から、失敗してもいいって思ってやるべきではないが、失敗したときのリスクは、会社が負ってくれているんだ。これは、革カバンの事業だけで考えれば、リスクを減らせていないが、会社全体で考えれば、経営資源をうまく分散させていることになる」

ロボットの言葉を聞いて、美穂は少し不安が取り除かれた。

「会社は、『選択と集中』によって、経営資源をひとつの事業に絞りすぎるのではなく、将来、儲かりそうな事業があれば、それに投資していくバランスも必要だってことなんですね。それで、失敗しても、他の事業が儲かっていれば、それを補塡《ほてん》することもできる。いくら儲かっている事業があっても、たったひとつでは、リスクは高くなってしまうということですね」

「これは、人材への投資でも同じことが言える。私の知人の会社では、人事部長が面接をしたときに、自分が一番よいと思った人物と、一番嫌いと思った人物の両方を入社させることにしているそうだ。同じ考えを持つ人材ばかりだと、意見が偏《かたよ》るリスクを下げることができない。カラーの違う社員を入社させるからこそ、いろいろなアイデアが出るのだ」

ロボットは、店内にいた男性スタッフを見つけると、手をあげて「冷たいおしぼり」と、大声で叫んだ。美穂は、ロボットが冷たいおしぼりを何に使うのか、さっぱり分からなかったが、話の続きを聞いてみることにした。

「それで結局、ロボット取締役は、一番よい株の組み合わせを知っているんですか？　もし、知っているなら、そろそろ教えてくださいよ」

「だから、さっきプロの株コンサルタントの話をしただろ。儲かる組み合わせを知っていたら、自分で買うから、誰にも教えないのは、私も同じだ」

「そんなぁ〜、私とロボット取締役の仲じゃないですかぁ」

美穂は、人差し指でロボットのわき腹を突《つ》いた。しかし、ロボットは何事もなかったかのように、男性スタッフから渡された冷たいおしぼりで、顔を拭《ふ》き始めた。

「あっ、分かった！」

「何がだ？」

「ロボット取締役、本当は何も知らないんだ」

「なに？」

ロボットの顔を拭く手がピタリと止まった。

「あー、知らないんですね。それなら、『知らない』って早く言ってくださいよ〜」

「いや……一番よい株の組み合わせは知っている」

「うっそだぁー。だって、さっきから話をそらそうとしているし」

「失礼な！　私はロボットだぞ！　知らないことがあるわけないだろ！」

「なら、教えてくださいよ」

ロボットはしばらく動きを止めていたが、すぐに目のランプをチカチカとさせながら、言葉を発した。

「教えてもいいが、タダっていうわけにはいかないな」

「じゃ、明日のランチをおごります！　さらに銀座のデパ地下にある、有名な浜口食品のコロッケもつけちゃいますよ！」

「分かった。それで、手を打とう」

美穂は、適当に口走った条件が、いとも簡単に通ってしまったことに驚いた。

もともと、ここの飲み代の方が高いだろうし、さらに言ってしまえば、ロボットがお昼ご飯やコロッケを食べられるのかという根本的な疑問もあった。

そんな美穂の疑問を気にすることなく、ロボットは、少し抑揚《よくよう》のついた声で話を始めた。

みんなで競争することは、社会のためになる

「いいか、よく聞け。一番よい株の組み合わせはな……」

「はい」

「『証券市場のすべての株を買う』ってことなんだよ」

「はぁ？　すべてって、全部の銘柄《めいがら》ですか？」

「そうだ。まぁ、東京証券取引所の市場第1部（東証1部）に上場している会社の株だけで、十分だけどな」

「ちょっと冗談は止めてくださいよ。そんなの無理だし、そもそも、なんで全部の株の銘柄を買わなきゃいけないんですか？」

「もし一番、ローリスクでハイリターンな株の組み合わせが見つかれば、みんな、それを真似《まね》してしまう。そうすると、それらの株価が値上がりしてしまって、ローリターンになってしまう。そこで、新しく株を見つけて、よりよい組み合わせを作り続けていくと、もう、これ以上、ポートフォリオに株を組み入れられないところまで、行き着くことになる。そこで、全員の組み合わせが、均衡《きんこう》する」

「それって……すべての株に分散投資することで、リスクを最小にするってことですか？」

「全銘柄のポートフォリオであれば、もう組み入れることができる株が存在しないから、それ以上によい組み合わせは見つけられない。この組み合わせを、『市場ポートフォリオ』と呼ぶんだ」

「証券市場にある全銘柄を買うなんて、現実的な話ではないですよ。競馬で馬券をすべて買うのと同じことですよね」

美穂は反論したが、ロボットは構わず持論を推《お》し進めていった。

「株価に、その会社が発行している株数を掛け合わせると、時価総額が計算できる。例えば、証券市場に時価総額が２００億円のA社、３００億円のB社、５００億円のC社の３社しかないときに、道明課長が投資できるお金が１００万円あるならば、A株を20万円、B株を30万円、C株を50万円買うことになる」

「でも、全銘柄を買うとなると、１株ずつ買っていっても、１００万円じゃ足りないですよね？　しかも、時価総額に合わせるってことは、毎日、売買して組み合わせを変えなければいけませんよね。そんなの絶対無理ですよ。もしかして、これって、時間が十分あって、かつお金持ちにしかできない投資術ってことですか?」

「いや、そうじゃない。日本の証券市場には、『TOPIX《トピックス》』という、東京証券取引所の市場第1部の全株式の時価総額をもとに作られた『ETF《イーティーエフ》』がある」

「『イーティーエフ』って、なんですか?」

「新聞によく出てくる日経平均株価などの指標と、同じ動きをするように作られた投資信託で、かつ上場しているので、株と同じように証券市場で売買できる商品のことだ」

「そんな〝お買い得セット〟みたいな都合のいい商品があるんですね。で、私がそのTOPIXという『ETF』を買うとして、最低でいくらから買えるんですか?」

「証券市場で買えるTOPIXなら、一番安いものは、1株1万円で買える」

「あら、思いのほか安いですね! それで、どのくらい儲かるんですか?」

美穂は、ようやく現実味のある話に行き着いたので、ロボットにぐっと身を引き寄せた。

「今までの実績で言えば、だいたい６％のリターンだな」

「６％って、年率ですか！　じゃあ、銀行に預金するよりも、ずっと、利回りがいいじゃないですか！　分かりました！　今から全財産を銀行のＡＴＭで下ろして、そのＴＯＰＩＸっていう商品を買い占めてきます！　さぁ、どこに売っているか教えてください！　東急ハンズですか？　それともドン・キホーテですか！」

　美穂が立ち上がろうとすると、ロボットは手を掴んで、その動きを制止した。

　そして、腹から、再びカタカタと新しい用紙図⑭（１４７ページ）を印刷して、美穂に手渡した。

「道明課長、慌ててはいけない。６％のリターンがあるってことは、それだけリスクもあるってことだ。今までは６％のリターンがあったかもしれないが、将来は分からないだろ。だから、結論としては、安全資産の国債、または銀行の定期預金と組み合わせなければいけない」

「国債と株を組み合わせて、投資するんですか？」

　美穂は、すんなりとイメージすることができなかった。

「国債は、国が保証しているからリスクがゼロの商品になるので、TOPIXとの相関係数は、ほとんど1と計算できる。だから、さっきのA株とB株の相関係数が1のときと同じように、その組み合わせは直線になる。この直線を『資本市場線』と呼ぶんだ」

「じゃあ、投資家は資本市場線にあるXかYかZなどの、どこかを選択して、TOPIXを買うことになるんですね」

ロボットはコクリと頷いた。

「図（次ページ）から分かるとおり、X点と比べて、Y点の方が、TOPIXをより多く買っているから、リターンが6％に近づいている。そして、全財産をTOPIXに投資するならば、市場ポートフォリオの点を選択したことになり、そのリターンは6％に一致する。さらに、ハイリスクでハイリターンを目指す投資家になると、一気にZ点まで行ってしまう」

「Z点は、めちゃくちゃリスクが高いってことになりますよね？」

「このZ点では、投資家が借金してまでTOPIXを買うことになるから、すごくハイリスクでハイリターンを好むってことだな。でも、注目して欲しいのはここではない」

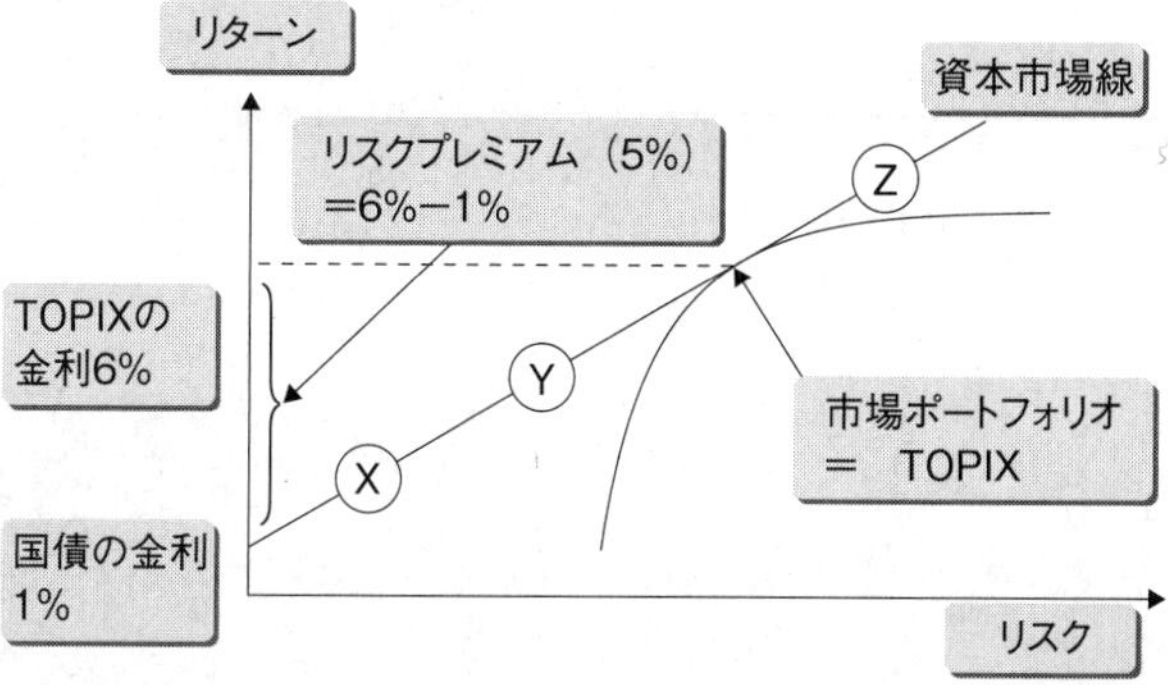

図⑭

ロボットは、そう言うと、図の左側（上図）を指差した。図⑭

「この資本市場線と市場ポートフォリオが接している６％のところから、国債の金利１％を引いた、差額の５％を『リスクプレミアム』と呼ぶんだ」

「リスクプレミアム？　なんですか、それ？」

「もし、ＴＯＰＩＸに１％のリターンしかなければ、全員が国債に投資するだろ？」

「まぁ、リターンが同じなら、リスクがゼロの国債を買いますね」

「だから、リスクプレミアムというのは、投資家が国債ではなく、株に投資するリスクを負うことで、上乗せされるリターンってことなんだよ。道明課長は、さっき6%のリターンで驚いていたが、リスクプレミアムは5%しかないってことを忘れてはいけない。もし、証券会社の手数料が5%を超えるならば、国債を買ったり、銀行の定期預金にした方がいいってことになる」

「だから、投資家は必死になって、できるだけ手数料が安い証券会社を探しているんですね」

「投資のリターンはプラスなのに、コストが高くて、投資家のリターンがマイナスになってしまうこともある。その点、TOPIXは、個別の株に投資するのと同じだから、大きな取引でも1回500円ぐらいのコストですむ。買って、売って、2回でも手数料は1000円ということだ。これなら、胴元である証券会社が取る手数料が安いので、他のギャンブルとは違い、全員が儲かることもあり得るってことだ」

「結局、TOPIXと国債、または銀行の定期預金でポートフォリオを作ればいいってことですね」

「そのとおりだ。この株の投資術を使えば、損をする可能性は小さくなる」

「うーん、でも本当なのかなぁ?」

美穂は氷を掴むトングを、カシャカシャと手で弄《もてあそ》びながら話し始めた。

「もし、このポートフォリオ理論が成立するならば、なぜ、みんな、TOPIXだけを買わないんですか？　個別の株に投資している人の話って、けっこう聞きますよね」

「確かに、そのとおりだ」

「もしかしたら、このポートフォリオ理論そのものが、世間では信じられていないんじゃないですか？　例えば、すごいデタラメな人が提案した理論だったとか、都市伝説みたいな作り話だったとか……。だって、分散投資するだけで、リターンはそのままで、リスクだけ減るなんて、ちょっとできすぎた話ですよ」

「口裂け女や人面犬は都市伝説でも、ポートフォリオ理論は絶対に正しい話だ」

「なぜ、言い切れるんですか？　私が納得できるように説明してください！」

「この理論を打ち出した学者のマーコビッツは、1990年にノーベル賞を受賞している」

「……本当ですか？」

「他にも、道明課長が納得するような話をしようか？」

「いえ、ノーベル賞で十分です。このポートフォリオ理論が権威《けんい》ある先生のお話であることは、とってもよく理解できました。でも、それならば、なおさら疑問ですよ。なぜ、個別の株を買う人がいるんですか？」

美穂はトングをマイク代わりにして、ロボットの口元に近づけた。

「簡単なことだ。投資家は、自分が編《あ》み出した投資術を使えば、『TOPIXの6％よりも、リターンを大きくできる』と信じているんだよ」

「……そんな単純な理由ですか？」

「投資家は、自信過剰なんだ。雑誌とかテレビで、株の投資だけで億万長者になった人が紹介されているだろ？　自分だって、同じように何十％ものリターンを稼げると思い込んで、個別の株に手を出してしまうんだ」

「何十％ものリターンを目指しているから、TOPIXの6％なんて眼中にないんですね」

「それに、投資家の中には、『自分たちだけは、個別の株に投資して、TOPIXよりも高いリターンが生み出せる』と、仕事にしている人だっている」

「アマチュアではなく、プロの投資家ってことですね」

「そう、金融機関で投資信託などを運用している人達のことだ。まさか、投資家から集めたお金でＴＯＰＩＸを買って、会社で一日中寝ているわけにはいかない。とにかく、ＴＯＰＩＸよりも高いリターンを実現して、投資家にアピールしなければ、手数料を取ることもできないし、給料も上がらないだろ」

「プロなんだから、６％以上は稼げているはずですよね？」

「ところが、現実はそんなに甘くはない。投資信託の運用成績が、日経新聞などで公表されているが、それを見ると６％以上のリターンを稼げている商品は、半分もないのが現状だ。まぁ、海外の株を組み込んだりすることも多いから、手数料が高くなりがちという理由もあるけどな」

「うーん、それなら、やっぱりＴＯＰＩＸだけを買った方が、確実に儲かりますね」

「でも、これは、逆説的な話なんだが……」

ロボットは、前のめりになって、ゆっくりと話し始めた。

「プロもアマチュアも含めて、みんなが、儲かる個別の株を探して買ってくれるからこそ、証券市場の株価は、適正な価格に調整されるんだ。株はカラ売りもできるから、割高であれば、売ることで儲かる人もいる。つまり、割安だったり、割高だったりする株は、証券市場には落ちていないことになる。これを、『市場が効率的』と言うんだ」

「投資信託を運用している人って、株の売買だけを何十年もやっているプロですよね。その人たちが運用しても、ＴＯＰＩＸのリターンに勝てないってことは、すごく儲かりそうな株なんて、そう簡単には見つからないっていうことは、よく分かります」

「この『市場が効率的』であるからこそ、お金が上場会社に適正に配分されることにも繋《つな》がるんだ。割高な株価であれば、会社は増資することで実力以上の余分なお金を証券市場から調達できることになるし、割安な株価であれば、会社は自分でその株を証券市場から買うだけで簡単に儲かることになる。でも、実際にそれができないのは、みんなが儲かるために、血眼《ちまなこ》になって競争しているからなんだ。それで結局、プロでも、アマチュアでも、同じぐらいのリターンしか出せないことになってしまう」

「それって、みんなが競争するからこそ、証券市場のお金が適正に配分されるってことですか？」

「予想が当たらないプロの株コンサルタントも必要な存在だし、毎日、会社で働かずに、自宅で株の売買を行なっている投資家だって、社会の資源配分を適正にするために、大切な仕事をしているってことだ。つまり、自信過剰な投資家が競争することは、社会で重要な役割を果たしていることになる」

「なんか、競争するって、あまりいいイメージがなかったけど……」

「ビジネスだって、同じことだ。インターネットでの競争が激化しているから儲からないのではなく、みんながしのぎを削っているからこそ、新しい企画が生まれて、資源も効率的に使われていくんだ。もし、インターネットの世界に競争がなければ、新しいビジネスモデルも提案されずに、『インターネットは使えないよね』ということになってしまう」

「インターネットの世界にも、プロの経営コンサルタントがいて、相談しても、まったく儲かるようにならないことってありますよね。でも、今の理論を当てはめると、アマチュアがコンサルタントをやっても、結果は同じじってことなんですか？」

「それはちょっと違うな。プロの経営コンサルタントというのは、その業界でずっと働いているから情報に精通《せいつう》しているだろ。一方、顧客は入れ替わって、新規に参入して来た会社は情報が不足している。そこで、プロの経営コンサルタントに助言してもらえば、早く最新の情報にキャッチアップして、すでに長い業歴がある会社とも対等に競争できるようになる。つまり、新しくて有益な情報を摑んで、それを指導できるプロの経営コンサルタントがいるからこそ、『市場が効率的』になっていると言える」

「さっきは、プロの株コンサルタントの話を鵜呑みにするなと言っていましたよ」

「どの株が儲かるかではなく、投資の理論を学ぶことは悪いことじゃない。素人から、アマチュアの投資家になるには、教えてもらった方が早いはずだ。ただ、その理論に全面的に従うのではなく、そこから自分だけの投資術を編み出さなければいけないんだ」

「インターネットのビジネスでも、プロの経営コンサルタントの話を聞いて、自分なりに工夫しなければ、儲からないってことなんですね」

「その工夫が、さらに競争を激しくして、すぐには儲からないぐらい市場が効率的になっているからこそ、お客にとっては便利なものになる。それで、さらに新しいお客を取り込むことができれば、市場だって広がる」

「だけど、市場を広げる競争ばかりではなく、お互いに価格を下げるだけの競争もありますよ。あれって、後ろ向きに競争している気がするんですけど」

「それは、コストリーダーシップ戦略を取っているってことだろ。それでも、競争することで、新しいチャンスが生まれるから、悪いことではない。例えば、ブラウン管のテレビが行き渡って、売れなくなったときに、メーカーは値下げで競争をしてきた。でも、それに耐えられなくなったメーカーが、液晶テレビに買い替えさせる戦略で、そちらも価格を下げ始めたんだ。そのおかげで、液晶テレビを買う家庭が一気に増えて、パソコンのモニターも液晶になった。それで、メーカーは儲かったはずだし、使っているお客もスペースを有効に使えるようになったはずだ。もし、この競争がなければ、みんなが今でもブラウン管のテレビを見て、お金持ちだけが価格の高い液晶テレビを見ている時代のままになっていただろう。競争があったからこそ、みんなの生活も改善されたんだ」

「じゃあ、ＴＯＰＩＸを買うっていう行為は、みんなの競争の上に成り立っているってことなんですか？」

「ビジネスでは、ＴＯＰＩＸのようなものはないが、証券市場なら、こんなタダ乗りみたいなすばらしい商品があるってことは事実だ。だから、投資しないわけにはいかないだろ？」

それを聞いて、美穂はとっておきの情報をロボットから聞き出せたと、胸が高鳴った。

「ＴＯＰＩＸに投資することが、一番儲かると分かりました。これで、株の理論の話は終わりですね。じゃあ、私、今すぐ、ＡＴＭに行ってお金を下ろして……」

美穂がそう言って立ち上がろうとすると、ロボットの頭の上に赤灯がついた。

売上が下がった原因は、すべて自分に責任がある

美穂は、サイレンが鳴ると思い、耳を塞《ふさ》いだが、店内ということもあり、無音でクルクルと回り出しただけだった。

「道明課長は、ＴＯＰＩＸだけではなく、個別の株も買わなくてはダメだ」

「はぁ？　……なぜ、私がそんなリスクを背負わなきゃいけないんですか？」

「個別の株に投資することは、会社で事業に投資することに似ている。このままＴＯＰＩＸだけを買って何もしなければ、いつまで経《た》っても、投資の勉強が

できない」

「投資の勉強って、それを学んで、何になるんですか？」

ロボットは、左腕の電光掲示板に2つの項目を映し出し、ピカピカと点滅させた。

①意思決定に対する自己責任を持つようになる
②経済や社会の情報に敏感《びんかん》になる

「ひとつ目のメリットは、個別の株への投資を始めることで、投資に対する自己責任から逃げないようになる。会社での投資も、責任者の意思決定によって、結果が決まるはずだ。それなのに、失敗すると、すぐに他人のせいにしたり、言い訳を考えたりする奴がいる。これでは反省もしないし、いつまで経っても、人間として成長できない」

美穂はこれを聞いて、ひとつモヤモヤした気持ちが湧《わ》いてきた。

「もしかして、遠まわしに、ロボット取締役は、革カバンの事業に関しては助言しただけで、意思決定をした私に、すべての責任があると言っていますか？」

「責任を持つということは、大切なことなんだ。ここで働いているホステスを見てみろ。みんな、自分のお客を取ろうと頑張って競争しているだろ。それで、結果が出なければ、すべて自分の責任になる。そもそも、ホステスになることを目指していた人間ばかりじゃないはずだ。でも、誰ひとり嫌そうにやっている人はいないし、それどころか、目が輝いていて、やる気に満ちあふれている」

ロボットと美穂は、フロアを見回した。

「それは、ホステスが水商売で、給料もいいから頑張れるんじゃないですか？」

「水商売だと、なんで給料がよくて頑張れるって決めつけられるんだ？　試しに道明課長が、水商売をやってみればいい。そうすれば、彼女達の気持ちも理解できる」

「私には無理ですよ。経験もないですし」

「水商売を心のどこかで敬遠《けいえん》しているんだろ？　革カバンを販売することと何が違うんだ？　サービスを提供して、みんなが喜んで、お金を稼いでいるってことは、水商売も革カバンの販売もまったく同じだぞ。仕事に上も下もない。それどころか、ホリデイ産業の社員の顔を思い浮かべてみろ。上場会社に新入社員として入れたことだけで安心して、ことなかれ主義で、なんの意思決定もせずに責任感もない。このままなにもなく、定年まで過ごせればいいって思っているんじゃないのか？　社員全員がホリデイ産業の売上を伸ばして、利益を稼ぐために働いていることを忘れているんだ。ただ、毎日、出社して、言われた仕事だけをやって、帰るだけ。そんな人生で、楽しいのか？」

ロボットは矢継《やつ》ぎ早に、厳しい言葉を美穂に浴びせた。

しかし、美穂は、その言葉を不快には思わず、むしろ、ひと言ひと言をかみ締めながら、話に聞き入った。

「……私、今までは、死んだ魚のような目をしていたかもしれません」

「ホリデイ産業には、そんな目をした奴がたくさんいるな。例えば、田沼部長もそうだ。私が就任したときの挨拶で、彼は会社の売上が落ちてきたのは、地球温暖化によるエコブームでビニール袋の需要が減ったせいだと言っていた。あのとき、社長も、道明課長も、うんうんと頷いていただろ？　それって、会社の利益が下がってきたのは、地球に責任があって、自分たちにはなんの責任もないという、めちゃくちゃな理論じゃないか。本当は、会社が儲からなくなったのも、株価が低迷しているのも、全部、自分達が、責任を持って意思決定してこなかったからだろ」

美穂は、返す言葉が見つからなかった。

「だが、道明課長は、もう大丈夫だ」

「なぜですか？」

「今、私の言葉を理解できているってことは、その呪縛《じゅばく》から、少しずつ解き放たれてきたってことだからな。とにかく、個別の株への投資であれば、自分で銘柄を選んで、自分のお金で、自分のタイミングで投資をしているから、他人のせいにはできない。その責任感を今後も養《やしな》っていく必要が、今のキミにはある」

美穂は、そう言われて、ほんの少し肩の荷が軽くなった。

「では、2つ目の個別の株へ投資すべき理由の『経済や社会の情報に敏感になる』というのは、どういうことでしょうか？　確かに私は日経新聞を読んではいませんが、一般の新聞にはちゃんと目は通しています。ニュースも毎日欠かさず見ているので、サラリーマンの中では情報に詳しい方だと思うんですけど」

「それなら、前年同月比で、今月のＧＤＰは？　機械受注は？　消費支出は？　公共工事請負金額は？　貿易収支は？」

「……」

「毎週、月曜日の朝刊で公表されているはずだけどな。では、今の経済産業大臣は、誰？」

「分かりません……でも、大臣と株価は関係ないと思いますけど」

「いや、いつもは気にしていない情報でも、それが大事なサインだったりする。例えば、居酒屋の上場会社の株に投資しようと考えたら、たまたま、そこに飲みに行ったときに、お店の様子なんかをチェックするようになるだろ。そのとき、道明課長だったら、居酒屋のどこを見る？」

「うーん、やっぱりメニューですかね。居酒屋って、食事がすべてなので」

「私は、トイレをチェックするな」

美穂は、ロボットなのに、トイレを使うのかと疑問に思ったが、そのまま受け答えた。

「トイレから、なにが分かるんですか？」

「もし、トイレが汚い居酒屋だったら、絶対にそのお店は儲からない。なぜならば、おいしい料理を食べに行っているのに、トイレで『おえっ』となったら、酔った気分も台無《だいな》しになる」

「確かにトイレが汚いと、使いたくないから、できるだけ早く切り上げようとするし、もう一度、その居酒屋に行こうとは思わないですね」

「居酒屋に飲みに行くだけなら、『トイレが汚い』で終わるけど、株に投資しようと思ったら、『トイレが汚い＝将来、この会社は儲からない』と、新しい情報に変換するはずだ。しかも、これは日常の仕事でも使えるようになる。ホリデイ産業のトイレは、どうだった？」

美穂は、自分の会社のトイレを思い出した。

「お客が使うこともありますが、基本的には社員だけしか使わないから、そんなに汚くはないですね。ただ、ときどき、紙がきれていることはありますね」

「トイレの紙を補充するのは、総務だったり、ビルの管理会社だったりするが、裏を返せば、『自分には、関係がない』と思っている社員が多い会社だってことだ。ちょっと気を遣《つか》って、トイレの紙ぐらい補充してもいいと思わないか？　そんなことにも気を遣えない社員が、仕事で取引先から、『気が利くね』とは言われないだろ」

「そのとおりです。日常のちょっとした情報からでも、その会社の全体像が分かるってことなんですね。明日の朝、さっそく、革カバンのお店のトイレもチェックしてみます」

「道明課長、そこんとこしっかり頼むよ。実はこの間、革カバンのお店でトイレを使ったときに、洗った手を拭く紙がなかったから、仕方なく、お腹の中からコピー用紙を出して拭いたのだ」

美穂は、その話を聞いて、ふとお店の男女共用のトイレで、手を拭く紙が、コピー用紙に替わっていた事件を思い出していた。

「いろいろな情報に気を配り、それが何を意味しているのかを、いつでも考え続けることが、個別の株に投資するためにも、仕事ができるようになるためにも、重要だってことだ」

ロボットは、そう言うと、頭に巻いていたネクタイをほどいて、ぐるぐると右手で回し始めた。

たったひとつの指標を知れば、儲かる株が見つかる

「もうひとつ質問してもいいですか？　個別の株に投資することには納得できましたが、どうすれば、儲かる株を見つけることができるんですかね？」

「個別の株を選ぶときには、ひとつの指標だけを覚えて、それを見ればいい」

「えっ、たったのひとつだけで、いいんですか？」

「そうだ。そんなに多くても、今の道明課長には理解できないだろ？　それとも、ＰＢＲ、ＲＯＡ、ＲＯＥなどの１００個ぐらいの指標を解説しようか？」

「……いえ、遠慮しておきます」

ロボットは、それを聞くと、左腕の電光掲示板に、新しい数式を映し出した。

> 株価＝１株あたりの当期純利益×ＰＥＲ（株価収益率）
> 株価＝１株あたりの当期純利益÷（１÷ＰＥＲ）

「そのひとつの指標って、この『ＰＥＲ』のことですか？」

「そうだ。『ピー・イー・アール』とは、株価収益率の英語訳を省略した言葉

で、株価が１株当たりの当期純利益の何倍かを表している」

「普通は、何倍ぐらいなんですか？」

「平均は20倍ぐらいだ。例えば、今期３億円の当期純利益を稼ぐと予想される会社で、ＰＥＲが20倍になっていれば、時価総額は60億円となる。この会社が10万株を発行していれば、株価は６万円になる」

「あのぉ……ＰＥＲが『20倍』って、どういう意味なんですか？」

「投資した金額を、将来の当期純利益で回収するためには、20年かかるという意味だよ」

「ふーん、この当期純利益って、予想の金額なんですね。それにＰＥＲをかけるのか……いきなり聞くと、難しそうに感じちゃいますね」

「革カバンの事業に投資するときに、現在価値というのを教えただろ」

「キャッシュフローを、その事業の収益率で〝割り引く〟ってやつですよね？」

「それと、ＰＥＲは同じ考え方になる。その会社が将来、稼げそうな１株当たりの当期純利益を『１÷ＰＥＲ』で割り引いた現在価値の合計が、今の株価になる。例えばＰＥＲが20倍なら、『１÷ＰＥＲ』は５％ってことだろ」

「ちょ、ちょっと待ってください。それならば、将来の当期純利益を１・05で割り引いていくことになるはずですし、そもそも、この当期純利益って、何年分が対象になるんですか？」

「もちろん、永久の当期純利益を割り引くんだ」

「永久ですか？　会社だって、いつかは倒産しますよ」

「では、道明課長は、倒産しそうな会社に投資できるのか？　それに、50年後の当期純利益なんて、現在価値にすれば、大した金額にはならない」

「それでも、永久の当期純利益って、100年後も、1000年後も入るんですよね？　そんなの計算できないじゃないですか？」

「そんなことはない。例えば、元本は返さないけど、毎年、5万円の利息を永久にもらえる商品があるとするだろ」

「そんな永遠に5万円も、もらえる商品なんてあるわけないですよ。仮の話でも非現実的です」

「いや、これは現実にあった話だ。昔、イギリス政府が戦争の資金を調達するために、この商品を発行したことがある。で、道明課長なら、これをいくらで買う？」

「発行しているのが政府なら倒産もしないですし、5万円あれば、ちょっと贅《ぜい》沢《たく》な国内旅行を年1回ぐらいはすることも可能ですね。でも……」

「どうした？」

「たぶん、〝永久〟だから、高いはずですよ。うーん、その商品は1000万円ぐらいするんじゃないですかね？」

「では、実際に、この商品の現在価値を計算してみようじゃないか。国が保証しているから、国債の金利で割り引くことにするが、それは1％と仮定する」

「本当に、そんなことできるんですか？」

美穂は、長い計算式を覚悟して、メモ帳を1枚めくった。

「計算方法は簡単だ。5万円の利息を1％で割るだけ。つまり、現在価値は500万円になる」

「……計算は、それだけですか？」

あまりにも、あっけない答えの出し方だったので、美穂は不審に思った。

「それって、本当に合っていますか？」

ロボットは、それを聞くと、腹から紙をプリントアウトして取り出した。

毎年の利息5万円をCF（キャッシュフロー）、国債の金利をrとする。

現在価値　＝1年目CF÷（1＋r）＋　2年目CF÷（1＋r）^{2}＋3年目CF÷（1＋r）^{3}＋…

この両辺に、（1＋r）をかけた数式から、右の式を引いて、数式を整える。

現在価値＝CF÷r

「1年目から、ずーっと計算式は続くが、両辺に（1＋r）をかけて差し引けば、永久の数式が消えてしまう。だから、この商品の現在価値を求める数式は単純になるんだ。でも、その過程は無視して、結果だけ覚えておけば、十分だ」

数学が苦手な美穂でも、「現在価値＝CF÷r」という結果だけなら、覚えることができた。

「500万円で、この商品を買ったら、毎年1％の利息がついて、国から5万円がもらえるだろ。この元本を引き出さなければ、ずっと5万円がもらえるというわけだ」

「あっ、そうですね。なんだ、それだけのことか」

「または、『１÷ｒ』は１００となるから、５万円の利息を１００年間受け取り続けると、元本の５００万円を回収できて、それ以上が利益になるとも言える」

「それならば、ＰＥＲ20倍をかけるということは、将来の当期純利益を、その会社の収益率である５％で割り引いて、現在価値を計算しているってことなんですね」

「いや、ＰＥＲの場合には、ちょっとだけ違うんだ。今期の予想される当期純利益が、永久に同じ金額ということはあり得ないだろ？　だから、『収益率－成長率』が５％と考える」

「成長率ですか？」

「例えば、毎年、当期純利益が２％ずつ増えると仮定すると、どうなると思う？」

「今期が３億円の当期純利益なら、来期の当期純利益は、３億６百万円になるってことですよね？　まぁ、もともと、今期の当期純利益も予想になるんですよね。それにしても、毎年、２％ずつ正確に増えていく会社って、あり得ますかね？」

「投資しようとしている会社がピッタリ2％ずつ成長することはない。でも5年後に、ちょうど、今の当期純利益が10％増えていると予想することならできるはずだ」

「うーん、今期の当期純利益だけではなく、将来の成長率まで予想するってことですね。私には、難しいかもしれません」

「いやいや、これはあくまで理論であって、実際には、成長率を特別に意識する必要はない。すでに、ＰＥＲに織《お》り込みずみなので、その数字だけをチェックすればいい」

それを聞いて、美穂は少し安心した。

「私、分かっちゃいましたよ。当期純利益って、結局、その会社の稼ぐ『実力』ってことですよね。その当期純利益を割り引いて、株価が決まるってことは、他の投資家の予想を裏切って、実力が上がりそうな会社の株を買えってことなんですね」

「そのとおり。株を買うということは、将来の当期純利益を予想することに他ならない。だから、当期純利益がすごく増えていきそうな会社なのにＰＥＲが低ければ、つまり、他の投資家が過小評価していて、『1÷ＰＥＲ』が大きす

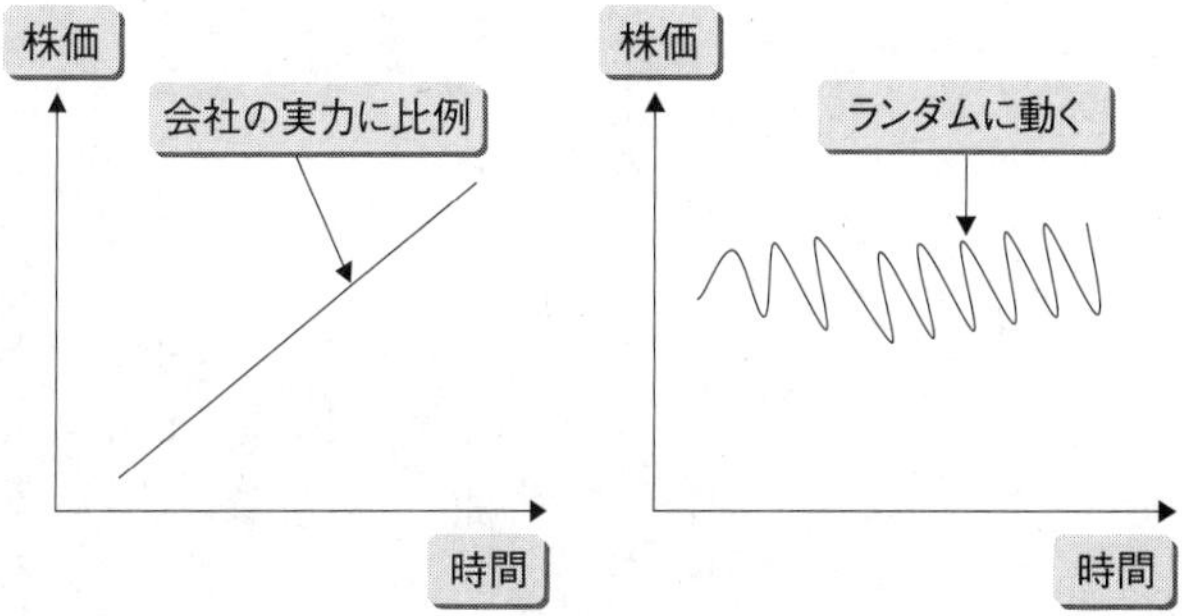

図⑮

ぎると思うなら、その株は『買うべきだ』ってことになる」

「ただ、株価って、毎日、変動しますよね？　投資家が予想する会社の実力は、毎日、変わるってことなんですか？」

　ロボットは、それを聞くと、腹から紙図⑮（上図）をプリントアウトして、取り出した。

「株価は、ランダムに動いているが、これを分解すると、この2つの図のようになる。短期的なランダムな動きに惑《まど》わされずに、長期的な会社の実力が反映される動きに目をつけるべきなんだ。例えば、野球のイチロー選手でも、1本もヒットを打てなかった日もあるし、5本ヒットを打つ日もある。その1日の打率だけで、すばらしい選手か、ダメな選手かを判断することは間違っているだろ。結局、1年を通してみれば、通算打率はイチロー選手の実力を表すことになる。同じように、1日ではなく、3ヶ月、半年、1年間と、長期間で見ると、株価は、必ず、その会社の稼ぐ『実力』に比例するものなんだ」

「そう言われても、PERだけだと心配で、ちょっとした株価の動きに、反応してしまいそうです……そうだ、田沼部長が、『株価を上げるために、配当を増やす』と話していたのを聞いたことがあります。そういう情報も入手した方がいいんでしょうか？」

「その考え方は間違っているな。投資家は、会社の価値そのものを、『持分比率＝自分の株数÷会社の発行している株数』で保有していると考えるべきだ。それに対して、いくら配当するかは、会社が決定するものだが、自分の持分の一部が分配されただけで、株価には関係がない。だから、初心者であれば、そういう情報には振り回されずに、PERを使った株価の予想だけで、十分だ」

「では、そのPERって数値は、どのくらいが適正なんでしょうか？　さっき、20倍が平均だって、言ってましたよね」

「それは目安であって、業種や景気によっても違ってくるから、適正な数値は決まっていない」

「うーん、過去の当期純利益は決算書から分かりますし、将来の達成できそうな売上と当期純利益も、事業計画書で公表されているから、なんとなく予想できそうですが……PERって、いまいち、よく分からないんですよね」

「そうだな……では、理解を深めるために、少し質問を変えよう。道明課長、このクラブで、一番、男性に人気が出そうな女の子は、誰だと思う？」

「えっ？」

美穂は、クラブの女の子を見渡した。

「銀座のクラブ」だから、若くてキレイな女性ばかりだと思っていたが、自分よりも年配の女性もいれば、女子大生のような素人っぽい女性も在籍《ざいせき》しているようである。

「男性の好みって、ルックスだけじゃなくて、性格、身重や体型、胸の大きさなど、いろいろですからね。誰が、一番人気が出るかなんて、すぐには分かりませんよ」

「株の投資は、これと同じなんだ」

「えっ？」

美穂は、目を大きく見開いてロボットを見た。

「将来、人気が出そうな株を予想して、他人より先に買うことができれば、儲かるってことだ」

「でも、『美しさ』は数値で表わせないって、ロボット取締役が、さっき言ってたじゃないですか」

「そうだ。だが、比べることはできる。PERも同じで、適正な数値などないが、同業他社と比べたり、違う業種同士で比べたりして、相対的にPERが低すぎると思う会社に投資するんだ」

「相対的に、ですか?」

「大事なことは、比べた結果、自分がいいと思う株ではなく、将来、みんながいいと思う株を予想して、選ぶということなんだ」

「自分の好みで、株を買ってはいけないってことですね」

「それが分かれば、もう大丈夫だろう。では最後に、個別の株への投資で、気をつけるべきことをまとめておこう」

ロボットは、そう言うと、左腕の電光掲示板に3つの項目を映し出し、ピカピカと点滅させた。

〈株式投資のポイント〉
①個別の株であっても、同じ動きをしない業種を選んで、分散投資する
②証券会社の手数料など、無駄なコストはできるだけ小さくする
③株価の短期的な動きに反応せず、会社の実力が反映される長期間で予想する

美穂は3つの項目を、頭を上下させながら読み終えると、ゆっくりと話し始めた。

「革カバンの新規事業を考えたときも〝戦略なき投資は、失敗する〟と言ってましたね。この3つが、個別の株に投資するときの戦略ってことですね」

ロボットは「ピンポン」という、クイズ番組でよく聞く正解音を発した。

いつでも冷静に判断している自分を、心の中に持つ

美穂は、残りが少なくなった水割りを一気に飲み干すと、ロボットに話しかけた。

「これで、私もアマチュアの投資家ぐらいになれましたね」

「まぁ、アマチュアと言っても、一度も株に投資したことがないから、車の運転免許を取ったけど、初心者マークをつけているってとこだな」

「では、初心者だからこそ、株の投資で気をつけるべきポイントってあるんですか？」

「人間は経験が少ないことに対しては、周りが見えなくなってしまうことが多い。そうならないためには、いつでも一歩引いた遠い場所から、客観的な立場で見られる第三者を、自分の中に置くことを心がけることだ。自分がどれほど熱くなっても、努力したとしても、投資した株価が値上がりしたり、値下がりしたりしないからな」

「あはは っ、そりゃ、確かにそうですよね。こっちの声が、その会社の経営者に届くわけじゃないですからね」

「まだ、一度も投資したことがないから、冷静にそう思えるかもしれないが、実際に投資すると、熱くなってしまうものなんだ。だから、M&Aとか、新商品の発表などで、みんなが注目して熱くなっている株には手を出さない方がいい。すでに、過熱していて、株価が高くなっていることがある」

「株に投資している人達って、自分達がギャンブルをやっていることを忘れてしまうのかもしれないですね」

「絶対に儲からないと分かっている競馬やパチンコにのめり込んで、破産する人がいるぐらいだからな」

「でも、ギャンブルで熱くなって自分を忘れてしまうのは、一部の特別な人達だけですよ。競馬だって、どんなに熱くなって、馬に声をかけても、その馬の足が速くなるはずがないって、気づかない方がおかしいですよ」

美穂が、そう言うと、ロボットはまた赤灯を回し始めた。

「それも、道明課長が競馬をやらないから、遠くから冷静に判断できるんだ。ただ、周りが見えなくなるのは、ギャンブルに限ったことではない。経験が少ないことや、自分との距離が近いことになると、やはり冷静な判断ができなくなる場合が多い」

「近い相手というのは？」

「会社ならば、お客や部下とか、私生活ならば、親兄弟かな。あぁ、あとは恋人もだな」

美穂の胸が大きく高鳴った。今、自分にとって、同棲《どうせい》している吾郎との距離が近い。しかも、自分が恋愛に関して経験が豊富だとは、決して言えない。

そんな自分が、吾郎との関係を客観的に見ることができているのか？　美穂は今、それを考えても答えが出るものではないと思い、すぐにビジネスの話に切り替えた。

「革カバンが売れなくなったときに、熱くなって広告宣伝をたくさん出しても、お客の気持ちが変わって、買ってくれないってことと同じですね」

「どれほど、思い入れがある商品でも、それと距離を置いて、客観的に売れない理由を考えなくてはいけないんだ。その結果、商品のデザインや機能を大幅に作り変える必要があるかもしれない。情熱を持って仕事をすることと、熱くなってしまうことは違うんだ」

「今まで売れ行きがよかった商品ほど、冷静に判断できないかもしれませんね」

「これは、部下との関係でも同じだ。上司としての経験が少ないと、部下の態度にムカッとして、すぐに感情的に怒ってしまうことがある。ただ、大きな声を出しても、部下はロボットじゃないんだから、自分の思いどおりに動くはずがない。それよりも、自分が変わらなくてはいけない部分もあるのではと、上司は冷静に反省すべきなんだ」

「部下が言うことを聞かないのは、上司に問題があることが多いですからね」

美穂は、過去に叱《しか》った部下の顔を思い出していた。しかし、ロボットの話は、美穂が触れたくない部分にまで進んでいった。

「恋人でも、自分達が熱くなって付き合っていて、あとで『なんで、あんな人と……』と、思うこともあるだろ。もちろん、その人に対しての愛情を否定しているわけじゃない。客観的に見られる自分が必要だってことなんだ。親や友達からいろいろ言われても、それに素直に従って、自分を変える人はいない。結局、自分で気づいて変わるしかないのだ」

「なんだか……話を聞いているうちに、不安になってきましたよ」

「そんなに、怖がることはない。何でも経験が少ないことに対しては、不安になるものだ。ただ、株に投資することで、必ず、新しい発見があるし、その経験は仕事でも役に立つ」

「いや、株の投資についての不安じゃないんですけど……」

美穂がポツリと言うと、そこに席を外していたカエデが戻ってきた。

「そろそろ、お店閉めますよぉ」

「遅くまで申しわけない」

ロボットは少しだけ頭を下げると、指と指の間から、手品のようにクレジットカードを取り出した。

「支払いは一括で。そして今日の思い出は、プライスレス。なんちゃって」

美穂は、「ロボットでもクレジットカードが作れるんですか？」と聞こうと思ったが、他のことで頭がいっぱいで、今度質問することにした。

数ヶ月後。

朝食を終えた吾郎が、日経新聞を読む美穂の顔を覗き込んだ。

「なにか、いいことでもあったの？」

「う、ううん、別に」

美穂は、そう言ったが、顔の緩《ゆる》みが取れない。

結局、美穂はロボットと銀座のクラブで話をした次の日には、日経新聞と株の投資に関する本を買い、その1週間後には、ＴＯＰＩＸはもちろんだが、自分がよく使う化粧品会社の株、有名なネット通販会社の株、大好きな居酒屋のチェーン店の株、3つを同時に買った。

それ以来、チャンスがあれば、その銘柄を入れ替えたり、追加で投資しようと考えていた。そのため、日経新聞を毎朝、すみずみまで読み、株のニュースに関しては、積極的に情報を集めるようになっていた。

しかも、それが習慣化したおかげで、上司に言われた情報を収集するために、図書館に行くことも、現場をチェックすることも、面倒だと思わなくなっていた。それどころか、経済情報や社会情勢にも興味を持つようになり、会議やプレゼンテーションで突然の質問をされても、以前のようにビクビクすることがなくなった。

美穂は、文字を読むことが好きだったわけではないのだが、やり続けることで好きになることもあるんだということに気づいていた。

あまりの豹変ぶりに、自分自身が戸惑うこともあったが、新しいことにチャレンジしたことで、美穂は自分の持っていた潜在能力が引き出されたのだと納得することにした。

「道明部長は、昇進してから変わったよね」というのは、経営陣からだけではなく、社内全体の美穂に対する評価である。

そして、株はロボットの言ったとおり、３社にリスクを分散したことで、化粧品と居酒屋の株価は低迷したものの、不景気による『巣籠《すごも》り消費』で、ネット通販会社の株価は急騰《きゅうとう》して、2社の株のマイナス分を十分補う利益を生み出してくれた。毎日、含み益が増えていく証券口座を見て、喜ばないはずがない。

でも、もしこれが1社だけの株しか買っていなかったら……そう思うと、少しだけぞっとしてしまう。

「それっ！　あー、やられたぁ！」

ふと美穂が顔をあげると、プレイステーションで遊ぶ吾郎がそこにいた。

朝の7時から、やることがなくて、テレビゲームで遊ぶ吾郎。仕事はミュージシャンだが、どこの音楽事務所にも属していない。ただ、新橋駅前のSL広場や小さなライブハウスで、ときどき歌うだけ。

趣味は競馬とパチンコ、しかもその賭け事に使うお金は、すべて私からの借金。その借金は、おそらく永遠に返ってこない。

「男もポートフォリオした方がいいのかな」

美穂はつぶやいたが、その声はゲームに熱中する吾郎の耳には、届かなかった。

第3章

ハイリスクでも、
ハイリターンとは限らない

――事業を拡大するお金を上手に調達する方法

美穂《みほ》は、軽く屈伸《くっしん》運動をすると、「よしっ」と叫んでから、ゆっくりと走り出した。

まだ、東京では蒸し風呂のような暑さが続いていたが、夕暮れ時の皇居周辺は緑が多いせいか、夏でも避暑地《ひしょち》のように涼しくなる。

最近のランニングブームで、東京駅から竹橋の交差点周辺までの歩道は、就業後のサラリーマンやOLのランナーで、肩がぶつかるぐらいの混雑ぶりだった。しかし、美穂にとって、唯一、ストレスを発散できるのがランニングであり、月に一度は必ず、皇居の周りをひとりで走っていた。

「それにしても」

美穂は走りながら、つぶやいた。

今日の会議で、美穂は社長から突然、子会社設立の提案を受けた。

代表取締役はロボット、取締役に美穂、以下、美穂の率いるカバン事業部の社員で、新しく会社を作れという内示《ないじ》だった。

男性用の革カバンの業績は好調だが、「ホリデイ産業」という会社名は「紙袋の製造メーカー」というイメージが強く、ブランドの足を引っ張るのではないか、というのが取締役会での判断らしい。

「ロボットの代表取締役なんて、話題性があっていいだろ」

社長は嬉《うれ》しそうに提案してきたが、おそらく、じゃまな銀行からの監視役であるロボットを、社内から追い出したい気持ちがあるのだろう。

それに、あとで判明したことだが、ロボット取締役が、「道明部長も含め、革カバンの事業部で働く社員の給料を上げて欲しい」と、取締役会で提案したところ、社内から反発があったのも、子会社設立への引き金になっているようである。

古い体質のホリデイ産業は、社員の給料が年功序列《ねんこうじょれつ》で決まる暗黙のルールがあるので、儲かっている事業部だけ、給料を増やすという考え方はなかった。もともと、美穂の年齢で部長職に就くのは異例のスピード出世である。それだけでも、今までの年功序列を逸脱《いつだつ》していて反発があったのに、それ以上の要求をすることに対して、〝周りに示しがつかない〟という意見がたくさん出たようだった。

気がつけば、今まで、ことなかれ主義であった人達でさえ、カバン事業部に対して、文句を言うようになっていた。それを耳にするたびに、美穂は、自分達は何も行動しないのに、不満だけを口にする他の部署の人達と、食事をすることさえ嫌になっていった。

田沼《たぬま》部長も含め、他の取締役も、革カバンの事業部がそんなに儲かり続けるはずがないという予想もあり、〝そんなうるさいことを言うなら、子会社にして部署ごと放り出せばいい〟と、社長に提案したのが、今回の子会社化の〝大人の事情〟のようである。

美穂は、新聞社ビルの前にある竹橋の交差点でウォーミングアップを終了し、そこから桜田門の交差点まで一気に加速し始めた。

最近、仕事が面白いのは事実である。

2年前までは、なんとなく会社に行って、毎日をダラダラと過ごす日々が、当たり前だと思っていた。常に自然体でいて、楽しいことだけをやり、リスクからは目を遠ざけ、頑張る人を見ると「あらあら」と言って、遠巻きにバカにしていた。

しかし、その生活が一変したのは、ロボットがうちの会社にやって来てからである。

事業計画書の作り方が分かり、自分でも株の売買をするようになってから、仕事のスキルが加速度的にアップしていくことが、美穂には楽しくて仕方がなかった。

「男のように、女がバリバリ働くのは、カッコ悪い」と思っていたが、まさか自分が、典型的なキャリアウーマンになるとは、想像もしていなかった。

そして、今回の社長からの子会社設立の提案も、昔の美穂ならば、即答《そくとう》で拒否していたはずである。転籍《てんせき》となれば、上場会社の社員ではなくなるし、将来の昇給の保証もなく、おそらく片道切符で、親会社に戻ることはできそうもない。

ところが、今の美穂は、『ホリデイ産業』という会社に対して、なんの魅力も感じなくなっていた。

それどころか、子会社の取締役になれば、自分で意思決定できる範囲が広がるので、仕事の自由度とやりがいが高まると、ワクワクする期待感さえ持つようになっていた。

「……でもなぁ」

美穂は、そうつぶやくと、走るスピードを減速させた。

確かに、子会社化で夢は広がるが、現実問題として、今の美穂の革カバンの事業は、今後の資金の調達について、大きな悩みを抱えていた。

自分だけではなく、社員の給料も増やし、彼らに夢を与えるためには、会社の売上をさらに伸ばさなくてはいけない。そのためには、現在の革カバンの5店舗の直営店も、数倍の規模に増やす必要がある。

しかも、最近、市場には美穂がプロデュースした革カバンと似たようなデザインの商品が出回り始めていた。商品カタログも似たような構成のものが氾濫《はんらん》し、ホームページのキャッチコピーは、平気でライバル会社に流用されていたりもした。

ここで、「集中戦略」は捨てて、「差別化戦略」に方向転換を図り、ブランドを確立しなければ、他社の追随《ついずい》を許すことになりかねない。となると、今すぐにでも、店舗と社員の数、それに新商品の開発費と工場の設備投資を増やして、広告宣伝を行うための資金を調達しなくてはいけない。

しかし、今のホリデイ産業の体力では、そこまでの資金を出せないことは、美穂でも分かっていた。

子会社設立が決定したときにも、田沼部長から、「今まで、投資してきた1億円が資本金になる。今、うちの会社も大変だから、これ以上のお金は出せない」と釘《くぎ》をさされていた。結局、事業部自体を子会社に分割するだけであり、ホリデイ産業は新たな予算を1円も出さないつもりなのである。

それでは、メインバンクである東京明治SF銀行からお金を借りることができるのか、それとも他の方法でお金を調達するしかないのか、どちらにせよ、美穂には具体的なアイデアがなく、ただ、いたずらに時間だけが過ぎていた。


警視庁の前を通り過ぎるころ、再び、美穂は走る速度を上げた。

悩みは、仕事のことだけではない。

今、プライベートのことでも、美穂は大きな分岐点に差しかかっている。仕事が忙しくなるにつれて、同棲《どうせい》する吾郎《ごろう》との会話は、日に日に少なくなっていた。

美穂が、終電で家に帰ったときも、朝早く出て行くときも、吾郎は寝ているし、たまの休日でも、パチンコかアルバイトに行ってしまい、姿すら見かけないことが多くなった。

気まずい空気を読み取ってか、美穂からお金を借りることは少なくなったが、その分、以前のように曲を作ったり、ギターを弾いたりする光景は目にしなくなった。

昔は、吾郎のプロのミュージシャンになるという、夢を追いかける姿に母性本能をくすぐられることがよくあったが、最近はその姿を見ても、何も感じなくなっていた。

それどころか、月に数回、新橋駅前のSL広場で歌ったり、コアな数十人のファンの前でライブを行なったり、自費製作のCDを販売するだけで、本当にプロになれるのかと、正直、吾郎の戦略に疑問を感じていた。

音楽事務所にデモテープを持ち込んだり、コンテストに応募したり、もっと夢に近づくために、積極的に行動するべきである。「なぜ、プロになるために、もっと努力しないのか」と、苛立《いらだ》ちさえ覚えるような状況だった。

美穂が、そんな底なしの悩みで頭の中をぐるぐるとさせているとき、ふと目の前で、走っているおばあさんに「こんにちは」と話しかける〝鉄の塊〟が目に入った。

ロボットである。

いつも自分の前に座って、もくもくと仕事をして、銀座のクラブを飲み歩いているロボットが、今日は皇居の周りをランニングしているのだ。

おまけに、ギクシャクした動きであるにもかかわらず、ちゃんとランナーの流れに乗って、違和感《いわかん》のないスピードで走っていた。

「こ、こんにちは」

「おっ、道明《どうみょう》部長もランニングか？」

「ええ……いつも、皇居の周りを走っていらっしゃるんですか？」

「走らないと、関節類のパーツの動きが悪くなるからな。それに、運動しないと太って、お腹のコピー用紙が詰まってしまうし。あっ、こんにちは！」

走りながら、丁寧に挨拶をするロボット。走っている人も挨拶する前に、ロボットに何か聞きたいことはないのだろうかと思ったが、みんな自分の健康のことしか頭にないので、そんなことを気に留めたりしていなかった。

大噴水の前を通り過ぎる頃には、すっかり日が暮れて、東京駅がオレンジ色に浮かび上がっていた。

ロボットが「灯火！」と叫ぶと、目からライトが光り、足元を照らし始めた。

「……目、光るんですね」

「あぁ、最近、ＬＥＤに変えたからな」

「あのぉ、以前から質問しようと思っていたんですけど……身体にいろいろな仕掛けがあるんですね。プリンターになったり、モニターになったり、赤灯を回したり」

「一応、ビジネス用のロボットだからな」

美穂は、少しビジネスとは関係のないツールが多すぎる気もしたが、構わず質問を続けた。

「他にも、いろいろ仕掛けがあるんですか？　例えば……ミサイルを発射したりとか」

「ミサイル……ふっ、特撮映画じゃあるまいし」

ロボットが、そう言ったとき、ふと美穂にはロボットの顔が笑って見えた。暗いから見間違ったのか、それともＬＥＤのせいだったのか、ハッキリ分からなかったが、少なくとも、美穂が見たロボットの初めての笑顔だった。

「道明部長、そんな冗談はいいとして、子会社設立の件、聞いただろ」

ロボットは、急に低い声で話し始めた。

「資金の調達に関して、何か、考えているか？」

「いえ……ロボット取締役の口利きで、東京明治ＳＦ銀行からお金を借りたらいいのか、ホリデイ産業の社長に直訴《じきそ》して、資本金として、もう少しお金を出してもらう方がいいのか、それとも、もっと他の方法があるのか……かなり、悩んでいます」

「まず、最初に断っておくが、東京明治ＳＦ銀行は、お金を貸してくれない」

「えっ、そうなんですか？」

「これから新しく設立する会社に、銀行がお金を貸すはずがないだろ」

「でも、革カバンの事業の１店舗目を出してから、もうすぐ２年目になりますし、事業としてもずっと儲かってきましたよ」

「銀行とは、事業として３年間は利益を出し続けていないと、お金を貸してくれないもんなんだ」

「上場会社であるホリデイ産業の子会社ということでも、ダメなんですか？」

「そのホリデイ産業が、すでに銀行から、お金を追加で借りられる状態ではないんだ。だからこそ、私が出向して来たんだろ」

「じゃあ、ホリデイ産業に頼むしかないんですかね……うーん、やっぱりそれも無理かなぁ」

美穂は、田沼部長の嫌みな顔を思い出していた。ロボットは美穂の話の続きを待たずに、再び話を振ってきた。

「実は、私の知人で銀行を辞めて、今はベンチャーキャピタルの社長をやっている奴がいるんだ。この間、うちの革カバンの事業に興味があるというから、道明部長が作った事業計画書と、今までの実績を送ったところ、ぜひ出資したいという打診《だしん》を受けた」

「ベンチャーキャピタルって……資本金としてお金を出してくれる会社のことですよね？　銀行の借入金ならば、利息と一緒に、元本を返さなくてはいけないけど、資本金ならば、そんなこともないですよね。すごくいい話じゃないですか！　それで、いくらぐらいのお金を出してくれるんですか？」

「2億円だ」

「ひーっ、に、2億円ですか！」

美穂は、その金額を聞いて、思わず前につんのめった。

「それは、絶対に出してもらうべきですよ！　2億円ですよ、2億円！」

「道明部長は、何か勘違いしているな。もしベンチャーキャピタルにお金を出してもらうとすると、銀行の利息以上に、多くのリターンを返さなくてはいけなくなるんだぞ」

「資本金のリターンですか？　配当を出すってことですか？」

「配当なんて出さなくてもいい。なにを返すのか、知りたいか？」

美穂が頷《うなず》くと、ちょうどふたりは、美穂のスタート地点だった竹橋の交差点に到着した。

「道明部長、もう一周、走れるか？」

「あ、はい」

「じゃあ、走りながら教えてやる」

ロボットは、そう言うと、ぎこちなく手足を動かして、加速し始めた。

会社とは、お金を調達するための制度

「会社でサラリーマンとして働いていると、自分の責任で投資した事業から、キャッシュフローを回収することで評価される。これは分かるな？」

「ええ、つまり、自分が意思決定した事業で、どれだけ利益を出したかということで、サラリーマンとしての給料の評価が決まるってことですよね」

「事業でなくとも、自分の責任で仕入れた商品を売って、そのお金を回収する

のも同じことだ。それは、革カバンの事業計画書を作ったときに分かっただろ」

「お金を投資した事業で売上を上げて、商品の仕入代金を回収し、社員の給料、それ以外の経費、税金を払って、残りを事業に再投資していくことは、やっと理解できるようになりました」

「でも、革カバンの事業でも、ホリデイ産業が予算として5000万円を用意してくれたから始められたように、どれほど儲かる事業のアイデアがあっても、投資するお金がなければ、何の価値も生まれない」

「事業というのは、お金を調達しないと始まらないってことですね」

ロボットの目のライトの光が変わって、走っている歩道に図[図⑯]（次ページ）が描き出された。

「その目のライトって、プロジェクターにもなるんですね」

「LEDに変えたときに、内蔵してもらった」

「すごく鮮明なので、走りながらアスファルトに映し出されても、よく見えますね」

美穂は、ゆっくりと走りながら、歩道の図に視線を落とした。

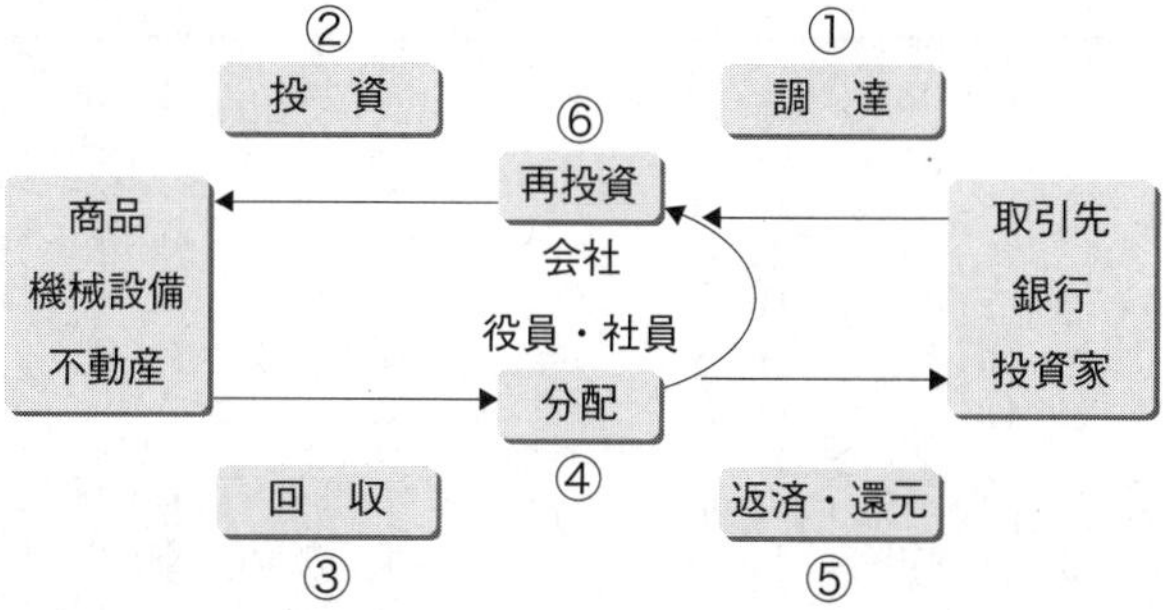

図⑯

「この図《図⑯》（上図）で、お金の流れを追うと、最初は『調達』（①）になる。そのお金を、会社が事業に『投資』（②）して、儲かることで『回収』（③）し、それを役員・社員に『分配』（④）したあと、銀行には『返済』（⑤）して、残りを『再投資』（⑥）していく。これで、儲かっていれば、会社の価値が上がって、投資家の持分が増えることで、『還元』（⑤）できる。投資家は、配当でお金を受け取ってもよいし、自分の持分を売却することで、お金を回収することもできる。このお金の循環を組織化して行っていくのが、『会社』という制度なんだ」

美穂は、そう言われて、昔、学校の歴史で習った「大航海時代」を思い出した。

そもそも、「会社」という制度は、貿易会社が航海をするときに、投資家からお金を集めて出航し、貿易で儲かったら、そのお金を分配することから始まったのである。もちろん、出航した船が途中で沈没したり、海賊に襲われたりすれば、出資したお金は返ってこない。

「大航海時代の頃から、会社の制度は変わっていないんですね」

「その時代から比べれば、法律が整備されて、今の会社は、よりお金を調達しやすい組織に変わっている」

「会社にとって、お金を調達しやすいことは、そんなに、大事なことなんですか？」

「お金を調達することは、時間を買うことと同じなんだ。例えば、自宅を買うときに、貯金が1000万円しかないとする。でも、これだと、中古のワンルームマンションしか買えない。もし、5000万円ぐらいの一戸建てを買いたいならば、何十年間もお金が貯まるのを待って、60歳ぐらいで買うしかない。一方、銀行から4000万円を借金できれば、すぐにその5000万円の一戸建てを買って住むことができる。つまり、本当はそのときに手に入れることができなかったものを、お金を調達することで、時間を飛び越えて、自分のものとして使うことができるんだ」

「そういう視点で考えれば、会社も同じなんですね。お金を調達することで、お店の数も増やせるし、工場の機械設備も買えるし、優秀な人材を雇うこともできますからね」

「今の時代は、スピードが競争力になるんだ。早く事業を展開して、一気にシェアを取ることで、会社は儲けることができる。税金を払って残った当期純利益を再投資することだけで事業を拡大していくのは、60歳になってから、やっと自宅を買うのと同じぐらい遅いってことなんだよ」

「お金を調達するメリットは分かったんですが、その方法となると、さっきの話に戻ってしまいますね」

ロボットの目が光り、違う図〔図⑰〕（２０１ページ）が道路に描き出された。

「この図は、会社に『お金を出す側』のリスクとリターンの関係を表している」

「えーっと、上から下に行くほど、『お金を出す側』にとって、ハイリスクでハイリターンになるってことですね。まず1段目の『買掛金』は、親会社であるホリデイ産業が革カバンを、新会社に卸したときに、その支払いは翌々月の末日でよいと言われているので、その期間はお金を貸してもらっているのと同じってことですね」

「金利はゼロだから、ローリターンというよりも、〝ゼロリターン〟だな」

「もし、革カバンの業績が悪くなって、新会社が買掛金を支払えなくなっても、ホリデイ産業は、最大で3ヶ月分の仕入れ代金が回収できないだけで、すみますね」

「業績が悪くなったら、革カバンの仕入れ自体が少なくなっているから、ほとんど被害はないだろうな。それでも、買掛金の支払いを翌々月の払いにしてくれるなら、資金繰りの面ではかなり助かる」

「でも、それは、ホリデイ産業の思惑《おもわく》もあるんじゃないですか？　ホリデイ産業の売上はさらに下がっているので、今では工場の10％以上を革カバンの製造で使っている状況なんです。多分、それを他の工場に移して欲しくないから、この条件を出してきているんだと思いますよ」

「それでも、利息がゼロでお金を調達できるなら、メリットはある。とにかく、今のホリデイ産業の資金繰りから考えると、これ以上、新会社の買掛金の支払いの期限を延ばす交渉をするのは難しいだろうな」

美穂とロボットは、走る速度をさらに一段階落とした。

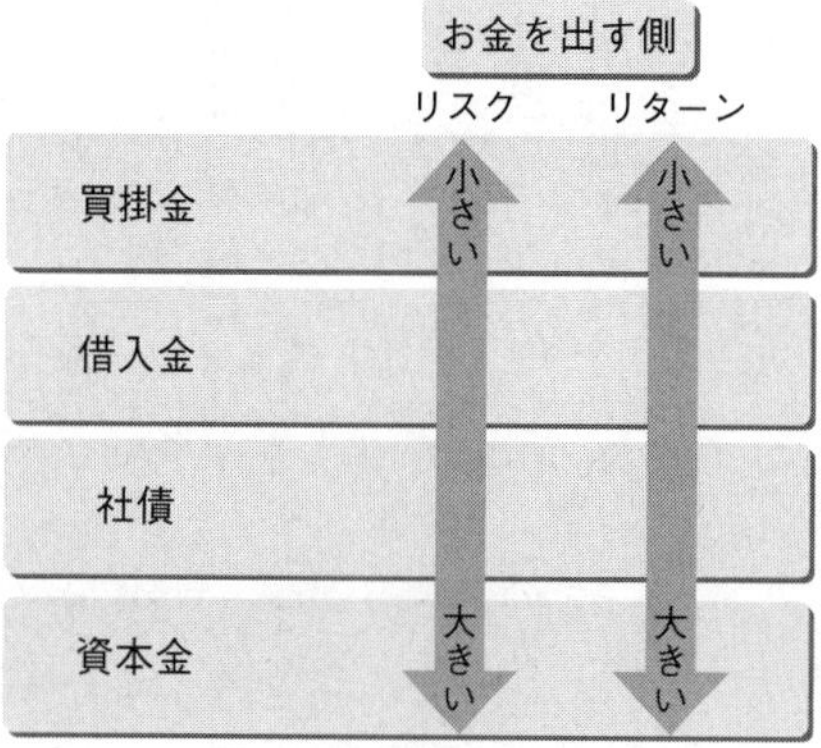

図⑰

「そうなると、次は、２段目の銀行からの『借入金』ですね。これは、毎年、元本を返済していくので、金利はそれほど高くないはずです。万が一、借りた会社が倒産したとしても、元本自体が減っているし、担保を取っていたり、連帯保証人をつけたりしているから、ある程度の金額は銀行としても回収できるはずです。そう考えると、『お金を出す側』にとって、借入金はローリスクで、ローリターンということですね」

「それについては、さっきも言ったが、実績がまだ少なく、親会社が連帯保証人になる価値もない現状で、新会社にお金を出すことは、ハイリスクだと銀行が考えるので、貸してくれないことになる。

つまり、『お金を出す側』として、ハイリスクでローリターンな選択はしないということだ」

「それは分かっています。借入金で調達するのは無理だって、結論でしたよね。それで、3段目の『社債』っていうのは、何ですか？」

「社債は、銀行からの借入金とほとんど同じだと思って欲しい。ただ、元本の返済は、最後に一括でいいという部分だけが違う」

「返済期限がきたら、借りたお金を一度に返すってことですか？」

「そのとおり。国が発行している10年国債も、買ったら利息だけもらえて、10年経つと元本が返ってくる。国が発行するから『国債』で、会社が発行すると『社債』って呼ぶんだ。この社債は銀行が引き受けることもあるし、投資家が証券市場で買うこともできる」

「でも、返済期限の最後にならなければ、元本が返ってこないとすると、それまでに会社が倒産したら、利息だけしか受け取れないことになりますよね？銀行や投資家にとっては、ちょっと危険な商品じゃないですか？」

「だから、社債は、借入金よりも高い金利になる」

「『お金を出す側』にとってリスクが大きくなるから、リターンである金利も高く設定されるんですね。でも……」

美穂は走りながら腕を組んで唸《うな》った。

「その『金利』って、そもそもどうやって計算されるんですか？」

「市場ポートフォリオのリスクプレミアムの数式を覚えているか。社債も全く同じで、『社債の金利＝国債の金利＋リスクプレミアム』で計算される」

「あー、思い出しました！　ＴＯＰＩＸのリターンが６％で、そのうち、５％がリスクプレミアムっていうやつでしたね」

「社債のリスクプレミアムは、それぞれの会社のデフォルト率によって変わってくるんだ」

「デフォルト率って、何ですか？」

「会社が、社債の元本や利息を払えなくなる確率ってことだ」

「もう倒産しそうだってことですね。なんか縁起《えんぎ》がよくない言葉ですね」

「競争市場には、新しく設立して参入して来る会社があれば、倒産して退場していく会社もあるんだよ」

「でも、会社のデフォルト率なんて、銀行や投資家には分からないですよね？　自分が働いているホリデイ産業のデフォルト率さえ分かりません。それに、社長や田沼部長なんて、絶対倒産しないと思っているから、リスクプレミアムを0%にして金利を設定しちゃいますよ」

「デフォルト率は、自分で決めるのではなく、第三者の格付会社が決めるんだ。よく新聞などで、ある会社の格付けが、トリプル・エーからダブル・ビーに下げられたとか、報道されるだろ。格付会社は、過去に格付けした会社が、どのくらいの確率でデフォルトしたかというデータを更新して発表しているんだ。例えば、トリプル・エーの会社であれば、5年間でデフォルトする確率が0・4%、10年間で0・8%しかないが、ダブル・ビーになると、5年間でデフォルトする確率が8%、10年間で15%にもなると、格付会社のホームページに掲載されている」

「そんなことが発表されていると、デフォルト率が高いと格付けされた会社は、社債の金利を上げないと、投資家はビビッて、お金を出してくれないことになりますね？」

美穂は、小さく身震《みぶる》いをした。

「そのとおりだ。デフォルトしそうなのに、リターンが低ければ、誰もお金なんて出すわけがない」

「うーん、格付けが下がると、会社はお金を調達しにくくなるってことですね」

「業績が悪いから、格付けが下がる。そうすると、より高い利息を支払わないとお金が調達できなくなるんだ」

「一度、会社が悪い方向に傾くと、ドンドン悪循環になるってことですね」

「だから、会社は毎年、利益を黒字にすることで、資金調達のコストを下げようとするんだ。お金儲けがうまい会社に、投資家がお金を出したいと思うのは、当たり前だろ」

「じゃあ、ここで本題に戻りますが、私たちが設立する新会社は、社債でお金を調達できるんですか？」

美穂は、首から下げたタオルで汗を拭《ふ》きながら言った。

「社債は、借入金よりも、『お金を出す側』にとってハイリスクになる。親会社のホリデイ産業でさえ、今の業績では、社債を発行するのは難しい。そんな状況で、その子会社が、社債を発行しても、買ってくれる投資家は誰もいないだろうな」

「結局、新会社としては、資本金として、お金を調達するしかないってことですね……でも、オカシイですね？」

「何がだ？」

「資本金で調達するってことは、『お金を出す側』が、新会社の株に投資するってことですよね。とすれば、元本を保証されているわけでもないし、未公開会社だから、その株を証券市場で売却することもできない。こんなハイリスクで、借入金も、社債も発行できない会社に出資する人なんていますかね？　あれ？　そう言えば、そのベンチャーキャピタルの社長さんは、2億円も出資するって言ってたんでしたね？」

「ハイリスクだから、お金が調達できないわけではない。ハイリスクとは、『危険が大きい』ではなく、『不確実性が高い』という意味だっただろ。ハイリスクでなければ、ハイリターンは狙えない。つまり、新会社の株がハイリターンであれば、ハイリスクでもお金を出す人はいるってことだ」

「ちょっ、ちょっと待ってください。もう少し話を整理させてくださいよ。そんな矢継ぎ早にハイ、ハイと言わないでください。もう少し話を整理させてくださいよ。えーっと、ハイリスクってことは、リターンがよい方向に振れる、つまり、大きく儲かる確率もある投資ってことですよね？」

「そうだ。『リスク』は、悪い方向に振れるばかりではない」

「でもさっき、借入金も社債も、お金を出す側にとってハイリスクだから、調達は難しいと言っていましたよね？」

「ハイリスクだからではない。金利の上限が法律で決まっていて、ハイリターンにはならないからだ」

「それならば、そのベンチャーキャピタルの社長は、うちの会社の株に投資すれば、ハイリターンになるかもしれないって考えているんですね。でもやっぱり、それって変じゃないですか？　会社が資本金として出資してもらったら、返済することもないし、利息もゼロ。配当も出るかどうか分からないですよ。めちゃくちゃ、危険な投資じゃないですか」

美穂は、どうも話が腑《ふ》に落ちなかった。

ロボットは、説明方法を考えているのか、「ウィーン」というディスクが回るような音を立てて、しばらく走り続けていた。

世の中には、避けることができないリスクもある

数分後、最初に口を開いたのはロボットだった。

「ベンチャーキャピタルの投資の真意《しんい》は少し置いておこう。ところで、道明部長は、上場会社の株に投資したのか？」

「なんですか、突然……結局、3社に投資して、すべて合わせれば、儲かっていますよ。もちろん、TOPIXも買いましたが、それも確実に値上がりしています。やっぱり、ポートフォリオ理論はすごいですね」

「個別の株への投資で、何%のリターンを目指しているんだ？」

「そりゃあ、やっぱりTOPIXが6%のリターンなんですから、それよりも大きいリターンを狙っていますよ。目標は10%です！」

　美穂は胸を張って答えた。

しかし、ロボットは、その姿を一瞥《いちべつ》すると、すぐにスタスタと速度を上げて走り出した。

「自分が株主になると、リターンを期待するのに、自分が会社で働いていると忘れてしまうもんなんだな」

「どういう意味ですか？」

　ロボットの目が光り、図⑱（次ページ）が道路に描き出された。

「道明部長が未公開会社の株に投資すると、その会社の『純資産』を持分比率

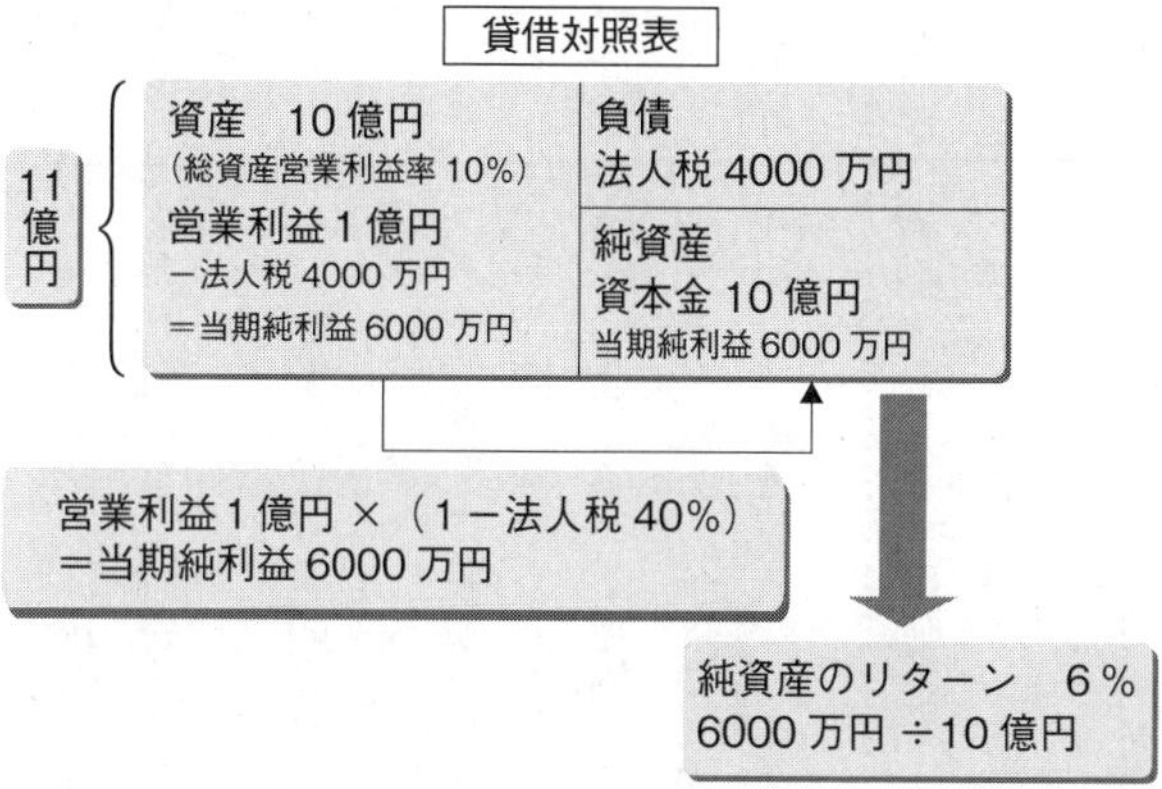

図⑱

で買ったことになる。それに対して、10%の株価のリターンを期待するということは、その会社の社長も、役員も、社員も、純資産に対して10%を株主に還元しなくてはいけないってことだろ？　もし、その会社が資本金だけで、お金を調達して事業を行い、株主に6%の純資産のリターンを還元することを目指したらどうなる？」

「株主に対する純資産のリターンが6%ならば、当たり前ですが、事業の総資産営業利益率はもっと上がりますね」

「図⑱（上図）を見ても分かると思うが、法人税があるから、事業の総資産営業利益率で10%を達成できても、株主に対する純資産のリターンは6%に下がってしまう」

「じゃ、この会社が株主に10％の純資産のリターンを還元するためには、事業では17％もの総資産営業利益率を目指すってことなんですね。やっぱり、税金って高いですね」

「とにかく、6％の純資産のリターンしか還元できない会社の株を、道明部長だったらどうする？」

「ハイリスクを覚悟して投資したのに、期待していた10％よりもローリターンであれば、その株はすぐに売ります……でも、これって、未公開会社が資本金だけでお金を調達している極端な例ですよね？　上場会社の株価のリターンにも、そのまま純資産のリターンって、反映するもんなんですか？」

ロボットは、それを聞くと、左腕の電光掲示板に、数式を映し出した。

当期純利益×ＰＥＲ＝時価総額＝１株当たりの株価×株式総数
両辺を、純資産で割ると
純資産のリターン×ＰＥＲ＝時価総額÷純資産＝株価純資産倍率

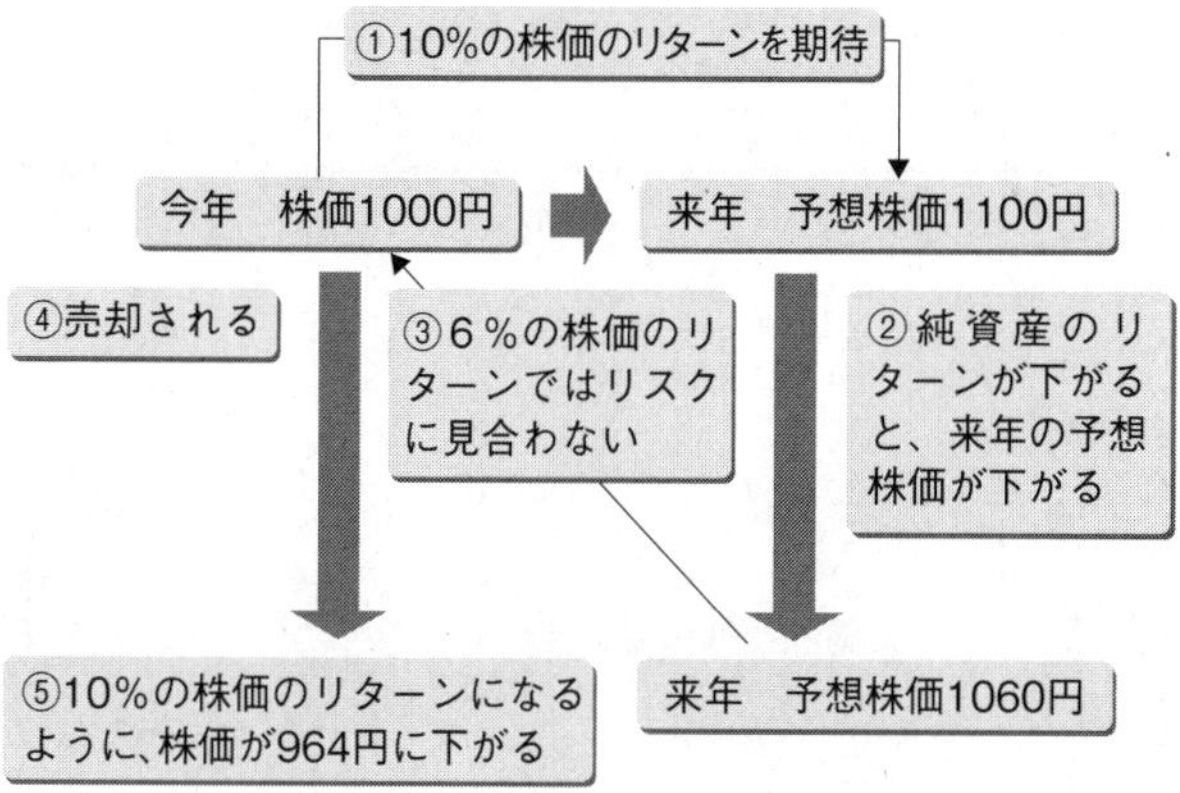
①10%の株価のリターンを期待
今年　株価1000円
来年　予想株価1100円
④売却される
③6%の株価のリターンではリスクに見合わない
②純資産のリターンが下がると、来年の予想株価が下がる
⑤10%の株価のリターンになるように、株価が964円に下がる
来年　予想株価1060円
図⑲

「『純資産のリターン＝当期純利益÷純資産』が大きくなれば、それに比例して時価総額が大きくなり、1株当たりの株価が上がることが分かるだろ。同じように、純資産のリターンが小さくなれば、1株当たりの株価も下がってしまう」

ロボットは、そう言うと、道路に新しい図(図⑲)(上図)を描き出した。

「PERも投資家の予想だったから、これによっても、株価は変動しますよね」

「もちろん、事業の総資産営業利益率が悪くなり、純資産のリターンが下がれば、不信感を持った投資家は、将来の当期純利益の成長率が下がると予想するから、PERは小さくなる可能性が高くなる」

「そうなると、もっと株価は下がるってことですね」

「とにかく、株主が期待していたリターンを裏切れば、必ず、株価は下がる（211ページの①～⑤の流れ）。そして、その会社は、証券市場から資金調達をすることが難しくなる」

「安い株価で多くのお金を調達すると、経営陣や他の株主の持株比率が下がって、経営が安定しなくなっちゃいますからね。ホリデイ産業なんて、資金繰りが苦しいのに、証券市場からまったくお金を調達できていません。まぁ、もし新しい大株主が現れたら、今の経営陣は責任を取らされて、社長も含めてクビになるかもしれないですしね」

「だから、株価が下がらないように、会社で働く社員は、株主が期待するリターン以上に、事業で稼ぐことを意識して、働かなくてはいけないんだよ」

「そんなことを意識して、働いている社員なんて、世の中にいるんですかね？ホリデイ産業の社員なんて、儲ける意識すら持っていないですよ」

「だから、株価が低迷するんだ」

「うーん、でも、株主が期待するリターンって、ＰＥＲと同じで、それぞれの株主が予想しているんじゃないんですか？　会社は、どうやって、この株主が期待するリターンを知ればいいんですか？　それを知らないと、どのくらい頑張って仕事をすればいいのか分かりませんよ」

美穂は、両手で頭を抱えてしまった。

ロボットは立ち止まり、ゆっくり、美穂の方を向いた。

「ここからは、少し難しい話になるから、走る速度を落とすことにしよう」

ロボットは、そう言うと、歩く速度よりも、さらに遅いぐらいの歩調で足を動かし始めた。

「まずは、株の投資術のときに教えた、リターンとリスクの関係を覚えているか？」

「世の中には、ローリスクでローリターンの株と、ハイリスクでハイリターンの株しか存在しないってことですよね……あっ、私、分かっちゃいましたよ！」

「なにがだ？　道明部長の『分かった』で、正解したことがあまりないぞ」

「いえ、これは正解ですよ！　パソコンを使えば、過去の株価のデータから、収益率の『正規分布』を作ることができましたよね。その山なりの一番高い部分が、株価の収益率の平均になるから、それから株主が期待するリターンを予想すればいいんじゃないんですか」

美穂が意《い》気《き》揚々《ようよう》と話すと、ロボットはピコッと寂しく頭の電球を光らせて、「やっぱりな」と言って、新しい図 図⑳（次ページ）を道路に描き出した。

「そんなに、簡単な話ではない」

「えっ、違うんですか？」

美穂は、頬を少し膨らませた。

「過去の株価のデータから、個別の株のリターンとリスクを計算して並べてみると、左の図のようになってしまう。ここでは、分かりやすいように、３株だけで話をするぞ。どうだ？　これでなにか気がついたことはあるか？」

「えーっと、縦軸のリターンと、横軸のリスクから見ると……A株はローリスクでローリターン、C株はハイリスクでハイリターンですね。あと、B株は……その間にありますが、もう少し、リターンが大きくてもいい気がしますね」

「普通、リスクとリターンは比例しなくてはいけない。だから、理論的には、右の図のように、並ぶはずなのだが、現実の世界では違っている」

「実際には、株価は1秒ごとに動いていますから、すべての株のリスクとリタ

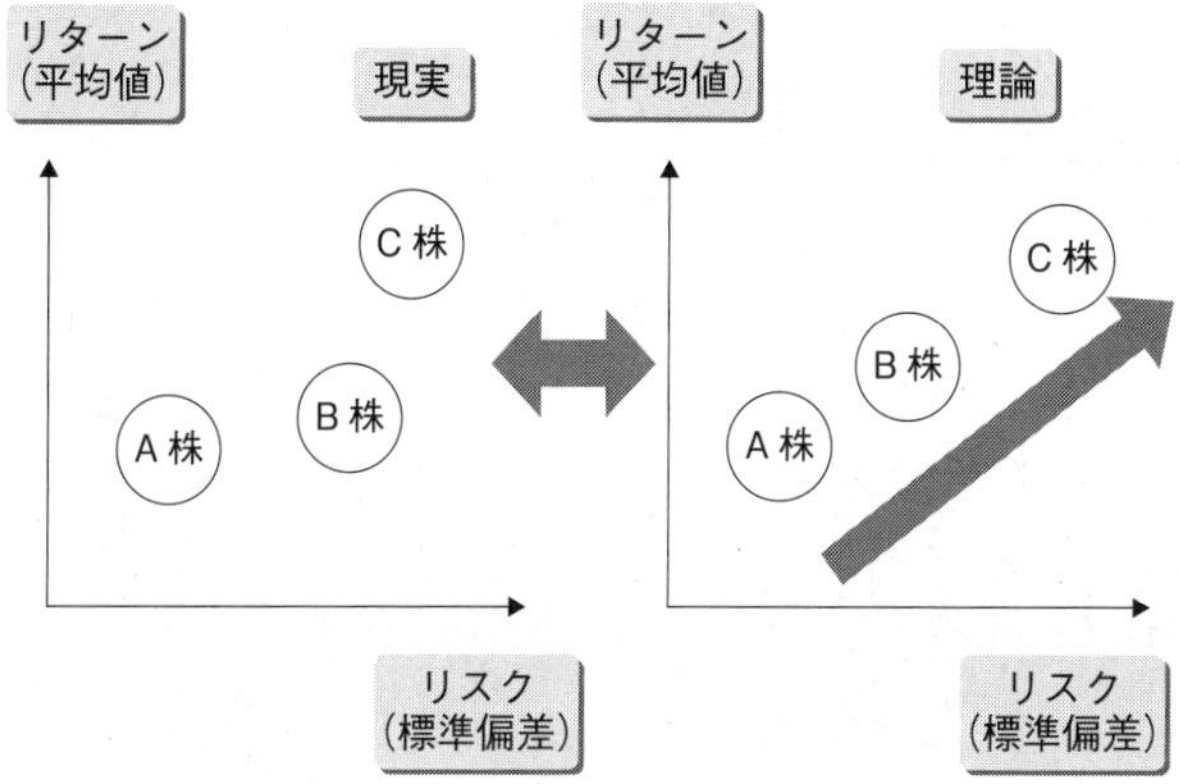

図⑳

ーンがピッタリ比例して並ぶとは、もともと、思っていません」

「では、それはなぜか、分かるのか？」

「それぞれの投資家が期待するリターンが、違うからではないんですか？」

「普通は、そう思うだろうな。でも違うんだ。実は、比例しないのは、『リターンを生まないリスクが存在する』からなんだよ」

そう言うと、ロボットの目が光り、さらに新しい図㉑（217ページ）が描き出された。

「個別の株の持つ全体のリスクは、『固有リスク』と『市場リスク』の2つに分けられる。まず、固有リスクは、その会社の特有の事情によって発生するリスクを指す」

「特有のリスクですか？　ああ、役員が痴漢《ちかん》で捕まったとか、部長がセクハラしたとか、そういうことですか？」

「……道明部長の考える『特有の事情』っていうのは、下ネタしかないのか？」

「いや、その……他に、思いつかなくて」

「そんなレベルの低い問題だけではなく、法律の改正があったり、技術革新があったりして、固有リスクが発生することもある。例えば、いきなり労働者派遣法が改正されて、一部の派遣が禁止になったら、人材派遣会社の事業自体が消滅してしまうだろ。ただし、このリスクは、投資家の工夫で、小さくすることができる」

　美穂は、「なるほど」と言って、首元に垂れてきた汗を手で拭《ぬぐ》った。

「それが、この間、株の投資術で教えてくれた、ポートフォリオ理論であり、〝分散投資することでリスクを小さくできる〟という話に繋《つな》がるんですね」

「そのとおり。さっきの道明部長の下ネタの話で考えると、投資したすべての会社の役員が、同時に痴漢で捕まる可能性は少ないだろ。つまり、固有リスクは分散投資するだけで、削減することができるんだ」

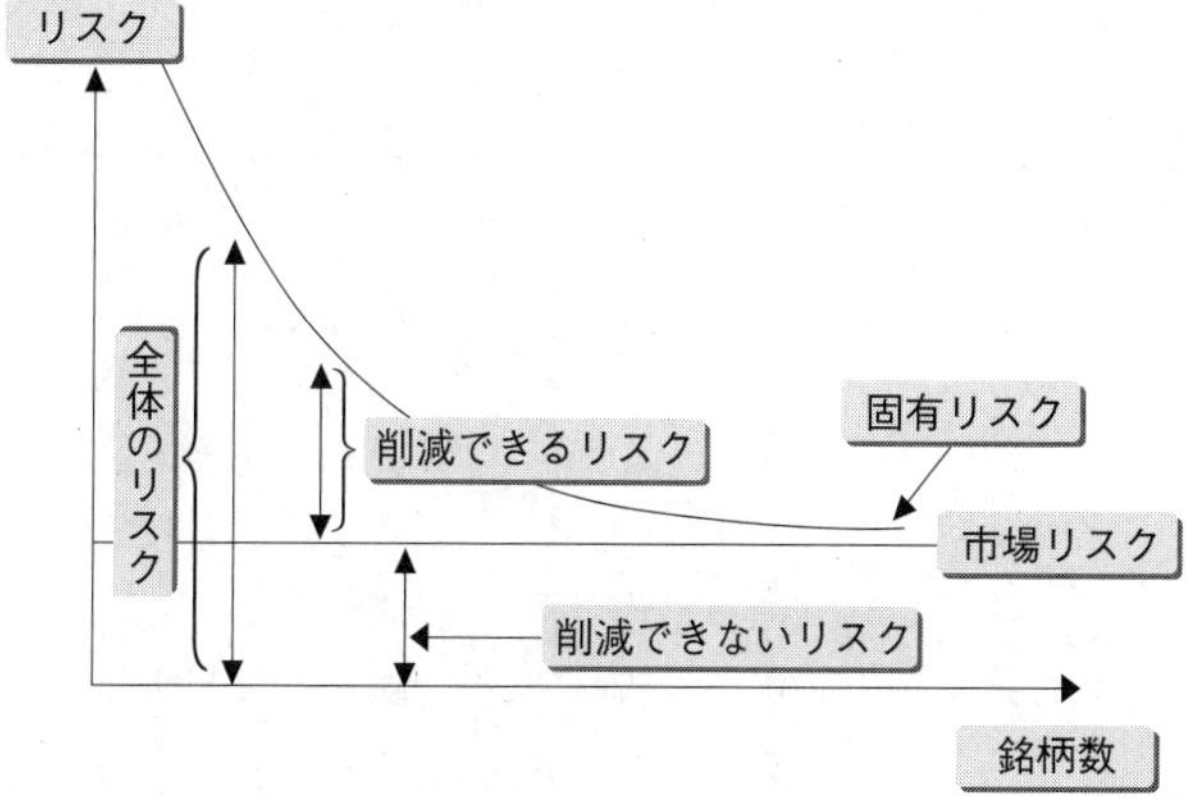

図㉑

美穂は、数人の社長が、数珠《じゅず》繋ぎで駅のホームで連行される姿を想像して、少しおかしくなった。

「次に、『市場リスク』だが、これは、証券市場全体に対して起こる事情によって、発生するリスクを指す。例えば、為替レートや原油価格が大きく変動したり、景気が一気に悪くなったりすると、証券市場全体の株価に影響を及ぼすだろ」

「でも、為替レートが円高になったとして、輸出産業の自動車会社の株価は下がったとしても、輸入産業の石油会社の株価は上がるから、逆の動きになるはずです。投資する株の組み合わせによっては、この市場リスクも削減できるんじゃないですか？」

「いや、自動車会社と石油会社の株が、ポートフォリオに組み込まれていたとしても、利益と損をピッタリ同じ金額にして、ゼロにすることはできない。しかも、円高で国内の景気が悪くなれば、石油会社も売上が落ちてくるから、株価は下がってしまう」

「じゃあ、固有リスクは限りなくゼロにできるけど、市場リスクはゼロにすることはできないってことなんですね」

「結局、ポートフォリオによって、株の組み合わせを増やしても、削減することができないリスクを、『市場リスク』と呼ぶんだ。そして、ここが重要なのだが、この市場リスクだけが、リターンを生み出すことに繋がることが分かったんだ。つまり、個別の株の市場リスクが分かれば、それに比例する〝投資家が期待するリターン〟も計算できることになる」

「その個別の株の市場リスクって、景気や為替の変動によって、証券市場全体が動くリスクに連動するんですよね？　個別の株の全体のリスクのうち、どの部分が固有リスクで、どの部分が市場リスクになるか、分けることなんて、できるんですか？」

「もちろん、できる。ヒントは、証券市場全体が動くリスクとは、『市場ポートフォリオ』のリスクってことだ」

「うーん、『市場ポートフォリオ』って……、TOPIXのことでしたよね。ということは、TOPIXの価格の動きから、証券市場全体のリスクとリターンが計算できるはずだから……もう少しで、分かりそうなんですが」

美穂は自分の頭を叩いた。

市場が変化すると、自分の価値も変わってしまう

ロボットは、少しの間、考え込んでいる美穂を見ていたが、答えが出そうもないので、話し始めた。

「いいか、個別の株の価格は、いつでもTOPIXに連動して動くわけではないだろ」

「TOPIX、つまり証券市場全体の株価が上がっても、個別の株の価格はそれほど上がらないってこともありますし、TOPIXが下がっても、個別の株の価格がそれほど下がらないこともありますね」

「だから、その個別の株の価格が変動する中で、TOPIXに連動する部分だ

けを抜き出せばいい。それが個別の株の市場リスクであり、それに個別の株のリターンは比例するんだ」

ロボットは、そう言うと、さらに新しい図図㉒（次ページ）を道路に描き出した。

「なんか、難しい図が出てきましたね……この『β』ってなんですか？」

美穂は、歩道の脇《わき》に立ち止まってしまった。それを見て、ロボットは、今までとは違って、ゆっくりと語気を強めながら、説明を始めた。

「市場リスクに対する反応係数のことで、『ベータ』と読む。『β＝1』のときには、ＴＯＰＩＸとまったく同じ動きをするから、6％のリターンになる」

「個別の株のリターンのうち、市場リスクに連動する部分だけを抜き出しているから、Ａ株、Ｂ株、Ｃ株は、直線で並ぶってことなんですね」

「そうだ。で、Ａ株の市場リスクが、ＴＯＰＩＸの市場リスクに対して『β＝0・5』とは、どういう意味か分かるか？」

「景気が悪くなって、ＴＯＰＩＸが下がったときに、Ａ株の価格が下がる幅は、その半分ですむってことですか？」

「であれば、リターンも半分でいいだろ」

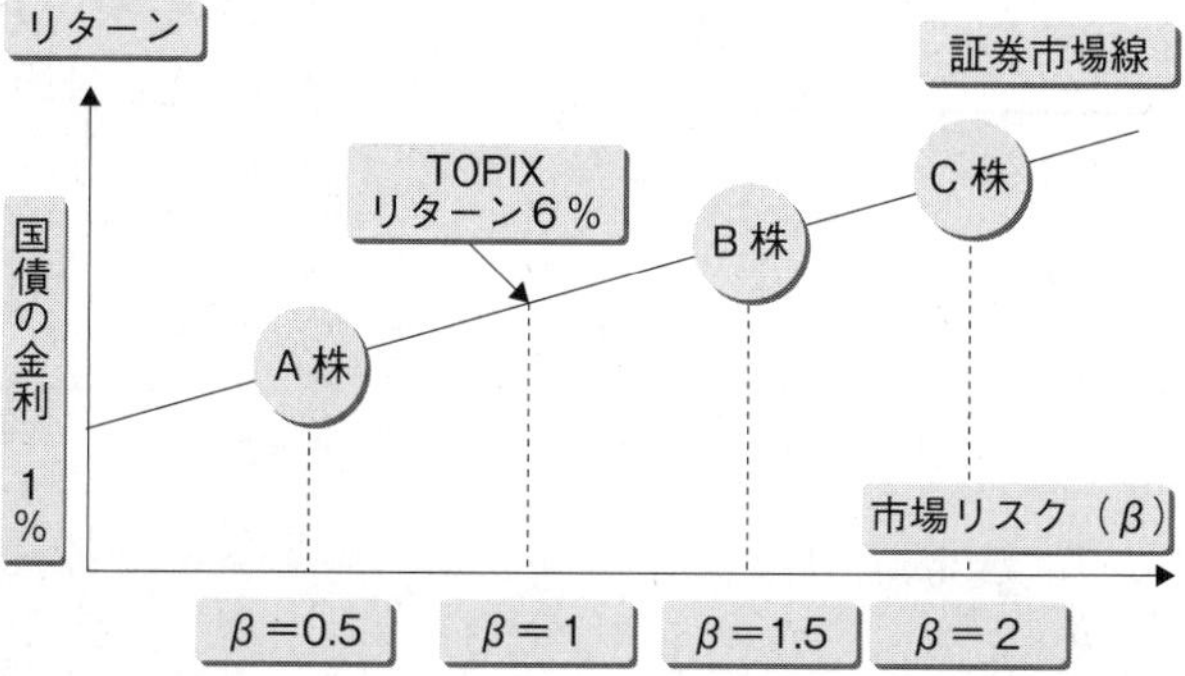

図㉒

「ローリスクだから、ローリターンでもよいってことなんですね」

「そのとおり。ただし、正確には『β＝0・5』とは、TOPIXの市場リスクの半分という意味ではないんだ」

ロボットは、そう言うと、左腕の電光掲示板に、数式を映し出した。

個別の株のリターン＝国債の金利（1％）＋β×リスクプレミアム（5％）

「この数式で、個別の株のリターンを計算するので、『β＝0・5』のA株のリターンは、3・5％となる。ここで、リスクプレミアムにだけ『β』を掛けているのは、リスクがゼロとなる国債の1％のリターンをどれだけ上回るかを計算したいからだ。もし、個別の株のリターンが1％よりも小さいならば、国債に投資した方がいいだろ」

美穂は重要な話だと思い、ポーチに入れていたボールペンを取り出して、左腕に数式を書き込んだ。

「ちょっと、質問してもいいですか？　実際に、この反応係数である『β』は、どうやって計算するんですか？」

「本当は、将来の『β』を求める必要があるんだが、それは、過去の株価をもとにした『β』から予測するしかない。ただ、過去の『β』を計算する数式は難しい」

「えっ、『β』が計算できないなら、個別の株のリターンは分からないことになりますよ」

「それは、心配しなくてもいい。自分では計算できなくても、日経新聞やブルームバーグのホームページから、誰でも手に入れることができる。個別の株のβだけではなく、業種ごとのβ、規模ごとのβ、証券市場ごとのβなど、集計までしてくれている」

美穂は、それを聞いて安心したのか、再びゆっくりと走り出した。

「そのホームページで、ホリデイ産業の『β』も分かるんですか？」

ロボットの胸元辺りから、ハードディスクが回る音が聞こえてきた。

「ホリデイ産業の現時点でのβは、『1・4』だな」

「『1・4』ってことは、ホリデイ産業に対して、投資家が期待するリターンは……」

美穂は、左腕に書き写していた数式を見ながら、計算し始めた。

「……8％ってことですか？」

「正解だ」

ロボットは「ピンポン」という、クイズ番組でよく聞く正解音を発した。

「でも、これって、投資家が、ホリデイ産業に期待するリターンってことですよね。本当に、こんな簡単な数式で合っているんですか？」

「どういうことだ？」

「いや、別に反論するわけじゃないんですけどね。この数式だけで、すべての会社に対して、投資家が期待するリターンが計算できるなんて、ちょっと胡散《うさん》臭《くさ》い話だなぁと思いまして。しかも、すべての投資家が、その会社に期待するリターンをひとつだけに絞ることにもなりますよね」

「道明部長は、この『CAPM理論』を信じないというのか?」

「きゃ、キャップエム理論? なんか売れないストリートダンサーのチームみたいな名前ですね。ちなみに、誰がこの理論を考えたんですか?」

「一番の功績者は、ウィリアム・シャープだな」

「ウィリアム王子の親戚ですか? それとも、ロボット取締役の知り合いですか?」

「王子でも、私の知り合いでもない。彼は、この業績によって、1990年にノーベル賞を受賞している」

「これも……ノーベル賞なんですか……」

「どうした?」

「いや……よくよく聞いてみたら、キャップエム理論って、すばらしいネーミングだなと思いましてね。なんか、アメリカの次期大統領って、感じですよね。はははっ」

ロボットは、美穂を一瞥すると、今度は、腹から紙をプリントアウトした。

美穂は、それを見て、「なんで、夜なのにプリントアウトするのよ」と、ぶつくさ言いながら、暗い中を手探りで、その紙を拾った。

①リスクを取ったからといっても、すべてがリターンに繋がるわけではない
②評価は絶対的なものではなく、マーケットに対して相対的に評価される

「何ですか、これ？」

「CAPM理論が言っていることは、この2つにまとめられる。すごく重要なことだから、プリントアウトしたんだ。部屋の壁にでも貼って、毎朝、読みなさい」

「いや、いくらノーベル賞の理論でも、部屋に貼るのは嫌ですよ。ジャニーズのタレントのポスターじゃあるまいし」

美穂は苦笑いをしながら、紙に書かれた文字を読み始めた。

「えーっと、まず①の『リスクを取ったからといっても、すべてがリターンに繋がるわけではない』というのは、つまり、リスクの中で、市場リスクだけし

か、リターンには反映しないってことですよね？」

「そうだ。分散投資をするだけで、簡単に削減できる固有リスクにまで、リターンを与える必要はないってことだ」

「そこはポートフォリオ理論と辻褄《つじつま》が合いますよね。会社が、ひとつの事業、ひとつの店舗、ひとつの商品だけを売るリスクを取っても、利益には結びつかないってことですね」

「それだけではない。例えば、ある会社が上場を目指しているが、今のところ、上場はできそうもない。それなのに、社長が熱くなって、管理部門の社員を増やし、給料を支払うことは、リターンがないムダなリスクを負っていることになる。もちろん、怖いからといって、投資というリスクを取らないことも、〝リターンに反映しないリスク〟と言える」

「ホリデイ産業の〝ことなかれ主義〟も、リターンのないリスクってことですね」

美穂は口を真一文字《まいちもんじ》にして、経営陣が、のほほんとしている顔を思い浮かべた。

「これは、会社だけではなく、個人にも当てはまることなんだ。例えば、もう出世の望みがない会社から転職しないサラリーマンがいたとする。その会社で、働き続けるというリスクを取っても、当然、給料が上がるというリターンがない。それならば、思い切って転職するリスクを取る方が、給料というリターンが上がる可能性があるはずだ」

美穂は、それを聞いて、同期入社の男性で、30歳を過ぎて、いまだに役職すらついていない社員のことを思い出していた。出世できないのに働き続けることは、リターンのないリスクを取っているということに、彼は気づいていないのだろう。

もちろん、彼が転職することで、絶対に給料が上がるという保証はどこにもない。リスクとは、『不確実性』という意味であり、上がるリスクもあれば、下がるリスクもある。ただ、給料が上がらないのに、リストラに遭うリスクだけを負うよりは、全然、よい気がする。

「いつでも、自分が取っているリスクは、『リターンに結びついているのか？』ということを考えなくてはいけないんですね」

美穂は、しみじみした口調で言った。

「リターンに反映するリスクであれば、怖がらずに取ることが、新しいチャンスを生むことになるんだ」

ロボットは、そう言うと、美穂の持っている用紙にライトを当てた。

「次の②で言いたいことは、『世の中は、市場に対する相対的な評価しかない』ってことだ」

「あくまで、個別の株のリターンは絶対的に評価されるのではなく、TOPIX、つまりマーケットに対して、相対的に評価されるってことですね」

「そうだ。そして、会社は反応係数である『β』を小さくできれば、投資家に対して、小さいリターンで許してもらえた。つまり、景気が変動しても、安定した株価であれば、リターンが小さくても、ポートフォリオに組み込んでくれるんだ」

「会社は、この『β』を小さくする経営をすべきだってことですか？　じゃあ、ホリデイ産業のβが『1・4』というのは、高いんですか？　低いんですか？」

「βが『2』の会社は、相当、大きなリスクがあると見られるから、『1・4』は高い方と言える」

「えーっ、紙袋の製造メーカーなんて業種は、安定していると思ったのに……

株主からは、リスクが高い会社だと思われていたんですね」

「では、ここで問題だ。どういう会社が、『β』が小さくなると思う？」

「うーん、景気や為替の変動に、あまり影響を受けない会社ってことですよね……電力会社とか、食料品会社ですかね？　あと、会社の規模がホリデイ産業よりも、もっと大きくなれば、経営が安定してくるから、『β』は小さくなるんじゃないですかね？」

「会社の規模は関係がない。ある特定の業種で、シェアが１００％の会社は、景気の影響をモロに受けてしまうだろ。だから、大企業は、景気が悪くなると、一気に赤字になりやすいんだ。逆に、シェアが５％ぐらいの会社は、景気が悪くなっても小回りが利いて、利益を増やすことができるかもしれない。つまり、『β』は、会社の大きさや業種で決まってしまうものではないんだ」

「ただ、規模を大きくすればよいのではなく、景気に左右されない経営を意識しなければ、『β』は、小さくならないってことなんですね」

「投資家が期待するリターンが小さくてもよいってことは、会社が安いコストで、お金を証券市場から調達できるってことになる。つまり、不景気でも黒字になる会社の株であれば、それほどリターンがなくても、投資家は買ってくれるってことだ」

「ホリデイ産業が、不景気に強い体質を作ろうなんて、奥の深いことを考えているはずがありませんよ。だから、『β』が大きいんですね。自分の会社ながら、情けない理由で納得しました」

「それに、相対的な評価のもとになる市場は、いつでも変化していることも忘れてはいけない。ホリデイ産業は、百貨店の紙袋やスーパーのビニール袋を作っているから、昔は売上が安定していて、『β』が小さかったのかもしれない。でも最近は、景気が悪くなると、お客が少しでも価格の安い専門店やネット通販を利用するため、百貨店やスーパーの売上は大きく落ち込んでしまう。それに連動して、ホリデイ産業の売上も影響を受けてしまい、『β』が大きくなってしまったんだ」

「今までリスクが低いと思われていたことも、市場の変化でリスクが高くなるってことなんですね」

美穂は、就職したときに人気があり、大学の優秀な友人が入社した上場会社が、たったの10年ぐらいのうちに、合併したり、倒産したりしていることを思い出していた。

「これも、会社だけではなく、個人にも当てはまる。例えば、東京大学に行って、日本で強力なコネを作った人と、高校からアメリカに留学して英語がペラペラでＭＢＡを持っている人では、どちらの評価が高いと思う?」

「昔なら、東京大学だったけど、今は、ＭＢＡかもしれないですね」

「そうだ。つまり、その人たちの能力の問題ではなく、市場で必要とされるならば、評価は高くなるってことなんだ。ただ、難しいのは、将来の市場の変化も予測しなくてはいけない。だからこそ、新聞などで自分に関係ないと思う情報でも集めて、市場の動向を知る必要があるんだ。いつでも、自分の価値を高める努力をしなければいけない」

「自分の力で、市場全体を動かすなんて、絶対に不可能だから、自分が変わらなければいけないってことなんですね」

「一生懸命、努力さえすれば、いつかは市場で認められるという考え方は、人生を運に任せた、バカなやり方だってことだ」

美穂は、ロボットのセリフを聞いて、何度も頷いてしまった。

自分が小さい頃は、弁護士や医者になるだけで、お金持ちになれると信じられていたが、今は違う。しかし、弁護士や医者の能力自体が下がったわけではないし、今はお互いが競争をしているから、逆に、能力は高くなっているのかもしれない。

ただ、これからも市場は変わっていく。弁護士や医者でも、お金を稼ぐためには、市場で必要とされる能力を磨かなければいけないのだ。

「やみくもに進むだけでは、『成功する』ということが難しい時代なんですね」

「それに、今現在好調だと言われているものに、飛びつくのではなく、10年後、20年後、30年後、市場がどうなるかという想像力を働かせて、今の自分の行動を決めるべきなんだ。もちろん、すべての予想が当たるはずはない。でも、なにも予想せずに生きている人よりも、よい結果を生むのは確実だろ」

「想像力のかけらもないホリデイ産業は、投資家が期待するリターンが上がっていることも知らず、昔と同じやり方を続けているから、株価が下がってしまうってことなんですね。でも、株主が期待するリターンって、思った以上に高いですね。紙袋の製造メーカーが、そんな高い総資産営業利益率を達成できますかね？」

「会社は、お金を資本金だけで調達するわけではないだろ？」

「えっ、そうでしたっけ」

レバレッジはやりすぎると、危険

美穂は、もう一度、自分の頭を叩こうとしたが、何かを思いついたのか、話し始めた。

「確か……ホリデイ産業は、銀行からの借入金でも、お金を調達してましたね……そうか！　借入金の金利は４％ぐらいだから、それは、株主が期待するリターンの半分で資金調達できるってことですね！」

「それに、借入金の利息は、経費にもなるから、税金も支払わなくてよい」

「株価は、将来の当期純利益をＰＥＲを使って現在価値に割り引いた合計金額でしたが、その当期純利益は、40％の法人税を支払ったあとの金額でしたね」

「ホリデイ産業は、資本金だけではなく、銀行からお金を借りることで、事業の総資産営業利益率によって、株主の期待するリターンを達成できなくても、株価を上げることができるんだ。これを、レバレッジ効果と言う」

「レバレッジ効果？」

「『てこの原理』という意味で、借入金を上手に利用することで、株主の持分である純資産のリターンを大きくすることができる。さっきの図⑱（２０９ペー

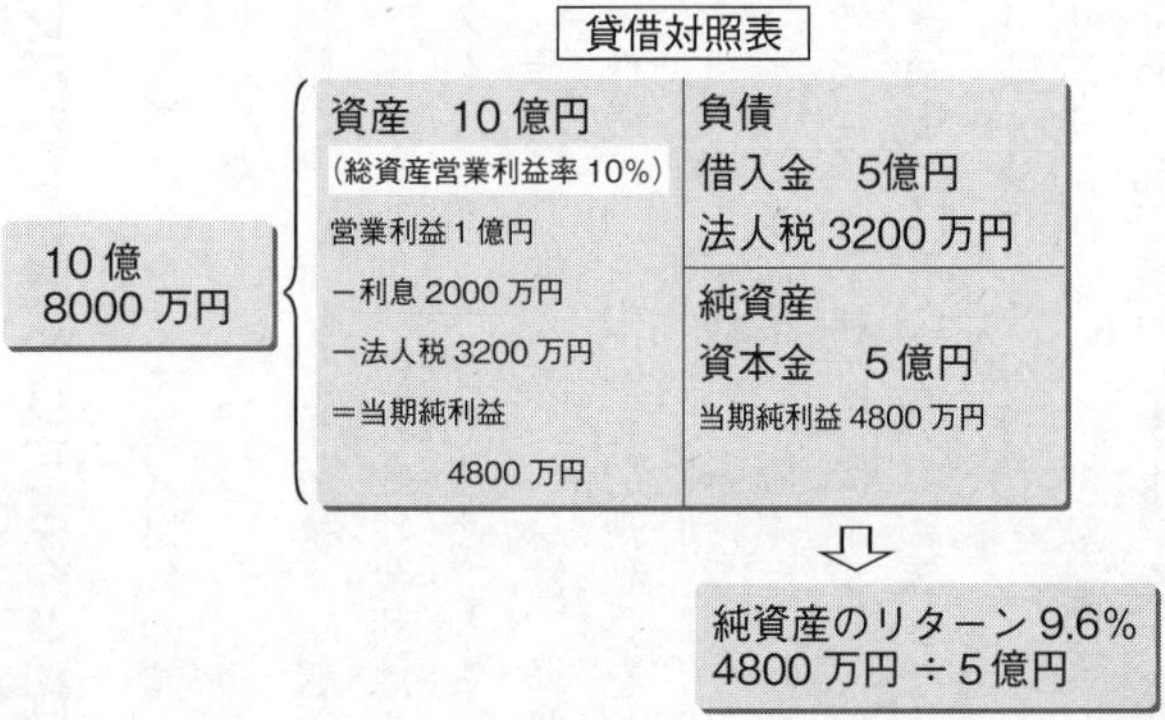

図㉓

ジ）に借入金を入れて考えてみよう」

ロボットは、そう言うと、腹から用紙（図㉓）（上図）をプリントアウトして取り出した。

「金利４％で銀行から５億円を借りると、さっきの図では、純資産のリターンが６％だったが、レバレッジ効果によって、純資産のリターンが９・６％に上がっているだろ」

「これならば、紙袋の製造メーカーでも、投資家が期待するリターンを達成できそうです。それでさっき、事業の総資産営業利益率を上げなくても、安いコストでお金を調達することで、株価は上がるって言ったんですね」

「ただ、レバレッジ効果はよいことばか

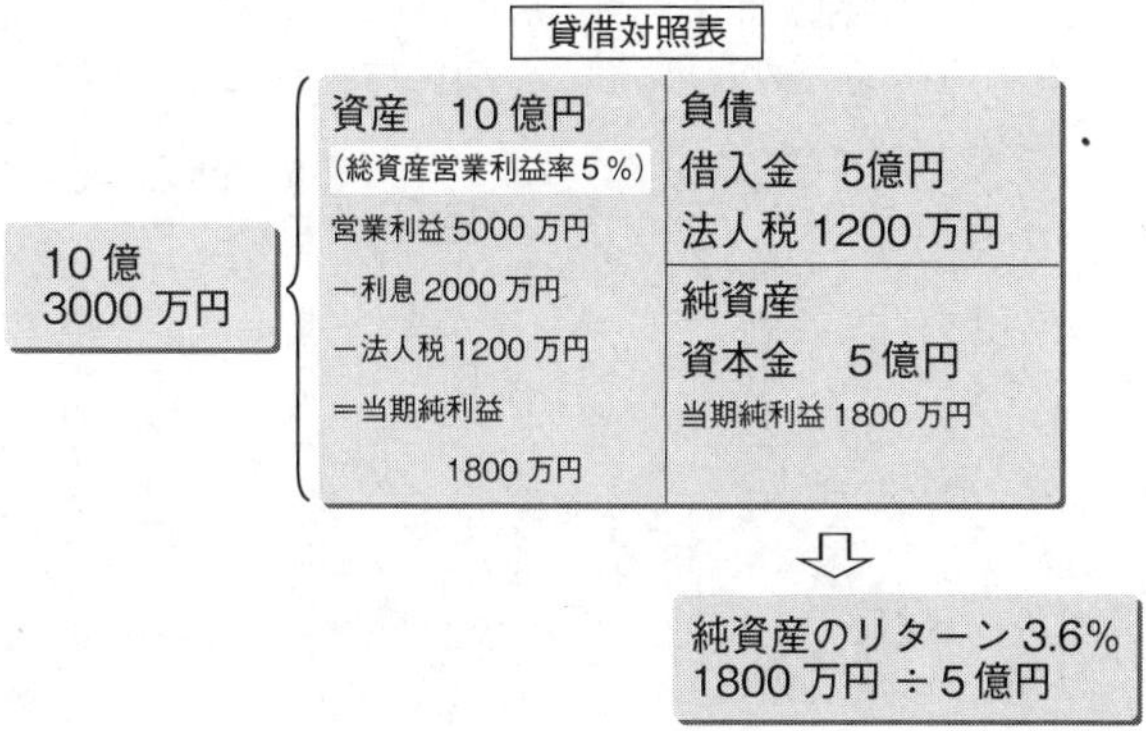

図㉔

りではない」

ロボットは、そう言うと、腹からもう一枚の用紙図㉔（上図）をプリントアウトして取り出した。

「借入金は支払う利息の金額が決まっているので、事業の総資産営業利益率が悪くなると、利益を圧迫してしまうんだ。それによって、純資産のリターンがすごく小さくなり、株価も大きく下がってしまう」

「レバレッジ効果には、業績がよいときにはより株価を押し上げて、業績が悪いときにはより株価を押し下げてしまう特性があるんですね。そうすると、リターンが乱高下するから、投資家がリスクの高い株と感じてしまい、資本金として調達するコストは上がってしまいますね」

「しかも、業績が悪くなると、銀行は4％よりも金利を高く設定する条件を出してくるはずだ。それが、さらに利益を圧迫することになって、追加の融資も難しくなる」

「それって、悪循環に陥っている今のホリデイ産業、そのものじゃないですか」

「追加の融資が難しくなると、経営者が資金調達のために奔走《ほんそう》して、本業に力が入らなくなるし、上場会社であれば、決算書が公表されることで、社員にも動揺が広がる。本当であれば、こういうときこそ、経営者と社員が一丸となって売上を回復させることができれば、給料の支払いもできるし、銀行の金利も下がるし、株価も上がって、株主にリターンを返すこともできるので、全員の利害が一致するはずなんだ」

ロボットは、そこまで一気に話すと、少し間を置いてから言葉を続けた。

「ところが、現実は、一丸となれないことが多い」

「業績が悪くなると、経営陣は自分たちの給料だけを確保しようとしますし、社内には悪いうわさが広がって、社員は仕事どころじゃなくなりますからね。

転職する人も増えて、働く雰囲気は最悪になりそうです」

「それで、銀行は、会社の財産がムダなことに使われないことを監視するようになり、経営者と利害が対立してしまう。これが激しくなると、投資すべき事業にもお金が回らなくなり、さらに状況が悪化する。こういった、倒産しそうになると発生する悪影響を『倒産のコスト』と呼ぶんだ。特に、上場会社の場合には、社長が借金の連帯保証人にならないから、一発逆転の事業に投資しようとすることもある。株主は、すでに株価が暴落していれば、それを後押しするはずだ。もし成功できれば、株価は一気に上がるからな」

「それが大失敗すると、株主はすでに諦めているかもしれないけど、銀行は利息どころか、元本の回収もできなくなりますね」

ロボットは、それを聞くと、腹から紙をプリントアウトして取り出した。

「この図（次ページ）は、なんですか？」図㉕
「会社の価値と負債の関係を表した図になる。負債を増やしていくと、会社の価値は上がっていくが、レバレッジのやりすぎは、会社の価値を下げてしまうんだ」

「負債が増えすぎると、『倒産のコスト』が大きくなるってことなんですね」

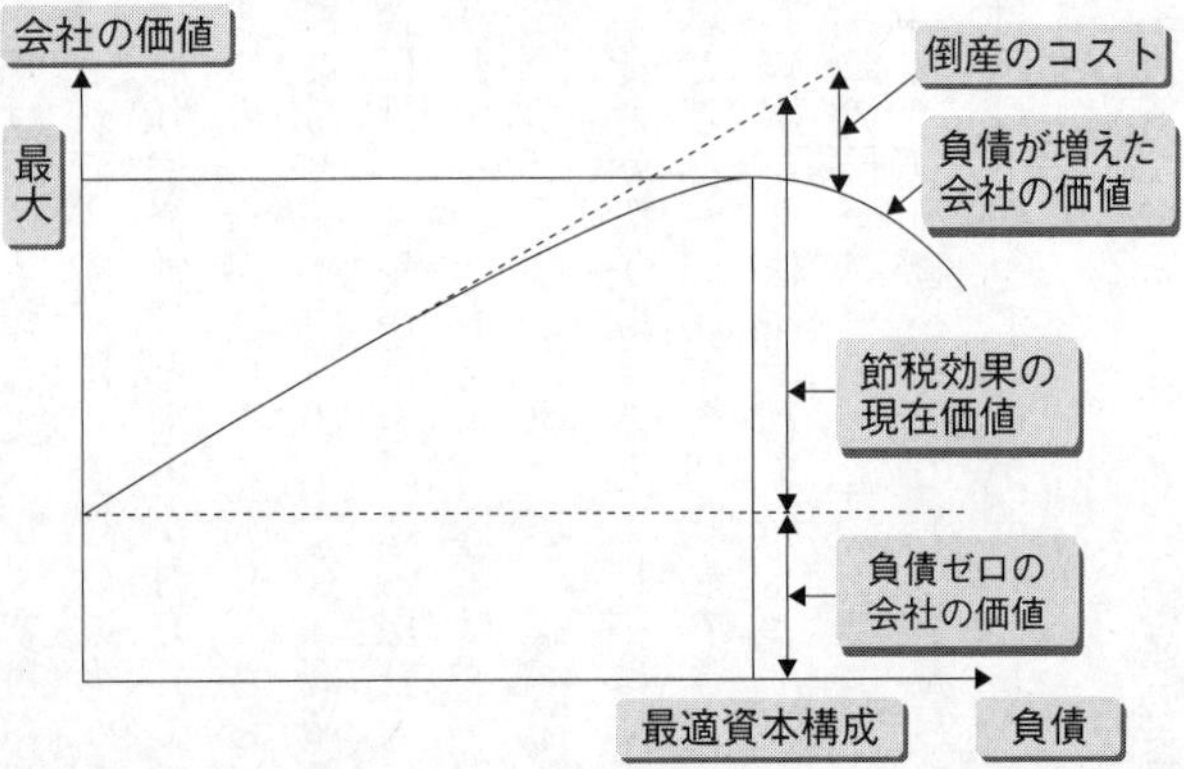

図㉕

「会社は、『会社の価値』を最大にできる『最適資本構成』になるように、負債と純資産のバランスを取らなくてはいけないんだ」

「では、具体的に、いくらぐらい借りるのが、最適なんですか？」

「金額は、決まっていない。会社は業績がよいときには、株価が高く、証券市場からはより多くのお金が調達できるし、銀行も低い金利でお金を貸してくれる。それで、事業に投資して、純資産のリターンが上がれば、ドンドン株価も高くなるんだ」

「ただ、借入金が大きくなったときに、業績が悪くなると……」

「銀行がお金を貸してくれなくなり、安

くなった株価で増資を行なうことになる。結局、経営権を渡すほど株を発行することになったり、M&Aで会社自体を売却することになってしまう。そうならないためにも、業績がよく、株価が高いときに資本金でお金を調達して、新しい事業を始めることが重要となる。現実にも、優良な会社ほど、借入金が少なく、純資産が厚くなっている。もともと、銀行からの借入金は、手続きが簡単で、迅速にお金を調達できる方法でもある。新しく儲かる投資先を見つけたとき、資金繰りに一瞬だけ困ったときなど、すぐに借りることができる余力を持たなくては、チャンスを逃《のが》してしまう。だから、いつもは『自己資本比率＝純資産÷（負債＋純資産）』が50％以上になるように、銀行からの借入金は抑えておくべきだろう」

「では、会社の業績が悪くなって、銀行から監視を受けて、安くなった株価で資金調達もしたくないホリデイ産業は、どうすればいいんでしょうか？」

「本業の売上を回復させるか、経費を削って、利益を出せばいい」

「そんな、簡単に言うけど……」

「今のホリデイ産業には、ハッキリ言って、難しいだろうな。そのときは、投資のリターンではなく、調達のコストに目を向けるしかない」

ロボットは、左腕の電光掲示板に2つの項目を映し出し、ピカピカと点滅させた。

①銀行からの借入金の金利を下げる
②投資家が考えるリスクを減らす

美穂は、それを読むと、ロボットに問いかけた。

「ひとつ目の『借入金の金利を下げる』なんて、銀行が納得するんでしょうか?」

「財務制限条項と言って、会社が借りるときに、例えば、①株主への配当は、一定額以上を支払わない、②前期と比較して、75%以上の純資産の金額を維持する、③不動産などの資産を、金融機関以外の第三者に担保提供しない、などの約束を銀行とすることで、金利を安くしてくれることもある」

「そんな方法があるんですか!」

「ただ、会社が、この約束にひとつでも違反すれば、借入金を全額返済しなければならない」

「それって……いきなり、借入金を一括返済するのは無理だから、デフォルトになって倒産するってことですよね？」

「もしくは、完全に、銀行の管理下になるってことだ」

これを聞いて、美穂は、やっぱり世の中に甘い話は転がっていないんだと納得した。

「2つ目の『投資家が考えるリスクを減らす』っていうことは、株主が期待するリターンを下げることと同じだから、さっきの反応係数の『β』を小さくするってことですよね？」

「そうだ。もう少し分かりやすく言えば、市場リスクに対して、大きく反応しない事業に変換させるということだ。例えば、ホリデイ産業が、ネット通販で使う包装紙の事業でもやれば、景気が悪くなって、紙袋やビニール袋の売上が下がったときに、逆に、その売上は上がるかもしれないだろ」

「ただ、今のホリデイ産業に、包装紙の事業へ参入できる体力はないと思います。革カバンの事業に投資したあとは、本業の売上がさらに悪化して、新規事業の計画の話すらないと、同僚から聞いています」

「それならば、直接、投資家に対して、話しかけるという方法になるな」

「株主総会を開くってことですか？」

「投資家というのは、今の株主だけではなく、これから株を買う人やカラ売りする人も含まれる。特に、株をカラ売りされてしまうと、その人たちは、いつかは買い戻すため、株価が乱高下することにも繋がる」

「どうやって、話しかけるんですか？」

「会社の業績が悪くなってしまった経緯とその原因、そして、これから売上を回復させるための事業計画書を記者発表する。それを、よく理解してもらえれば、今の株主は株を売らずに、手元に持っていようと思うはずだ。株が売られなければ、株価が下がらないし、カラ売りしようとする人もいなくなる。それが、株価の収益率の標準偏差、つまりリスクを小さくすることに繋がる。この投資家への情報公開を『ＩＲ戦略』と呼ぶんだ」

「よく上場会社が、『ＩＲ戦略を練っています』って言うのは、このことなんですね」

「結局、お金を安いコストで調達するためには、投資家とコミュニケーションを取ることが重要になるんだ。さっきの銀行の財務制限条項だって、事前の話し合いってことだろ。それ以外にも、取引先に決算書を公開して、買掛金などの支払い期限を延ばしてもらえれば、金利がゼロのお金を借りたことになる」

「うーん、それにしても、ホリデイ産業では、社長も田沼部長も含めて、そんなことを考えている人はいませんよ。特に、『β』なんて知っている社員なんて絶対にいません。でも、他の上場会社では、社員がこの『β』を意識して、本当に仕事しているんですかね？」

「全社員が、『β』を理解しているってことはないだろう。ただ、上場会社であれば、『β』を計算する部門があって、目指すべきリターンを取締役や部長に教えているはずだ。もちろん、『最適資本構成』も一緒に考えている」

ロボットは、そう言うと、少しだけピッチを上げて走り始めた。

営業権は、株主の期待に比例する

美穂は、すぐにロボットを追いかけ始めた。

「ちょ、ちょっと、待ってくださいよ。本題の新会社の資金調達は、どうすればいいんですか？　ベンチャーキャピタルの投資の意図も謎《なぞ》のままだし……それに『β』や『最適資本構成』も、どのように考えればいいんですか？」

「今はまだ、銀行から借りることができないから、『最適資本構成』は関係ないだろ。資本金で、100%のお金を調達するしかない」

「では、『β』ですが、ホリデイ産業に対して、投資家が期待するリターンが8%ならば、それを使えばいいってことなんですか?」

「革カバンの事業計画書を作ったときに、何%で将来のキャッシュフローを割り引いたのか、覚えているか?」

「10%で、『正味現在価値』を計算しました……もしかして、株主が、革カバンの事業に期待するリターンは10%ってことですか?」

「ホリデイ産業に対して、投資家が期待する8%とは、『紙袋の製造メーカー』としてのリターンになる。まったく別の事業に進出するのであれば、革カバンの競合会社のリターンを使うことになるんだ」

「私、分かっちゃいましたよ。つまり、ロボット取締役は革カバンを製造販売している上場会社のβ値が『1.8』だと知っていたから、さっきの計算式(221ページ)で革カバンの事業のキャッシュフローを10%の収益率で割り引いたんですね。もし、革カバンの事業が10%のリターンを達成できないならば、投資家はその競合会社に投資した方がいいってことですね」

ロボットは、無表情で「正解」と叫ぶと、「ピンポンピンポン」という正解音を出した。美穂は、それに構わず、話を続けた。

「ホリデイ産業の本業よりも、革カバンの事業の方が、株主が期待するリターンが高いんですね。それだけ、リスクも高い事業ってことですか？」

「紙袋の製造メーカーが、景気に左右されると言っても、革カバンの事業ほどではない」

「革カバンは、贅沢品《ぜいたくひん》にも近いですからね。今、使っているカバンが壊れた人以外は、急いで買う必要もありません。株主に還元しなくてはいけないリターンが10％ですか……でも、ベンチャーキャピタルから2億円のお金を調達できれば、10店舗は新規で出店できます。今なら、効果的な広告方法、売れ筋の商品の見極め、社員の教育はバッチリですから、10％ぐらいのリターンならば、問題なく還元できますよ」

　ロボットは、左右に小さく首を振った。

「ベンチャーキャピタルは、将来、新会社の株を売却しなければ、儲からないどころか、投資したお金も回収できない。未公開会社の株は、上場会社の株に比べれば、買う人を探すのが難しいだろ？」

「まぁ、上場会社の株なら、いつでも証券市場で売れますが、未公開会社の株は、ベンチャーキャピタルが、自分で革カバンの事業に興味を持つ人を見つけてくるってことですよね。電話で聞くわけにもいかないし、専門の会社にでも頼むんですか？」

「親会社であるホリデイ産業や取引先が買ってくれればいいが、そんなに都合よくはいかない。専門の会社に頼むこともできるが、無料では探してくれないし、自分で探してもコストも時間もかかってしまう。それに、未公開会社は上場会社に比べて、規模も小さく、信用力も低いから、倒産する確率も高い。つまり、未公開会社に投資するということは、競合会社である上場会社に投資するよりもリスクが高くなるから、同じリターンでは、納得しないんだ」

「ということは、投資家が新会社に期待するリターンは10％よりも高くなるってことですね。具体的に、いくら上乗せされるものなんですか？」

「ベンチャーキャピタルによって、違ってくる。だから、どのくらいのリターンを望んでいるかを聞くしかない。ちなみに、今回、2億円の出資をしてくれるベンチャーキャピタルには、私がすでに聞いていて、15％を想定しているそうだ。未公開会社であることのリスクプレミアムは、5％と考えたってことだな」

「15％ですか……それって、40％の税金を払うことを考えると、事業で25％の総資産営業利益率を達成するってことだから、ちょっと大変ですね」

美穂は、一瞬困った顔をしたが、何かを思いついたのか、引き締まった声でゆっくりと話し始めた。

「私に提案があるんですけど、そのベンチャーキャピタルからの２億円ですが、貸してもらうっていうのは、ダメですかね？　15％を利息で払うなら、経費になりますし、ベンチャーキャピタルとしても、元本が返済されていくので、回収できないリスクも減るはずです。もしかして、もっと低いリターンでも許してくれるかもしれないですよ」

「さっき、自己資本比率（２３９ページ）の話をしたばかりだろ。ホリデイ産業は、今まで投資してきた１億円を子会社の資本金にすると言っている。そこにベンチャーキャピタルから、２億円も借りてしまったら、いきなり自己資本比率が33％と低くなって、銀行が融資してくれなくなってしまう。ここは、資本金で受け入れて、将来、４％ぐらいの安い金利で、銀行からお金を調達できる余力を持っておいた方がいい」

「そっか、レバレッジ効果をうまく使わなくてはいけませんでしたね。では、資本金として出資してもらうとして、新会社が15％のリターンを還元できれば、ベンチャーキャピタルは、すごく儲かるってことですね」

「15％のリターンを期待するってことは、それに比例するリスクもあるってことだ。新会社が赤字になったり、その株が売れなければ、ベンチャーキャピタルは損をすることもある。それに、将来、ベンチャーキャピタルから株を買う人が、15％のリターンを期待してくれればいいが、20％のリターンを期待するならば、それで割り引いた株価は下がることになる。現実に、新会社が事業計画書どおりに儲からなければ、次の投資家は15％以上のリターンを要求するはずだ」

「ちょっと、それって変ですね？　儲かっていないならば、投資家は15％以上ではなく、もっと低いリターンを期待しなければ、実現性がないですよ」

「そもそも、今まで儲かっていなくて、将来も儲かりそうもない会社の株を買う人はいない。だから、今まで儲かっていない会社は、これからハイリスクな投資を行うことで、それを挽回して、ハイリターンを実現できる事業計画書を作って、投資家を納得させるしかない。ただ、ハイリスクな投資が失敗すれば、大きく損をする可能性も高くなる。だからこそ、15％以上のリターンが要求されるんだ」

「それならば、今回のベンチャーキャピタルも15％より高いリターンを期待することにして、もっと安い株価で出資できれば、損をする確率は小さくなりますね」

「革カバンの事業は2年間の実績もあるし、将来、儲かる経営戦略も十分、練っている。今の時点で、それほど、株を安売りする気はない。これ以上のリターンを要求してくるならば、他社に出資を依頼した方がいい」

「ベンチャーキャピタル同士も競争しているから、割安な株は世の中にはないってことですね。とにかく、未公開会社の株も、将来の当期純利益を、株主が期待するリターンで割り引いて合計した現在価値で取引されているってことが分かりました」

「いや、ここでは、当期純利益ではなく、フリーキャッシュフローを割り引くことになる」

「フリーキャッシュフローですか？　それって、革カバンの事業計画書を作ったときの、キャッシュフローとは違うんですか？」

「会社の場合には、初期投資だけではなく、設備投資を続けなくてはいけない。だから、キャッシュフローから、毎年の設備投資を差し引くことになる。

これをフリーキャッシュフローと呼ぶんだ」

ロボットは、そう言うと、左腕の電光掲示板に、数式を映し出した。

会社の価値＝将来のフリーキャッシュフロー÷（株主が期待するリターン－成長率）＋現預金－借入金
フリーキャッシュフロー＝営業利益－税金＋減価償却費－運転資金－設備投資

「この数式の『会社の価値』って、証券市場の株価とは違うんですか？」

「未公開会社の価値でもあるし、上場会社の株価でもある。つまり、すべての『会社の価値』が、この数式で計算できるってことだ」

「上場会社の株価を計算するときには、当期純利益とＰＥＲを使いましたが、この数式と、どちらが正しいんですか？」

「本当は、上場会社の株価も、フリーキャッシュフローを割り引いて計算すべきだ。ＰＥＲで当期純利益を割り引く方法は、簡便的な方法でしかない。ただ、将来、会社が稼ぐことができる『実力』に、株価が収束するという意味で

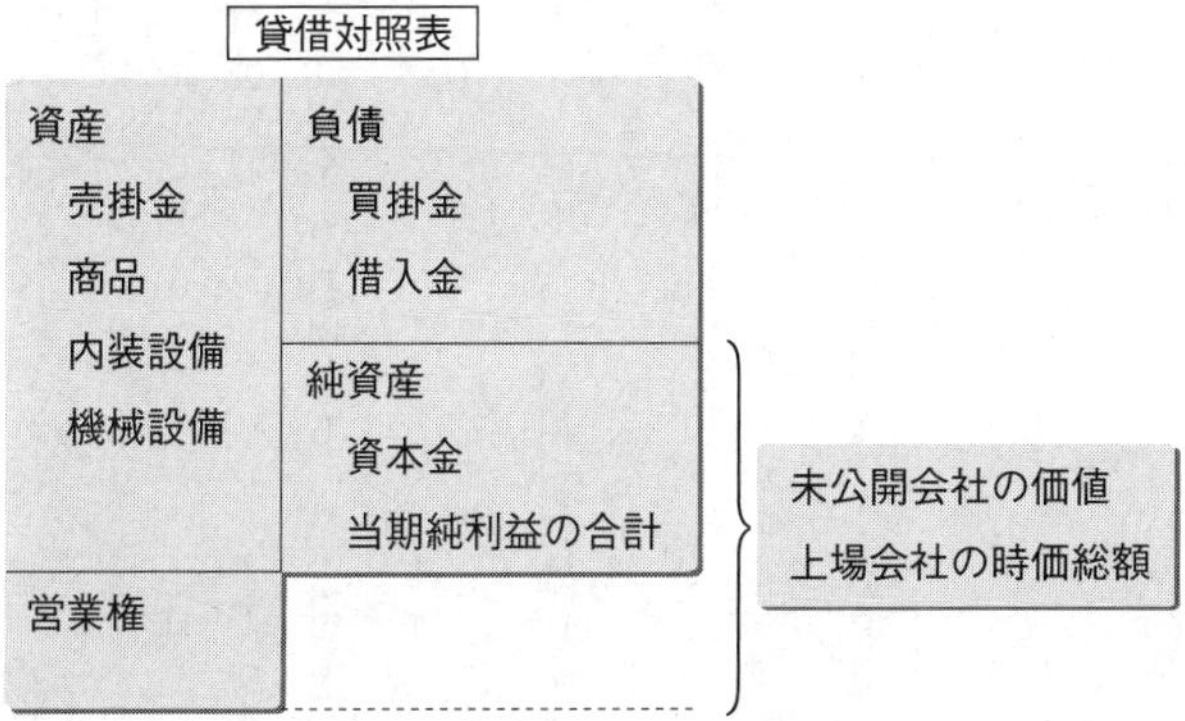

図㉖

は同じだ。道明部長も、ＰＥＲを使って株価を計算したときに、当期純利益は会社の稼ぐ『実力』だと言っていたはずだ」

「確かに、そう言いましたが……その『実力』って、結局、何なんですか？」

「会社の稼ぐ『実力』とは、純資産に『営業権』をプラスした金額で表すことができる」

「『営業権』ですか？」

ロボットは、それを聞くと、目を光らせて、道路に新しい図[図㉖]（上図）を描き出した。

「純資産というのは、株主から集めた資本金と再投資している当期純利益の合計になる。これは、資産から負債を差し引いて計算することができる。ただ、資産と負債には、現実に見えるものしか計上されていない」

「商品は数えられるし、お店の内装設備や工場の機械設備も見えますが……売掛金や買掛金って、見えるんですかね？」

「売掛金も買掛金も、請求書という紙があるだろ。借入金だって、銀行との契約書がある。つまり、実際に見えるとは、お金の裏づけがあるとも言える」

「資産は売ってお金に換えることができますし、負債は契約書があるから、お金で返済しなければいけないですからね」

「つまり、今すぐ会社が解散して、すべての資産と負債を清算しても、この純資産だけはお金として残るので、それを株主に返すことができるんだ」

「それならば、株主は純資産の価格で、投資すればいいんじゃないですか？」

「会社は、解散することが前提ではないし、実際に見えるものだけが、資産ではない」

「この『営業権』が見えない資産ってことなんですか？　見えない……もしかして、これって、ノウハウのことですか？」

「そのとおりだ。革カバンのデザイン力だったり、お店で働く社員の能力のことだったり、とにかく、当期純利益やフリーキャッシュフローを稼ぐことができるノウハウのことだ」

「それならば、上場会社の信用力や優秀な人材を集めることができる力も、営業権の評価に反映されるってことですよね？」

「営業権の評価が上がれば純資産のリターンも高くなり、株価が上がる。未公開会社よりも、上場会社の方がこの営業権を大きくしやすい。つまり、当期純利益を稼げる力があるから、リスクが小さくなって、株主が期待するリターンも低くなるんだ」

「それで、ベンチャーキャピタルは、未公開会社というだけで、5％のリスクプレミアムを上乗せしたんですね」

「さらに、上場会社は、証券市場からお金を調達することもできるし、銀行から安いコストでお金を借りることもできる。それは、将来の当期純利益を増やすことになるから、営業権の評価を上げることに繋がる。ただ、上場していることだけが、ノウハウではない」

「店舗を増やすことで、商品の仕入原価を下げる交渉力を高めれば、当期純利益を増やせるので、それもノウハウってことですね。『選択と集中』によって、儲かっている店舗は積極的に改装して広告宣伝費を使ったり、赤字の店舗は迅速《じんそく》に撤退させるなどして、将来の当期純利益を増やすために、リスクを取る意思決定ができることも、営業権に含まれるノウハウになりますね。これは、未公開会社であっても、上場会社であっても、同じってことなんですね」

「だからこそ、それを投資家にちゃんと理解してもらって、稼げる能力があり成長率が高いと予想してもらえるならば、未公開会社であっても、営業権が高く評価されることになるんだ。そうすれば、投資家が高い株価でも出資してくれるから、経営陣の持株比率も維持できる」

「会社は、営業権を大きくするための努力をしなければいけないんですね。でも、この『営業権』って、そんなに大きな金額になるんですかね？」

「さっき、『純資産のリターン×PER＝株価純資産倍率』という数式（210ページ）があったはずだが、株価が純資産の何倍にもなるってことだ。例えば、2倍ならば、その会社には純資産と同じだけの『営業権』があることになる」

「投資家が出資した資本金と何十年もかけて再投資している当期純利益の合計と、同じだけの『営業権』があるっていうのは、すごいことですね」

「ただ、会社が不祥事を起こせば、株価は急落してしまう。このとき、純資産の金額は変わらないから、『営業権』が減ったことが原因になる。『営業権』は見えないだけに、すぐに小さくなってしまうものでもあるんだ」

「今までずっと、黒字だった会社が、強力な競合会社の出現でいきなり赤字になると発表しても、同じように『営業権』が小さくなって、株価が急落しますよね」

「投資家が裏切られたと感じれば、『営業権』はすぐに減ってしまう。だからこそ、過去の当期純利益の実績だけではなく、それが今後、どのように伸びていくのかを、そして赤字になった場合でも、どのように挽回していくのかを、投資家に理解してもらうことが大切になるんだ」

「それって、さっき言っていた『IR戦略』ですね。投資家に、儲かる理由をうまく説明できることも、会社のノウハウになるんですね」

「上場会社の方が、未公開会社よりも、有利なことは多い。ただ、未公開会社であっても、会社の価値を上げる努力をするならば、より多くのお金を調達できるようになるし、上場会社でも、その努力をしなければ、お金を調達できないことになるんだ」

「意識的に、会社の価値、つまり営業権を上げることが必要なんですね」

「お金の調達のうまい会社が、儲かる事業に投資して、利益を稼ぐことができるならば、会社の価値はドンドン上がっていくことになる」

「そう考えると、ベンチャーキャピタルも含めて、投資家は、会社が自分の価値を上げるために、どういった努力をしているのかに注目しているってことですね。ホリデイ産業のように、まったく会社の価値に無関心だったり、そもそも、会社の価値の計算方法さえ知らなかったりしたら、株価が上がる可能性は低いですね」

「上場会社なのに、証券市場でお金が調達できないのでは、上場を維持するためのムダなコストを支払っているだけだ」

「ベンチャーキャピタルは、将来、有望な未公開会社を探して、そこに資本金として出資することで、儲けているんですね。お金を貸し付けて、元本や利息で返済してもらうよりも、できるだけ、お金を事業に投資して利益を稼いでもらうことで、営業権を高く売り抜けたいって思っているんですね」

「それでも、上場していない未公開会社の株を売るのは難しい。だから本音は、大きなリスクを取るんだから、新会社に上場を目指してもらい、株価が今の何倍にもなる目標も持って欲しいはずなんだ」

「上場したら、そんなに株価って上がるもんなんですか？」

「単純に、株主が期待するリターンが10％に下がるだろ。それに、銀行からの借入金も十分に使えるようになるから、純資産のリターンも一気に上がって、株価は今の何倍にもなる。だから、新会社が上場することを前提に、そこまでのプロセスも教えて欲しいと、実はベンチャーキャピタルから言われているんだ」

「事業計画書で、１００店舗までのプロセスを作ったと思ったら、今度は、上場までのプロセスですか？　なにか、夢のような話ですね」

「頭の中で考えているだけならば、空想でしかない。一方、そこにたどり着くまでの工程表を事業計画書として作ることができれば、予想が現実になる可能性が出てくる」

「そして、現実がその予想と違ってくれば、その原因を探って、現実を工程表に近づけるようにするってことですね。それでも、本当に投資家を納得させることができるプロセスなんて作れるのか、そして、それを実現できるのか、すごく不安ですね」

「まずは、上場したいという『こころざし』を強く持つことが重要だ」

「それで、次に、新会社が上場するための具体的な数値目標を設定して、ミサイルの発射台の角度を高くしなければ、そこには到達できないってことでしたね」

「単純に、発射台を高くするだけでは、ミサイルが垂直に上がりすぎて、目標に達することはできない。うまく飛ぶための角度の調整が必要になる。ただ、上場はそれほど遠い目標ではないはずだ。今さら、上場会社と未公開会社に大きな差があるとは思っていないだろ？」

「まぁ、ホリデイ産業を見ていると、『上場会社』になることが、『特別なこと』とは、まったく思いませんね。結局、未公開会社でも、上場会社でも、営業権の価値を上げるという目標は同じですよね。でも、これでベンチャーキャピタルが出資したいという謎が解けました。もともと、未公開会社というだけで、5％ものリスクプレミアムを乗せて、安い株価で出資するだけではなく、新会社が上場できれば、その株価が何倍にもなるってことですね。それだけ、ハイリターンになる可能性があるから、ハイリスクでも出資するんですね」

「そういうことだ。ただ、この革カバンの事業は、上場できる見込みがあると、高く評価してくれているとも言える」

美穂は急に浮かない顔をして歩き出した。

「道明部長、どうした？」

「……ベンチャーキャピタルって、そんなに自分たちの持分を回収して、儲かることばかり考えているんですか？　私は、もっと、長期間で、会社を育てるっていう気持ちがあるのが、ベンチャーキャピタルだと思っていましたよ」

「そういうベンチャーキャピタルもあるのかもしれない。ただ、そもそも、ベンチャーキャピタルの裏にも、お金を出している投資家がいて、彼らの意向が強く反映してしまうんだ。まぁ、日本のベンチャーキャピタルが、出資したお金をできるだけ早く回収しようとする傾向が強いのは、確かだがな」

「そうですか……今の段階では、２億円ものお金を出資してくれるのは、そのベンチャーキャピタルしか見当たりませんし、仕方がないと諦《あきら》めるしかなさそうです。それで、いつ、そのお金は調達できるんですか？」

「ちょっと待て。まだ、２億円を出資してもらうと決めたわけじゃない」

「そうなんですか？　もしかして、ロボット取締役は、２億円では足りないって考えているんですか？」

「いやいや、2億円を一度に使わないならば、一部は断ろうと思っている」

「ええっ！　それはもったいないですよ！」

「革カバンの店舗を作るためには、その場所を検討する時間も含めて、短期間では難しい。一度に、新規で10店舗は出せないだろ？」

「私、頑張ればできます！」

美穂は周囲で走っている人が、振り向くぐらいの大きな声で叫んだ。しかし、それに対するロボットの言葉は、意外なほど落ち着いていた。

「よく考えてみろ。15％のリターンを返さなければいけないってことは、2億円を出資してもらっても、1億円しか使わなければ、2倍の30％のリターンを目指すことになるんだぞ。本当に、10店舗を同時に出店して、15％のリターンを達成できる事業計画書を作ることができるのか？」

「……〝戦略なき投資は、失敗する〟でした。店舗への社員の配置と工場の増設まで考えると、今は同時に出店できる数は、せいぜい5店舗が精一杯です」

「そうだろ。それに、1億円を出資してもらって、5店舗を成功させたときには、銀行から安いコストでお金を調達できるようになっているかもしれない。もともと、親会社や経営陣で、できるだけ持株比率を高くしておかないと経営も安定しない。ベンチャーキャピタルに出資してもらうお金は最小限にすべきなんだ」

「もっと会社の価値が上がってから、資本金として、お金を調達した方がいいってことですね。とにかく、もう一度、事業計画書を見直して、出店の場所を選定して、今すぐ必要な資金を計算してみます」

「会社も、ランニングと同じように、あまりにも無理をして、速く走りすぎると息切れしてしまう。出店を拡大させていくことには賛成だが、ペースを保つことも大事なんだ」

「スタートダッシュで頑張りすぎては、ダメということですか？」

「新会社として独立したばかりだと不安になるから、経営が軌道に乗るまでは、頑張ろうとする気持ちは分かる。ただそうすると、社員にも同じレベルの勢いを求めてしまうことにもなる。やる気があるのはいいことだが、脱落者《だつらくしゃ》を出さずに、みんなを引っ張っていくことも、責任者として大切な仕事なんだ」

愛情も調達しなければ、投資できない

目の前には再び、スタート地点の竹橋の交差点が見えてきた。

美穂とロボットは、走るペースを少し落として、クールダウンに入った。

「ベンチャーキャピタルのお金が入ってくるとなると、また忙しくなりそうですね」

「新会社として独立するわけだから、営業だけやればいいのではなく、雑用もやらなくてはいけなくなるぞ」

美穂は交差点の前につくと、「ふーっ」と大きく息をついてしゃがみこんだ。

「会社は、『投資』して儲かることばかりに目を向けるのではなく、お金を『調達』する方法にも気を遣《つか》うべきだということが、よく分かりましたよ」

「会社という制度は、もともと、お金を『調達』しやすい仕組みになっている。そのお金があるからこそ、投資することもできる。これは人間も同じで、息を吸って酸素を調達し、それを細胞に投資して、体を動かしているんだ」

「ロボット取締役で言えば、それは『油』ですね」

「そのとおりだ。そして、人間の愛情も同じだと言える。愛情を『調達』するからこそ、その愛情を、他人に『投資』することができる。その調達方法は、親の愛だったり、友情だったり、無償の愛だったり、さまざまだが、人は愛情を受けたからこそ、人に愛情を返せる生き物なんだ」

「じゃあ、その愛情を調達できなくなったら、どうなるんですか？」

「しばらくは、過去から溜《た》まった愛情を使うことができるが、いずれ、それが尽きると、人に愛情を注《そそ》ぐことができなくなってしまう。息だって、吸えなくなれば、死んでしまうだろ？」

「そうなると、同じように、愛情も……死んでしまうんですか？」

美穂が真剣なまなざしでロボットに尋ねると、ロボットはＬＥＤのライトを消して、頭の電球を点滅させた。

「分からん。そこから先の予想パターンは、私のデータの中にインプットされていない。では、また明日、会社で」

ロボットは突然話を打ち切ると、ゆっくりとした足取りで、東京駅の方に向かって歩き始めた。

美穂は、その後ろ姿を見ながら、頰《ほお》に垂れた汗をゆっくりとタオルで拭《ぬぐ》った。

美穂は近くのスポーツクラブでシャワーを浴びたあと、帰路《きろ》についた。

「愛情の調達と投資かぁ」

独り言をつぶやきながら、カギを開けて家の中に入ると、スイッチを入れてもいないのに突然、部屋の明かりがついた。

「ハッピー、バースデー！」

そこには、ヒゲと鼻がくっついた黒メガネをかけた吾郎が立っていた。

7月4日。

今日は美穂の誕生日だった。仕事の忙しさに追われて、自分の誕生日すら忘れていたが、部屋に飾られた小学校のお楽しみ会のような、折り紙で作った丸い輪っかの装飾を見て、改めて自分が32歳になったことを認識した。

「美穂、誕生日おめでとう！」

吾郎はクラッカーを自分で鳴らして、ギターを弾きながら誕生日の歌を歌いだした。

「ハッピーバースディ、トゥーユー、ハッピーバースディ、トゥーユー、ハッピーバースディ、ディア、美穂〜。ハッピーバースディ、トゥーユー」

歌い終わると、もう一度「おめでとう〜」と叫んで、自分のポケットから小さな紺色の箱を取り出した。

「美穂、今まで、バイトばっかりで会えなくてごめん！　実は、今年の誕生日は盛大にお祝いしてあげようと思って、これ、バイト代を貯めて買ったんだよ」

吾郎は、そう言うと、ゆっくりと手にしていた箱を開けた。

そこには、２つのハート型のリングが絡まった、カワイらしいデザインのネックレスが鎮座《ちんざ》していた。

それを見て、美穂は嬉しかった。

しかし、その嬉しさよりも、物悲しい気持ちの方が黒い霧のように心の中に広がり、それはやがて、美穂の目から水滴となって零《こぼ》れ落ちた。

「どうしたの？　美穂、このネックレスのデザインが嫌いなの？」

吾郎はヒゲと鼻がついた黒メガネをかけたまま、美穂の顔を覗《のぞ》き込んだ。

「ううん、そうじゃないの。嬉しいよ。すごい嬉しい。だけどね、違うの」

「なにが違うの？」

「私の……私の気持ちが違うの。人生って、成功に向かって飛び出せるチャンスは何度もないって思うの」

「突然、ナニ言い出すんだよ」

吾郎は話を遮《さえぎ》ろうとしたが、美穂は構わず言葉を続けた。

「私の話を聞いて。チャンスは、能力だけではなく、運やお金も大きな要素になってくるって思うの。私のチャンスは……今、目の前にあるのよ。今回を逃すと、次はいつ来るのか分からない。吾郎のことも大事だけど、今の私には、やりたいことができてしまったの。もし、これをやらないと、きっと、あとでものすごい後悔することになる」

「……美穂がなにを言っているのか、俺、アタマが悪いから分からないよ」

吾郎は小さな声でつぶやいた。

「美穂が、今、忙しいのは分かってる。少しぐらい会えなくたって、俺、ガマンする……」

「そうじゃないの！」

美穂は顔をあげて、じっと吾郎の目を見た。

「私、分かったのよ。今まで、吾郎に、吾郎の曲に、自分の未来をかけていたの。だから、吾郎を助けてあげることが、愛情だって思っていたし、それで私は幸せだった。でも、今は違うの。私自身の未来は、自分で切り開かなければダメだって分かってしまったの。しかも、それを見つけてしまったのよ」

「見つけたって……俺よりも仕事が大事だってこと？　それとも、他に好きな人ができたってこと？」

美穂は、その質問に答えず、その場にしゃがみこんだ。

吾郎も「どっちなんだよ！」と叫んで、一緒になってしゃがみこんだ。

「ごめんね、吾郎、本当にごめん」

美穂は泣きながらも、しっかりとした口調で言った。

「私、あなたより仕事を選んだ……だから、もうこれで、別れましょ」

美穂は、そう言うと、吾郎の顔からヒゲと鼻がついたメガネをはずして、小さく、そして、そっとキスをした。

第4章

売上が上がらないものには、価値がない

——賃料を上げて不動産投資を成功させる方法

ベランダに出ると、そこには、真っ青な海が広がっていた。

心地よい風が頬《ほお》をなで、潮の香りが、美穂《みほ》の身体を優しく包み込んだ。

「んー、気持ちいいー！」

美穂は、両手を大きく広げて、天を仰《あお》いだ。

「鎌倉駅から、徒歩15分の新築マンションの最上階の2LDKです。駅から少し離れていますが、その分、海に近くなるので眺望《ちょうぼう》がよく、夏には花火も見えますよ。マンションのすぐ近くには温泉もありますし、絶対に〝お買い得〟です」

長身の若い不動産会社のセールスマンは、部屋の換気をしながら、美穂に話しかけた。

「そうねぇ、鎌倉駅なら、会社がある品川駅から電車で約40分。で、この都会にはない爽快感《そうかいかん》は、確かに魅力的だわ。しかも、老後に鎌倉に移住するっていうのも悪くないわね」

美穂は数日前、新聞で鎌倉の新築マンションの販売広告の折込チラシを目にした。

不動産投資は賃料収入が安定的であり、リスクが小さい商品と言えます。特に、鎌倉は人口動向も安定的で、空室のリスクはほとんどありません。また、海の見える高級マンションなので、別荘としてもお使いいただけます。ぜひ一度、ご覧になってください。


こんな安っぽいセールス文句にひかれて、週末、不動産会社が主催《しゆさい》する〝物件見学バスツアー〟に参加したのである。

「このマンションは、鎌倉駅と海のちょうど真ん中ぐらいで、駅から歩けるのに、海もよく見えるんです。もちろん、投資用物件として他人に貸し出すこともできますが、ご自分で住んでもいいと思いますよ。お勤めが東京なら、通勤圏内ですからね」

セールスマンの言葉を聞いて、美穂は、胸のあたりがチクリと痛んだ。

別れ話をした日、意外にも吾郎《ごろう》は泣きじゃくって「別れないで欲しい」と、何度も懇願《こんがん》してきた。

しかし、美穂の気持ちは戻らず、朝までふたりで話し合い、結局、吾郎はその日のうちに、荷物をまとめて、美穂の家を出て行ってしまった。

美穂も、数日間は心にぽっかりと穴の空いたような日々を過ごしていたが、ベンチャーキャピタルに提出する資料作成に忙殺《ぼうさつ》されて、愛だの恋だの悩んでいるヒマはなかった。

結局、地方の政令指定都市に出店する事業計画書を作り、1億円をベンチャーキャピタルから出資してもらった。

そのため、出張も多くなり、あっという間に、吾郎と別れてから9ヶ月以上も経ってしまったのだが、洗面所の歯ブラシが1本になったことや、広くなったダブルベッドで眠りについたときに、ふと吾郎のことを思い出してしまうことも少なくなかった。

5年間も一緒に住んでいたのだから、そう簡単に忘れられるはずがないと思いながらも、今さら恋焦《こいこ》がれて、ヨリを戻したい気持ちにもなれなかった。

「引っ越したら、冷静になれるかな」

美穂がそう思ったとき、鎌倉の新築マンションのチラシが目に入ったのである。

不動産会社のセールスマンは、美穂の心境も知らず、さらに話を続けた。

「鎌倉のマンションは、現役を引退したシニア層の夫婦に、大変人気があるんです。これからも、この傾向は変わりませんし、もっと人気が上がると思います。広告にも載っていますが、投資用物件として買ったとしても、空室になって困ることはありませんよ」

「マンションは将来の財産にもなるし、仮に空室になったら、自分で住めばいいんですもんね」

「投資用物件としても、ご自分の住まいとしても利用できるので、買って損をすることはありませんよ」

「ふーん、でも、ちょっと資金の方がなぁ……」

美穂は、やや上目遣《うわめづか》いで笑顔を作りながら、セールスマンの顔を覗き見た。

「このマンションって、『5000万円で販売』とチラシに書いてありましたけど、頭金は、いくらぐらい必要なんですか？」

「1000万円もあれば、十分です。弊社の物件は、地元の銀行から、担保価値があると認められていますので、あとの4000万円は20年ローンで借りることができます。もし、お付き合いのある銀行がなければ、そこをご紹介しましょうか？　ちょうど、今ならキャンペーン期間中なので、3％の固定金利で貸してくれるはずですよ」

1000万円の頭金は、美穂に出せない金額ではなかった。

ずっと、ボロアパートに住んで、これといった趣味もなく、同棲《どうせい》していた吾郎への200万円の貸付と、楽器やチケット、ふたり分の生活費で月20万円ぐらいしか使っていなかった。

しかも、子会社の取締役になったことで、美穂の年収は1000万円に上がっていた。それでも、仕事が忙しくて、浪費する時間すらなく、株へ投資する以外は、すべて銀行に預けるだけ。今ある貯金をすべてかき集めれば、1000万円の頭金は、非現実的な数字ではなかった。

もし、足りなければ、投資している株を一部売却してもいいとまで、考え始めていた。

「1ヶ月間の銀行への返済の金額は、元本と利息を合わせて22万円ぐらいになりますが、この不動産の賃貸収入が月25万円になると想定されますので、全額が賄《まかな》えます。つまり、最初の1000万円だけを用意してもらえれば、そのあ

5000 万円のマンションに投資したときの収益率

	1 年目の利益
1 年間で受け取る賃料（月額 25 万円）	300 万円
管理費、修繕費、固定資産税など	30 万円
純粋な賃料	270 万円
銀行への利息（4000 万円 × 3 %）	120 万円
利益（収益率 15%）	150 万円

15%　＝　150 万円　÷　頭金 1000 万円

図㉗

とのローンの返済は1円も要らずに、このマンションを手に入れることができますよ」

そう言うと、不動産会社のセールスマンは、写真集のようなキレイなパンフレットを美穂の前に差し出した。そこには、このマンションに投資した場合の収益率を計算した紙が、挟まっていた。

「この表図㉗（上図）は、投資した1年目の収益率を簡略的に計算したものです。実際には、借入金の元本を、毎月銀行へ返済していくので、1年目の利息は120万円ではなく、118万円に下がるので、もっと収益率は大きくなります。2年目以降は、借入金の元本が減っているので、利息が下がり、さらに収益率は増えます」

「でも、20年ものローンを組むのはねぇ……今すぐ住むとすれば、月22万の返済になるのかぁ。頭金で預金がゼロになっちゃうし、さらに、そんな金額を毎月支払うのは、ちょっと不安だなぁ」

「それならば、今すぐ住むことにはこだわらずに、最初は投資用物件として考えてみるのはどうでしょうか。つまり、1000万円の頭金で、このマンションが20年後に自分のものになるように〝予約をする〟ということです」

「さっき言っていたとおり、頭金さえ払えば、あとはゼロ円で手に入るってことなのね」

美穂は頭の中で、友人をこのマンションに招待して、ベランダで海を見ながらパーティをする自分の姿を想像していた。

「それに、仕事ができる若い女性が、不動産に投資するのは、最近ブームになっているんですよ。株の投資なんかよりも、ずっと安全ですからね。それでいて、ほら、このチラシのように、年率で最低15％の収益率になるんです。銀行の定期預金の金利1％と比べて、全然、高い数字でしょ」

「ふーん、そんなに不動産の投資って、安全で、儲かるんだ」

株の投資で着実に利益を出している美穂は、話に食いついてみた。

「そりゃそうですよ。株価の動きに比べれば、不動産の価格は安定していま す。例えば、景気が悪くなって商品が売れなくなり、会社が赤字になると、株価は半分になってしまうこともあります。でも、景気が悪くなっても、住む場所は必要ですし、いきなり、マンションの価値が半分になってしまうことはないでしょ。それに、投資用物件として、ずっと他人に貸していたとしても、賃料が半分になることもありません。だからこそ、これほどまで、不動産投資の広告が出回っていて、実際に投資している人も多いんじゃないですか」

それを聞いて、美穂は、〝引っ越しをする〟という気持ちよりも、〝不動産投資は悪くないかも〟と、素直に思うようになっていた。

学生時代に「資産三分法」という話を聞いたことがあった。〝預金〟、〝株〟、〝不動産〟に分けて運用することで、財産を守ることができるという意味だった。

今の自分の財産には、不動産がない。

ポートフォリオ理論で考えても、株の銘柄を分散するだけではなく、不動産にも投資した方が、よりリスクが減る気もする。しかも、15％のリターンならば、ＴＯＰＩＸの2倍以上にもなる。

「どうです？　この部屋、明日もまた見学ツアーが入っていますから、早めに決めないと売れてしまうかもしれませんよ。しかも、ここは最上階で、角部屋ですからね。このマンションの中でも、特に人気がある部屋なんです」

長身のセールスマンはそう言うと、ゆっくりとした手つきで開けた窓を、ひとつひとつ、丁寧に閉め始めた。

その日、美穂は見学ツアーのバスには乗らず、ひとり、鎌倉に泊まることにした。

このまま、東京の家に帰ってもひとりで寂しかったし、せっかく鎌倉まで来たのだから、日ごろの疲れを癒《いや》すために、温泉でゆっくり過ごしてから帰ろうと思っていた。

宿泊先に選んだのは、海に近い、小さな温泉宿だった。

駅前にある旅行案内所で、適当に紹介された温泉宿だったが、清潔感《せいけつかん》のある上品な部屋で、なにより和庭園に作られた海が一望できる露天風呂が、満足度を一気に引き上げた。

夕飯の地魚料理もおいしく、食後に行ったエステルームのオイルマッサージは、申し分ないぐらい気持ちが良かった。

「将来、鎌倉で暮らすのも、悪くないかな」

美穂はそう思い、さらに鎌倉を満喫《まんきつ》しようと、ふらふらと街に繰り出した。

昔に比べて、観光客は減ったと言われている鎌倉だったが、美穂が想像していたイメージよりは、はるかに賑《にぎ》わいがあった。

お土産屋の前では温泉饅頭《まんじゅう》の煙が巻き上がり、小さな路地ではセンスのよい雑貨屋さんが、カワイらしい手作りのキーホルダーを並べていた。

修学旅行の団体さんから老若男女のカップルまで、さまざまな人たちの笑い声が、清閑《せいかん》な古い家並みと心地よく融合している街だった。

そんなとき、路地の曲がり角の向こう側から、子供たちの歓声《かんせい》が聞こえてきた。

「すげぇ、百発百中じゃん！」

美穂が駆け寄ると、そこには小さな射的屋《しやてきや》があった。

「まだ、こんなお店があるんだ」と思いながら、その射的屋の一角で騒いでいる、子供達の集団に近づいた。

「もう1回やってよ！　ロボット！」

ロボット？

美穂が、子供達の人垣《ひとがき》をかき分けると、そこには、浴衣《ゆかた》をはおったロボットの姿があった。しかも、手には射的銃を構えている。

「見てろよ」

ロボットは、銃を片手に構え、「発射！」と叫ぶと、大きなクマのぬいぐるみを見事に打ち抜いて、地面に落とした。

「わぁ、さすがはロボットだよ。じゃあ、今度は、あのDSのゲームを落としてくれよ」

子供のひとりは、そう言いながら、ロボットの手にぶらさがった。

しかし、ロボットは低い声で「あのDSは、このコルク玉では倒れない重さだから、打ってもムダだ」と言って、お店の主人に銃を返した。

「ちっ、商売あがったりだよ」

主人は、わざと聞こえるように言ったが、ロボットは何事もなかったように射的で取った景品を子供達に配り、お店の外に出て行ってしまった。

ハイリターンである不動産投資は、当然、ハイリスク

「また、偶然ですね」

美穂は、ロボットの後ろから声をかけた。

ロボットは振り向くと、しばらく頭の電球を光らせてから、言葉を発した。

「道明《どうみよう》取締役。これは、奇遇《きぐう》だ」

「ロボット社長も、旅行するんですか？」

「あぁ、たまにはオーバーホールしないとね」

美穂は「機械のオーバーホールは、工場だろ」と思ったが、気持ち良さそうに浴衣を着て街を歩くロボットの姿を見て、そんなことは、どうでもよくなった。

「道明取締役は、ひとり旅か？」

「はい、たまたま、この近くの不動産を見に来ていて」

「不動産？　それは、マンションか？」

「はい。投資目的で、新築マンションをひとつぐらい買ってもいいかなぁと思って」

美穂がそう言うと、ロボットの頭の上に赤灯が飛び出してきた。

しかも、今日は屋外ということもあって、けたたましいサイレンの音を鳴らし、赤いランプがクルクルと回り始めた。

「こんな街中で、止めてください！」

「道明取締役！　今、キミはとても危険な投資に手を出そうとしている！」

「分かりました！　分かりましたから、もうサイレンを鳴らすのは止めてください！」

　騒がしい音に、街を歩いている人たちが、ふたりに注目し始めた。

　美穂は「まだ、マンションは買ってませんから！」と叫ぶと、サイレンの音は止まり、赤灯は頭の中に格納《かくのう》された。

　集まった人たちは、「なーんだ、痴話《ちわ》ゲンカか」と言って、また、何事もなかったように、街の中を歩き始めた。

　美穂は、「どこの誰が、ロボットと痴話ゲンカなんかするか！」と叫びたくなったが、今はとにかく、興奮状態になっているロボットの気持ちを静める方が、先決だった。

「道明取締役の投資の知識で、マンションに手を出してはいけない！　絶対に、大損する！」

「了解しました！　でも、なんでそんなに強く否定するんですか？　その理由を教えてください」

「よし。ただ、ここで立ち話をするのも、なんだな……」

ロボットは、首をグルリと1回転させると、「こっちだ！」と叫んで、美穂の手を握って歩き出した。

「ちょ、ちょっと、どこへ行くんですか！」

美穂が、連れて来られた場所は、歩道の脇に作られた観光客向けの小さな足湯だった。

「ここなら、ゆっくり話ができそうですね」

美穂は、そう言うと、２００円の利用料を払い、タオルをもらうと、下駄《げた》を脱いで足湯につま先を入れた。

「あっ、ちょうどいい湯ですよ、そっちはどうですか？」

「熱いか冷たいかの感覚はないが、湯の温度が38度だということは、計測できている」

美穂は、ロボットの足に水温計が内蔵《ないぞう》されている理由が分からなかったが、今は不動産投資について知りたかったので、そちらの質問から始めることにした。

「さっきは、『マンションへの投資は失敗する』と言っていましたが、なぜですか？」

「まずは、今日、見てきた不動産の資料があるだろ。それを見せてくれ」

美穂は、家から持ってきた新聞の折込チラシや、長身のセールスマンからもらったパンフレットなどを、ロボットに手渡した。

ロボットは、それを見ながら、ゆっくりと話し始めた。

「頭金は1000万円で、4000万円を銀行から借りるということだな。それで、このマンションに投資したときのリターンを見たのか？」

「もちろんですよ。不動産は株に比べて価格の変動が激しくないのに、収益率が15％にもなるっていうのは、すごいですよね」

「世の中には、ローリスクでハイリターンな投資は存在しないと教えたことを、覚えていないのか？」

「株への投資では、ローリスクでローリターンか、ハイリスクでハイリターンな商品しかないのは、知っています」

「だったら、不動産でも同じだろ。TOPIXに投資すると6％のリターンなのに、その2倍以上の15％のリターンになるなら、超ハイリスクってことになる。国債の１％の金利と比べて、リスクプレミアムが14％もあるんだぞ」

「でも、不動産は株とは違うから、15％が平均的なリターンなのかもしれないですよ」

「そんなに儲《もう》かるならば、株に投資する人も、銀行に預金する人もいなくなるはずだ」

「ただ、株よりも、不動産の方が、価格変動が小さいことは、確かですよね」

美穂も投資の知識と経験が増えたこともあり、ロボットの意見に反論を続けた。しかし、当然、ロボットも引く気配はない。

「道明取締役が、不動産の価格は変動が小さいと断言できる理由が分からないな。もしかして、不動産の基本的な知識すら持っていないのかな？」

「そんなことないです！　私だって、今回の見学ツアーに申し込んだあと、図書館に行って、ちゃんと勉強してきましたよ！」

「じゃあ、不動産の価格は、どうやって計算されると思う？」

「土地は、毎年、国土交通省が時価として公示地価を、国税庁が相続税や贈与税のときに使用する路線価を発表するんですよね。だいたい、公示地価の80％

が、路線価になります。あとは、市町村で、固定資産税をかけるために、土地と建物の固定資産税評価額を計算して、持ち主に毎年、郵便で送っています。建物の固定資産税評価額は、時価に60%をかけたぐらいの金額と言われています」

「よく知ってるな」

「だから、勉強したって言ったじゃないですか。それに、株の投資を始めてから、新聞もスミズミまで読むようになったんです」

「結局、不動産の価格は、どうやって決まるんだ?」

「ですから、公表されている土地と建物の価格を合算すればいいんですよ」

「なんで、そんなに政府が発表した価格を信用するんだ。自分で投資するんだから、不動産の価格も、自分で計算しなければ、ダメだろ」

「えっ、そんなの無理ですよ」

美穂は、顔を少し引きつらせながら話を続けた。

「私、不動産会社で働いたことがないから、自分で評価なんて、できませんよ」

「不動産会社でなければ、適正な価格を計算できないと思うなら、それこそ、不動産投資は止めた方がいい。不動産会社に騙《だま》されて、高い価格で不動産を売られても、まったく分からないことになるからな。株の投資のときに、プロのコンサルタントの言うことを鵜呑《うの》みにするなと教えただろ。そんなに儲かるならば、不動産会社が自分で投資しているはずだ」

美穂は、ロボットの言葉に一理あると思った。本当に、さっきのマンションに投資して儲かるならば、あの長身のセールスマンが、とっくに自分で買っているはずである。

美穂は、少し冷静さを取り戻した。

「それなら、不動産会社でなくても、政府から公表されているデータを使わなくても、私が自分で、不動産の価格を計算できるってことですか？」

「株価も、会社の将来の当期純利益を自分で予想して計算しただろ」

「じゃあ、その方法を教えてくださいよ！」

「そうだな……では、簡単なところから、この足湯は、いくらで売買されると思う？」

「えっ？　この足湯ですか？　まぁ、建物がないから、土地だけの評価になるんですかね」

「それなら、この横に同じぐらいの大きさの空き地があるだろ？　あれと同じ価格で取引されるってことになるのか？」


ロボットは、足湯の隣にある空き地を指差した。

「そう、なりますね」

「そんなことはないだろ。そこの空き地よりも、こっちの足湯の方が、全然、利用価値が上がっているはずだ。なぜなら、足湯は、お客から利用料を取ることができる」

「確かに、足湯は儲かるから、横の空き地よりも、高い価格で買う人がいますね」

「不動産は、持っているだけでは価値がなく、賃料という売上を稼いで、初めて価値が出る。だから、土地だけで、建物だけで、個別に価格を決定することはできないんだ。両方があって初めて賃料が稼げるとすれば、一体として評価しなければいけない。横の空き地も、建物を作って貸すことができるならば、価値も高くなるが、なにも利用することができないならば、価値はない」

「土地だけでも、駐車場として貸すことができるなら、価値が出るんじゃないですかね？」

「この辺りで、駐車場がないマンションはないから、どれほど需要があるか分からないな。それに、駐車場にする場合でも、整地したり、機械を設置したり、フェンスで囲ったり、初期投資が必要となる。それに、土地はなにもしなくても、固定資産税がかかるから、それを超える賃料を稼いで、初期投資を回収しなければいけなくなるんだ」

「もしかして、不動産の価格って、その賃料から経費を差し引いて計算した利益の現在価値の合計になるんですか？」

ロボットは「正解！」と叫ぶと、美穂を力強く指差した。

「会社も同じで、技術力や特許権を持っていても、それを使って売上を上げられなければ、それには価値がないことになる。人生も同じで、難しい資格やMBAを取っても、それを使って給料を稼げなければ、その価値は低い。逆に、技術力がなくても、稼げる企画力があれば、または、簡単に取れる資格でも使いこなすことができれば、その価値は十分高いことになる。つまり、技術力、資格などに絶対的な価値があるのではなく、その使い方がうまい人にとってだけ、価値があるってことだ」

「じゃあ、〝能力があるのに、仕事ができない〟っていうのは、ウソになりますね。〝仕事ができることが、能力がある〟ってことですものね」

美穂は、そう言いながら、吾郎のことを思い出していた。彼は〝自分には、すばらしい曲を作る能力があるのに、売れない〟と毎日のように言っていた。だが、〝売れている曲が、すばらしい〟とすれば、吾郎には、能力がなかったことになる。

ロボットは構わず話を続けた。

「能力の使い方は、知識と努力によって、うまくなる。プロのピアニストだって、プロの野球選手だって、一流になる前から、誰よりも努力しているはずだろ。だから、〝仕事ができないから、能力はない〟と決めつけてはいけない」

そう言われて、美穂の気持ちは少しだけラクになった。まるで自分の気持ちを察したようなロボットの言葉には、優しさが感じられた。

どんな不動産であっても、簡単な数式で価格を計算できる

「少し話が逸《そ》れてしまったが……とにかく、不動産の価格は、将来、稼ぐことができる賃料から計算した利益の現在価値の合計になることは分かったと思うが、このとき、『キャップレート』で割り引くことになる」

「キャ、キャップレート？　いきなり難しい言葉が出てきましたね」

「株の投資術を教えたときの『期待する株の収益率＝リターン』と同じで、『キャップレート＝期待する不動産の収益率』となる」

「はぁ？　これって、株が銘柄によって、投資家が期待する収益率が違ったように、不動産でも変わってくるんですか？　それなら、平均は、どのくらいなんですか？」

「不動産の場合には、景気、立地、建物の築年数、道路付け、土地の形によって変わってくるが、例えば、都心のマンションなら6％ぐらい、事務所ビルなら8％ぐらい、店舗ビルなら10％ぐらいは必要だろうな」

「店舗ビルって、駅前にある全部のフロアに飲食店が入っているようなビルのことですか？」

「それだけではなく、スーパーマーケット、百貨店、ショッピングモールなんかも含まれる。あと、マンションでも、今回の2LDKのファミリー型ではなく、投資用のワンルームマンションだと、店舗ビルと同じ10％ぐらいは必要になる」

「店舗ビルのキャップレートが10％になるってことは、そこの土地の価格の変動が大きいってことなんですか？」

「だから、不動産の価格は、土地の価格で決まるわけではない。『キャップレート＝期待する不動産の収益率』が大きいということは、『リスク＝期待する不動産の収益率の標準偏差』も大きいってことだろ。もちろん、不動産の収益率は、賃料から計算される」

「賃料が大きく変動する不動産は、リスクが大きいことを意味するから、『リターン＝キャップレート』も大きくなるってことですね。つまり、マンションよりも、事務所ビル、それよりも店舗ビルの方が、〝キャップレート〟を大きく設定しているのは、景気などで賃料が変動したり、空室になったりする『リスク＝キャップレートの標準偏差』も大きいからなんですね」

会社で一番多くの事業計画書を作り、株への投資もやっているだけあって、美穂はすぐにロボットの言っていることが理解できた。

「景気が悪くなれば、飲食店は一気に売上が下がって、撤退することが多い。そうなったら、店舗ビルの賃料を大きく下げないと、空室になってしまう。一方、マンションであれば、景気が悪くなったからといって、賃料が半分になってしまうことはない。つまり、ローリスクであれば、キャップレートが小さくてもよいはずだ」

「キャップレートの意味は分かりましたが、これを使って、不動産の価格を計算できるってことですよね？」

ロボットは、それを聞くと、左腕の電光掲示板に、数式を映し出した。

賃料の総額÷グロスのキャップレート＝不動産の価格
（賃料の総額－経費）÷ネットのキャップレート＝不動産の価格

「『キャップレート』を使って不動産の価格を計算するときには、それが『グロス』なのか、『ネット』なのか、間違えないように、気をつけて欲しい」

「不動産で言う『グロス』というのは、賃料から経費を差し引く前の総額ってことで、『ネット』というのは、賃料から経費を差し引いたあとの純額ってことなんですね」

「これを間違えると、不動産の価格は高いから、大きな誤差になりかねない」

「えーと、さっきの新築マンションの価格を、ネットのキャップレートを使って計算すると……経費って、パンフレット図㉗（275ページ）に載っていた、管理費や銀行の利息のことでいいんですか？」

「ネットのキャップレートを使うときの経費とは、管理費、修繕費、固定資産税など、物件に直接関係するものだけだ。借金をしない人にとっては、利息は関係ないし、銀行によっても、金利は変わってくる。買う側の事情で、不動産の価格が変わってしまうのは、オカシイだろ」

「まぁ、将来、不動産に投資した人が支払う利息が増えたときに、それに連動して、不動産の価格が下がるってことはないですからね。では、経費は30万円を使えばいいんですか？」

「ただ、このパンフレットの経費は、概算の金額でしかない。不動産を買う意思を伝えないと、詳細な経費は教えてくれない。だから、実務では、グロスのキャップレートを使うことが多いんだ。賃料だけならば、周りの相場からも、おおよその予想ができるはずだ」

「さっきの都心のマンションのキャップレートの平均が6％になるって言ったのは、グロスですか、ネットですか？」

「グロスのキャップレートのことだ。これで、もう自分でさっきの鎌倉のマンションの価格を計算できるだろ」

「それならば、賃料の総額が300万円。これを、6％のキャップレートで割ると……5000万円です。ピッタリじゃないですか！　値段を高くふっかけられていたわけではないんですね！」

美穂は、足湯をバシャバシャとさせながら喜んだ。

「でも、ちょっと冷静に考えてみろ。都心と鎌倉で、どちらの方がマンションの価格の変動が大きいと思う？　もし、鎌倉のマンションの価格の変動が大きいならば、リスクが高いことになり、キャップレートも6％よりも大きくしなくてはいけないはずだ」

「鎌倉は人気があるから、都心とそんなに大きく変わらない気がします」

「それは、主観的な意見だな。それにしては、鎌倉は都心に比べて、売買されている物件が少なくないか？　つまり、将来、マンションを売るのが難しいことになる」

「私、このマンションをずっと持っているつもりですから、別に売りやすくなくてもいいですよ」

「人生は、経済的な理由、結婚、海外転勤、転職、病気など、何があるか分からない。今は売る気持ちがなくても、将来のことは誰にも予想できないだろ。

それに、売買されている物件の数が少ないということは、それだけ需要も少ないことを意味する。つまり、借りる人も少ないってことになる」

「鎌倉のマンションは、都心のマンションと比べると、空室になるリスクが大きいってことですね」

美穂は、マンションが何年も空室のまま放置されて、廃《すた》れていく風景を頭の中に描いた。

「それだけではないぞ。このマンションは、駅から徒歩15分もある」

「でも、その分、海の眺望もよくなり、温泉も近くなります」

「それは、不動産会社の営業トークだな。駅前のマンションなら、通勤のことだけを、海に近ければ、眺望のことだけを強調するはずだ。もし、通勤で使う人が、会社で働いて疲れて帰って来たり、雨が降っているときに、駅から離れていたら、どうだ？」

「通勤で使うなら、週5日間は夜遅く帰って来るから、駅に近い方がいいですね」

「それに、夜帰って来ても海は暗くて見えないし、週末に海に遊びに行くだけなら、通勤に便利な鎌倉駅に近い方がいい。それで、もし昼間の眺望がいいことや、温泉が近いことにメリットを感じるとすれば、それは引退した老夫婦に貸すことが前提になるだろ。それならば、現役で稼いでいるわけではないので、それほど高い賃料は望めない。それに、老夫婦ならば、通勤は関係ないから、鎌倉でなくとも、もっと都心から離れた熱海《あたみ》でも、箱根《はこね》でも、軽井沢《かるいざわ》でもいい。つまり、借りる人数は、限られてしまうってことだ」

美穂の想像していた、友人を招待したベランダでのパーティは、ロボットのひと言で、ガラガラと音を立てて崩れ落ちていった。

「……冷静に考えると、駅と海のちょうど真ん中というのは、中途半端で、逆に立地がよくないのかもしれませんね」

「不動産に投資するときには、将来、『買ってくれる人』のことを想像しなくてはいけないんだ。買いたい人が多ければ、借りて住みたい人も多いってことになる」

「うーん、そう考えると、この2LDKの鎌倉のマンションは投資しない方がいいかもしれません。同じ金額で投資するならば、都心のマンションの方が、リスクは低そうですね。でも、それほど投資用物件には適していないのに、今回の不動産会社は、投資したときのシミュレーションまで作っているなんて、手際がよいですよね」

「多分、投資用物件として販売しているのは、売れ行きがよくないからじゃないのかな。そう考えるとやはり、このマンションのキャップレートは6%では低すぎるから、最低でも1%は上げないといけない」

「えっ、たったの1%でいいんですか？　これって、都心のリターンに上乗せされる鎌倉のリスクプレミアムってことですよね？」

「投資するときに、リターンが1%も違うということは、実はすごい大きな差になるんだ」

「そうですか？　えーっと、1%を上乗せすると、キャップレートが7%になるから、価格は4280万円と計算……あっ、14%も不動産の価格が下がるってことなんですね！」

「今まで、ホリデイ産業は8%、革カバンの事業は10%を投資家に還元すべきリターンと言ってきたが、この2%の差は、すごく大きいってことなんだ」

ロボットの言葉に納得しながらも、美穂は、今までのデータを思い出していた。

「このマンションで、5000万円は高い……やっぱり、そうでしたか」

「やっぱり？」

「私、この見学ツアーに来る前に、ちょっと勉強したと言いましたけど、鎌倉の中古マンションのデータも集めて、分析したんです。そうしたら、マンションの広さから考えると、いくら新しいといっても、ちょっと高すぎるかなと思ったんです。それを不動産会社のセールスマンに聞いたら、新築だからと言っていました」

「そうだな。新築だと、中古よりも、価格が高くなる」

「なぜですか？」

「不動産会社の売上から売上原価を差し引いた『粗利益』が、マンションの販売価格に含まれているからだ」

ロボットはそう言うと、腹からカタカタと用紙（図28）（３０１ページ）をプリントアウトした。

「例えば、今、土地を４億円で買って、その上に１００戸のマンションを６億円で建てたとする」

「１戸あたり、１０００万円の原価になりますね」

「マンションの『粗利益率＝粗利益÷売上』は２０％と言われているので、１戸当たりの販売価格は１２５０万円になる。それで、売れ行きがよくて、80％が完売して、20％が在庫として残ったとする」

「商品の８割が、値引きせずに売れたってことですよね？　順調じゃないですか。80戸が売れたとすると、売上が10億円になるので……投資した10億円を回収できたってことですね」

「いや、回収できていない。今日、案内してくれたようなセールスマンの人件費とパンフレットや見学ツアーなどの広告宣伝費の支払いがあるし、10億円は銀行から借りてくるから、利息も支払わなくてはいけない。それに、80戸を売ったことで、粗利益が２億円になり、これらの経費を差し引いたとしても決算書の税引き前の利益は黒字になるから、法人税もかかってしまう」

「まぁ、どれほど在庫があったとしても、経費にはならないですからね。うちの会社でも、革カバンの売れ行きが悪くて、在庫がドンドン積み上がっているお店なのに、決算書では黒字ってことがありますね」

「結局、この不動産会社は、最低95戸を売らなければ、キャッシュフローはマイナスになってしまうんだ」

「１００戸のうち、たったの６戸が売れ残っただけで、この投資は失敗したこ

不動産会社のキャッシュフロー

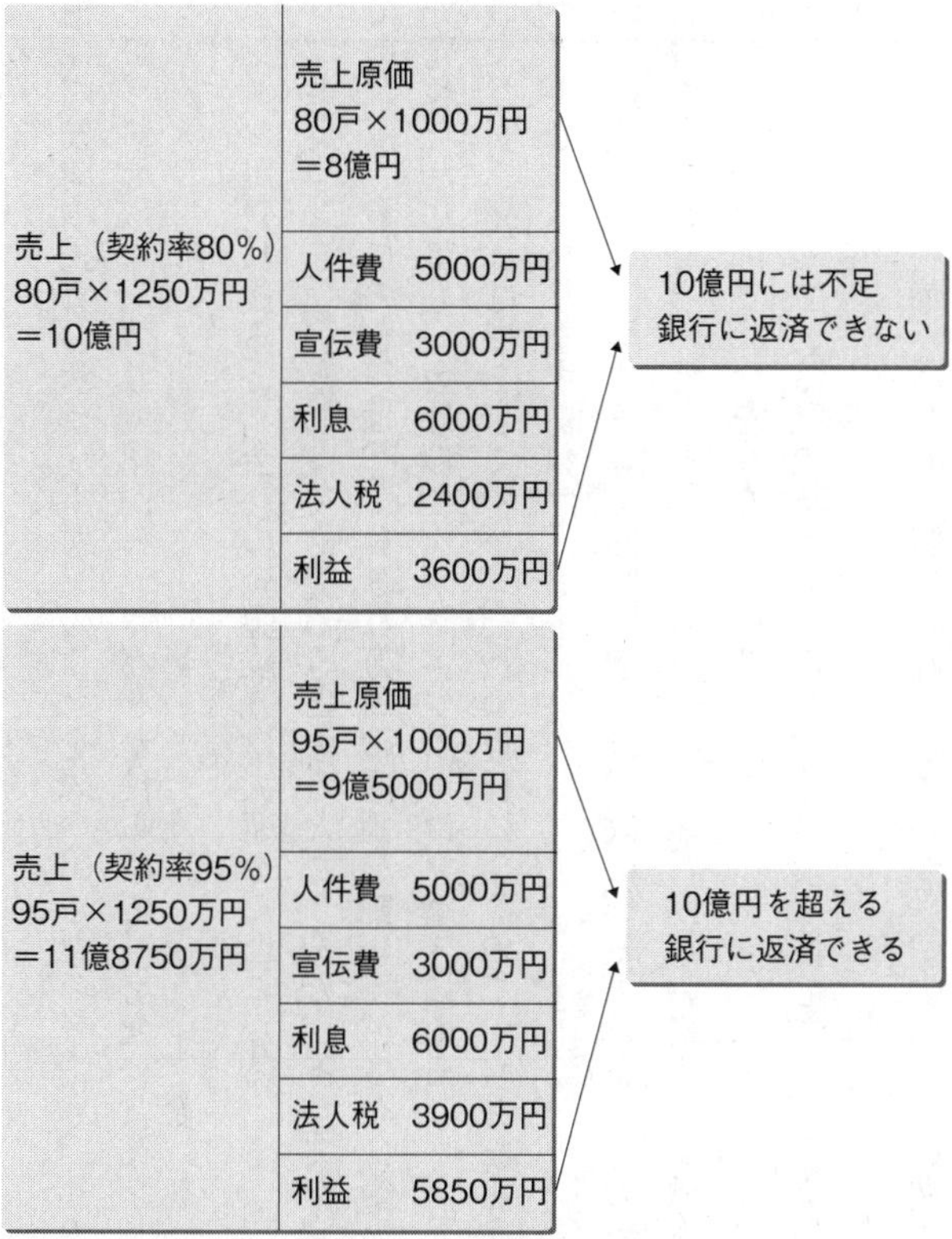
売上（契約率80%）
80戸×1250万円
＝10億円
売上原価
80戸×1000万円
＝8億円
人件費　5000万円
宣伝費　3000万円
利息　6000万円
法人税　2400万円
利益　3600万円
10億円には不足
銀行に返済できない
売上（契約率95%）
95戸×1250万円
＝11億8750万円
売上原価
95戸×1000万円
＝9億5000万円
人件費　5000万円
宣伝費　3000万円
利息　6000万円
法人税　3900万円
利益　5850万円
10億円を超える
銀行に返済できる

図㉘

とになるんですね」

美穂は、昼間の長身のサラリーマンのことを思い出した。表情も口調も冷静だったが、おそらく、彼は上司からハッパをかけられて、必死に営業をしていたに違いない。

「マンションが売れ残ると、会社の資金繰りは大変なことになる。そこで、最後は、マンションを値引きしてでも売ろうとするんだ。ただ、95戸まで定価で売れていれば、最後の5戸は、1000万円の原価を割って、さらに安い販売価格で売ったとしても、会社のキャッシュフローはプラスになる」

「原価より安く売れば損をしますが、それは経費になるので、ムダな法人税を支払う必要もなくなりますよね」

「それだけではない。早く資金を回収できれば、次に作るマンションの土地を仕入れるお金としても、使うことができるだろ。銀行からの借入金を減らせれば、それだけ利息の支払いを少なくできる」

「これって、今やっている私の革カバンのビジネスでも同じことが言えるんですか？」

「同じだよ。ただ、革カバンの1個の原価は小さいから、少しぐらい在庫があっても、すぐに資金繰りが悪くなるわけではない」

「どんなビジネスであっても、大量の在庫を抱えれば、利益はプラスになったとしても、キャッシュフローはマイナスになるってことなんですね。しかも、在庫としてお金が寝てしまえば、新しい商品に投資することもできませんね」

「特に、不動産は商品1戸の原価が高いから、売れなければ、キャッシュフローは大きくマイナスになってしまう。つまり、新築マンションの販売は、ハイリスクなビジネスなんだ。だからこそ、大きな『粗利益』を原価に上乗せして、ハイリターンにしている」

「私が検討していたマンションは販売価格が5000万円だから、粗利益率が20%とすれば、1000万円が不動産会社の粗利益になりますね。それならば、中古マンションには、この粗利益が原価に上乗せされていないってことですか？」

「不動産会社としては、中古マンションを所有しているわけではなく、仲介して売買価格の3%を手数料としてもらうだけだ。売れずに在庫となって、不動産会社のキャッシュフローを大きくマイナスにするリスクがないから、粗利益を上乗せする必要がない」

「ということは、新築マンションを買う人は、損するってことですか?」

「自分で住むなら、新築がいい人も多いから、自宅としての需要はある。ただ、新築の不動産を投資用として買うことは、中古として売り出されることがない都心の一等地以外の場所では、お勧めできない」

美穂は、ロボットにそう言われて、ひとつのアイデアを思いついた。

「分かりました。それならば、このマンションをキャップレート7%で計算した4280万円で買えれば、私は損をしないってことですね。明日、セールスマンに、値引きの交渉の電話をしてみます。マンションの原価が4000万円であれば、不動産会社の粗利益は280万円の黒字になります。売れないで在庫として残っているよりも、全然、いいですよね」

美穂が、そう言うと、ロボットの頭の上に赤灯が飛び出してきた。

「ちょっと、止めてください!」

「不動産の価格を計算できるようになっただけで、投資で成功できるわけがないだろ」

「私の結論が早かったってことですよね! ウソです、今のはウソです!」

これだけは、不動産に投資する前に知っておくべき

ロボットは赤灯をしまって、左腕の電光掲示板に3つの項目を映し出し、ピカピカと点滅させた。

〈不動産投資のポイント〉
①不動産の投資では、税金を無視することができない
②不動産のリスクは、それ自体だけではなく、仕組みにもある
③不動産には、リターンに見合わない固有リスクがある

「これは、なんですか？」

「不動産に投資する前に、最低限でも知っておくべきことだ。まずひとつ目は、投資家は自分が払う税金も考えて、リターンを計算すべきということだ」

「えーっと、革カバンの事業計画書では、営業利益に対して40％の法人税がかかりましたよね？　それと同じでいいんですか？」

「今回は、道明取締役が個人で投資するから、所得税を考えなくてはいけない」

	1年目の利益
1年間で受け取る賃料（月額25万円）	300万円
管理費、修繕費、固定資産税など	30万円
純粋な賃料	270万円
銀行への利息（4000万円×3％）	120万円
利益（収益率15％）	150万円
減価償却費	66万円
不動産の所得	84万円
税金（所得税23％＋住民税10％＝33％）	28万円
手残り金額（収益率12.2％）	122万円

図㉙

ロボットは、それを聞くと、親指のキャップを外して、さっきの不動産会社のパンフレット図㉗（275ページ）に、鉛筆で数字を書き足した図㉙（上図）。

「減価償却費は、建物の金額を3000万円として計算している。それで、税金は28万円になるから、実際の手残り金額から計算したリターンは低くなるだろ」

「……所得税の税率って、33％にもなるんですね」

「所得税は累進課税だから、投資家の所得の大きさに比例して、税率が高くなるんだ。道明取締役の年収は1000万円だから、住民税と合わせて33％で計算した。もともと、5000万円の不動産に投資するために、1000万円の頭金を

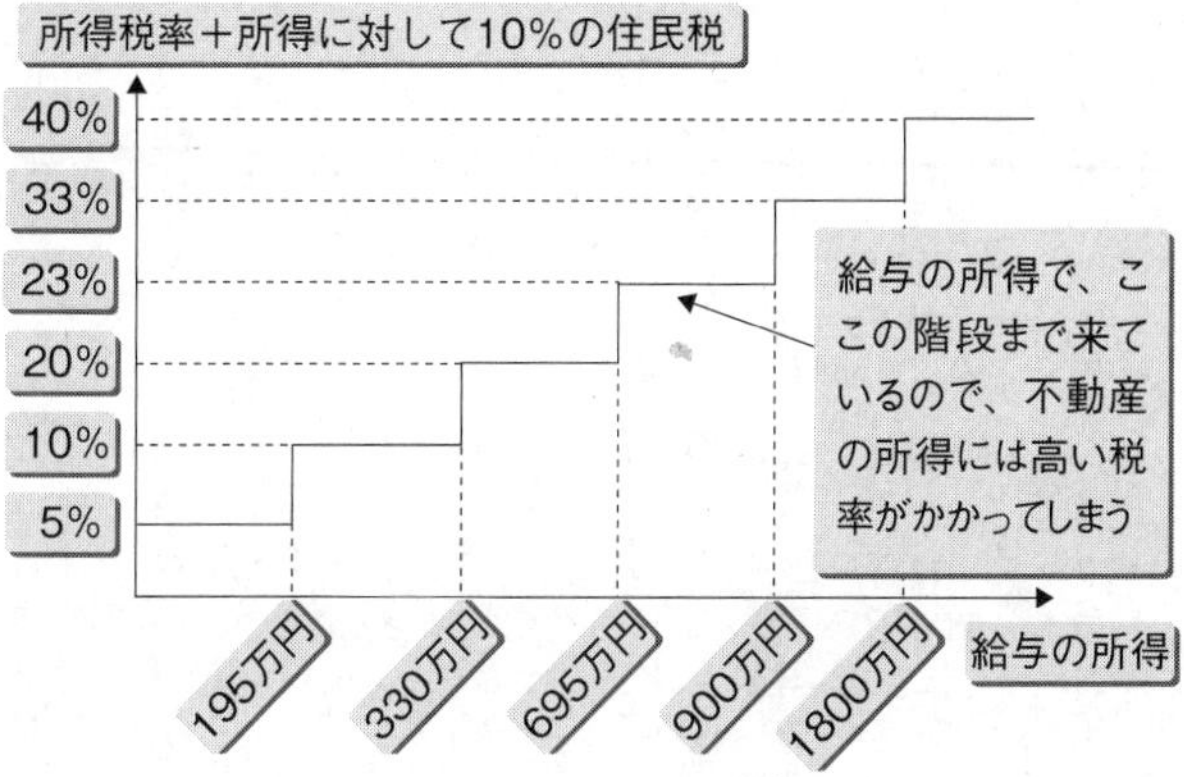

図㉚

貯めることができる人は、それなりに所得が高いはずだろ。だから、最低でも33%の税率にはなると考えた方がいい」

ロボットは、そう言うと、腹から新しい紙図㉚（上図）をプリントアウトして、美穂に差し出した。

「この図でいう『給与の所得』とは、年収のことではない。年収から、社会保険料や経費を差し引いたあとの金額を所得と呼ぶんだ。この収益率を計算している表図㉙（前ページ）でも、賃料から経費や減価償却費を差し引いて、『不動産の所得』を計算しているだろ」

「すみません、年収から、健康保険料や年金などの社会保険料を差し引くのは分かりますが、サラリーマンに、経費なんですよ」

「概算経費と言って、税務署が勝手に決めた数式があるんだ。サラリーマンでも、自宅で仕事用にパソコンを買ったり、自分への投資でセミナーに参加したり、経費がかかる。それを、いちいち申告されると大変だし、本当に仕事で必要なものなのか判断ができないから、数式で一律に決めているんだ。それで、『給与の所得＝年収－社会保険料－概算経費』となる」

「私の1000万円の年収から計算した『給与の所得』は、695万円超で900万円以下の範囲になるってことですね」

「それに、『不動産の所得』が合算されることになる」

「その所得全体に、23％の税率がかかるってことですか？」

「いや、695万円超の所得があったとしても、195万円までは5％、330万円までは10％と、段階的にかかるんだ。ただ、『不動産の所得』は、『給与の所得』に上乗せされるから、所得税は23％で増えていくことになる。これに、10％の住民税がプラスされて、合計は33％になるんだ」

「もし、私がこのマンションに投資したら、今年は28万円の税金が増えるってことなんですね。それで来年、年収の金額が変われば、安くなるかもしれないし、高くなるかもしれない……税金って複雑なんですね。これでよく分かりましたよ」

「おいおい、税金の話は、まだ終わっていないぞ。さらに、不動産は、買うときに登録免許税と不動産取得税という税金がかかってしまうんだ」

「えっ？　所得税とは、別にかかるんですか？」

「もちろんだ。個人で買っても、会社で買っても、固定資産税評価額をもとに計算される。今は、このマンションの固定資産税評価額が分からないが、だいたい、売買金額の３％ぐらいになる。それは頭金とは別に用意しなければいけないから、さらに収益率は下がることになる」

「うーん、不動産って、いろいろな税金がかかるんですね」

「次の２つ目は、『不動産のリスクは、それ自体だけではなく、仕組みにもある』ということを知って欲しい」

「どういう意味ですか？」

「不動産は、借入金を使って投資することが多い。つまり、レバレッジを使っているってことだ」

「自分の貯金で、5000万円を用意することは無理ですからね。そこで、借入金をうまく使えば、時間を買うことになるんでしたよね」

「だが、会社でも、借入金が増えすぎると、『倒産のコスト』が大きくなっただろ。それは、不動産投資でも同じだ。5000万円の自己資金で、『純粋な賃料』が270万円だったら、5・4％のリターンにしかならないが、4000万円を借りて利息を支払ったあとのリターンは、15％にも跳ね上がっている（275ページ）だろ。つまり、ハイリターンになっているのは、レバレッジを使って自己資金を1000万円に抑えたことで、ハイリスクな投資にしたからなんだ」

「でも、銀行の金利は、不動産の価格には影響しないんでしたよね。だったら、借入金を使ってもいいんじゃないですか？」

ロボットは、それを聞くと、腹から新しい紙図㉛（次ページ）をカタカタと、プリントアウトした。

「今、鎌倉のマンションを5000万円で買ったとして、数年後、そのマンションの価格が1割下がって4500万円になったとする。数年では借入金の元本は、それほど減っていないから、ここでは一定とすれば、頭金が50％も損し

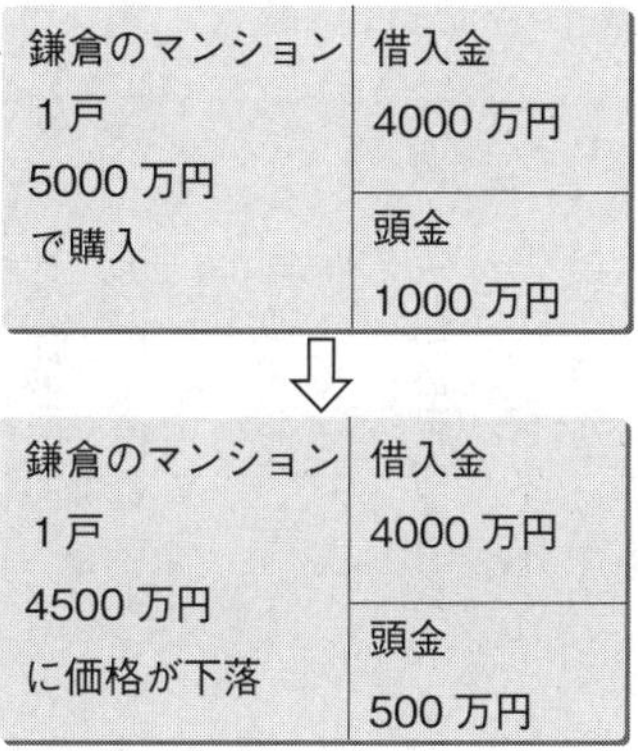

図㉛

てしまうのと同じことになるんだ（上図）」

「ホント……ですね。でも、不動産の価格が1割も下がるって、どんな場合ですか？」

「さっき言ったはずだ。賃料をキャップレートで割って、不動産の価格を計算しただろ。だから、賃料が1割下がっただけで、マンションの価格も1割下がるってことだ」

「それだと、今日のセールスマンは、『賃料は月25万円になると想定されます』と言っていたけど、それが月22万5千円になるだけで、マンションの価値が1割下がって、頭金が半分に減るってことですね」

「この頭金は、会社でいう資本金に当たるんだ」

美穂は、資本金に出資するベンチャーキャピタルは、ハイリスクでハイリターンを狙っていたことを思い出した。

「このように、借入金を使って不動産に投資すると、レバレッジの仕組みのリスクも負うことになるんだ」

美穂は、だんだん投資しようと悩んでいたことが、バカバカしく思えてきた。

「最後の3つ目の『不動産には、リターンに見合わない固有リスクがある』っていうのは、どういう意味ですか?」

「株は投資する銘柄を増やして、ポートフォリオを組むことで、固有リスクを小さくできた。ところが、鎌倉のマンションをひとつだけ買うならば、不動産の固有リスクは小さくできない。例えば、箱根のように、競合の地域の人気が出てきて、鎌倉が不人気になってしまう可能性だってある。さらに1部屋だと、そこが空室になると、賃料がゼロになってしまうリスクもある」

「固有リスクはどれほど大きくても、リターンを生まないってことですね」

「あと、株は証券市場で売買できるが、不動産は売買するのに時間がかかるというリスクもあるぞ」

「不動産の価格は高くて、買う人が慎重に意思決定するから、時間がかかるんですね」

「それは違う。株であっても、ひとつの銘柄に1億円を投資することもできるから、価格が高いことだけが、時間がかかる原因ではない。不動産は、ひとつひとつの個別性が強すぎるんだ。同じ地域にあっても、隣同士であっても、土地の形、建物の材料、道路付け、周りの環境など、すべてが価格に影響を与えてしまう」

「まぁ、ちょっとした日の当たり方だけでも、価格が変わりますからね」

「株であれば、会社の業種や決算書を見て判断できる。それに社長に会わなければ、投資できないというものでもない。一方、不動産は、内装や間取りまで、すべてチェックしなければ、投資できない。自分の投資した不動産だけが、その地域で、不人気になる可能性もあるので、これも固有リスクとして考えなくてはいけないんだ」

「今回も外観の写真と2LDKの間取りが新聞の折込チラシに載っていましたが、実際に見てみると、外壁も内装も、都心の2LDKのマンションとは、まったく違っていましたね」

「そのため、不動産の価格が下がっているときに、すぐに売れないというリスクが発生してしまう。しかも、道明取締役個人の固有リスクもある」

「私の固有リスク？」

「頭金として用意する1000万円は、道明取締役の株に投資したお金以外の全財産じゃないのかな？」

「よ、よく分かりましたね」

「道明取締役の社会人になってからの年数と年収から、簡単に予想できる。それよりも、1000万円が全財産であれば、リターンを生まない固有リスクが大きすぎるから、もともと、投資すべきではない。例えば、1000万円を投資して1ヶ月後に、20％の確率で1000万円を損するが、80％の確率で2000万円に増えるというギャンブルがあるとする。これに何度も投資してもよいならば、絶対に儲かるはずだ。しかし、1000万円しかない人が、最初の1ヶ月で、1000万円の損をすれば、次に投資できるお金がなくなり、終わってしまう。つまり、1億円ぐらいある人しか、このギャンブルをやるべきではないんだ」

「確かに、投資したマンションの価格が2割下がって、頭金の1000万円がゼロ円になってしまうと言われたら、パニックになるかもしれないです。しかも、賃料が下がれば、銀行への返済も苦しくなるってことですよね」

「投資というのは、銀行の預金とは違ってリスクがあるんだから、余裕を持ってやるべきなんだ。賃料が下がり、それに耐えられなくなってから、不動産を売ってしまうと、税金まで損をしてしまう」

「税金って、さっきの所得税ですよね？」

「そうだ。不動産を売却するときに安く売って、損が発生しても税金は戻ってこない」

「なぜですか？」

「毎年の『不動産の所得』は、『給与の所得』に合算されて税金を払っていても、最後に投資用物件を売却したときの利益や損は、『給与の所得』に合算されないからだよ」

「そうすると、毎年、利益が出ていたときには、28万円の所得税を支払っていたけど、投資用物件を売却したときに損をしても、税務署は1円も補填《ほてん》してくれないってことなんですね」

世の中に、割安で買える不動産はない

美穂の頭の中は、すっかり冷めていた。そのせいか、足湯に突っ込んでいる足が、異常なくらいポカポカと感じていた。

「最初に、〝今の私の知識では、不動産投資に失敗する〟と言っていた意味が分かってきましたよ」

美穂は、足湯をちゃぽちゃぽと引っかき回しながら、しおらしく言った。

頭の電球を光らせながら、無言のまま座っているロボットを横目に、美穂が言葉を続けた。

「結論としては、もっとよく探して、割安な不動産に投資しなければいけないってことですね。そうすれば、1000万円の頭金を減らすことができて、リターンも上がるし、売却するときに損が発生するリスクも小さくなります。賃料で借入金を返済しても、なおかつ十分に余裕があれば、売り急ぐこともなくなりますしね。それで、さらに2つ目の不動産に投資すれば、固有リスクも小さくできますよね」

「ハズレ」

「えっ？　今、なんて言いました？」

「聞こえなかったのか？　ならばもう一度言ってやる。『ハ・ズ・レ』」

「今の意見のどこがハズレなんですか！」

美穂は、ロボットに足で湯を引っかけたが、ロボットは無表情のまま話を続けた。

「不動産も株と同じで、市場はかなり効率的になっている。特に、インターネットによって、不動産の価格が公表されるようになってから、そんな割安で買える情報はないと言ってもいい」

「でも、よく不動産会社の人たちは、市場の価格よりもかなり安い、掘り出し物件があるって言いますよ」

「それならば、なぜ、上場している不動産会社が、あれほど倒産するんだ。マンションのデベロッパーだけではなく、不動産の転売を専門にしている上場会社ですら、倒産しているだろ。そんなに安く不動産が買えるならば、儲かり続けるはずだ」

美穂は、そう言われて、しばらく考え込んだ。

「……市場が効率的ということは、つまりプロでも、アマでも、ほとんど差がないってことですか？」

「それは、市場には、理由もなく安く買える不動産はないということでもある」

「……でも、ひとつだけ質問してもいいですか？　今までの話を聞いていると、不動産投資にはリスクばかりで、メリットがありません。なのに、なぜ、不動産投資をしている人が、これほど多いんでしょうか？　実際に不動産に投資して、儲かったという人もいますよね？」

「不動産投資には、株と比べて、ひとつだけ大きなメリットがあるんだ」

「メリット？　それは、なんですか？」

「自分の努力で、不動産の価格自体を上げることができるってことだ」

「不動産の価格を、ですか？」

「株の場合には、議決権があったとしても、自分が投資している上場会社の経営を変えるほどの株数を買うことはできないし、そもそも多数決になる。それに、その会社の商品を個人で大量に買ったとしても、それが株価に反映することは、ほとんどない。一方、不動産は、所有者が自分だけであり、その賃料、つまり売上を決定することができるだろ」

「賃料を上げることができるならば、不動産の価格は上がるってことですね」

「もし、不動産の価格を上げることができれば、安く買うことができたことになるから、リスクは格段に下がる」

「賃料を上げる努力ですか……鎌倉のマンションだと、できそうもないですね」

「まぁ、新築だからな。もともと、マンション１室では、他の住民もいるし、自分だけでは難しいことも多い。それならば、中古のマンションやアパートを１棟買って修繕する方が、賃料を上げやすい。郊外であれば、５０００万円で１棟のアパートを買うこともできる」

「１棟ならば、自分の意思決定だけで、何でもできますからね」

「それに、１棟であれば、地域をバラバラにするほどのポートフォリオの効果はないが、すべての部屋が空室になるリスクはほとんどない。しかも、不動産を改良できるならば、その地域に合わない、自分の物件だけが人気がないというリスクも減らせる」

「でも、私はデザイナーでもないし、そんな簡単に賃料を上げる修繕の知識なんて持っていないですよ」

「大規模な修繕をすべき不動産もあるが、普通は、そんな難しい知識はいらない。汚かった古いアパートを買ってきて、外壁を塗《ぬ》り直して、キッチンやトイレを入れ替えるだけでも、全然、違う。毎日、自分でアパートまで足を運び、周りの草を刈ったり、玄関を掃除することでも、借りる人の印象が変わってくる。住む環境がよければ、少しぐらい高い賃料でもいいと思うはずだ。たった5％の賃料が上がっただけでも、不動産の価格は上がるんだからな」

「今、私が住んでいるボロアパートは、家賃が月10万円ですが……5％のアップっていうと月5000円ってことですか？　自分の立場になって考えると、住環境がよいアパートなら、あと5000円ぐらい高くても、借りますね」

「賃料が月5000円も上がれば、年間で6万円にもなる。アパートの築年数にもよるが、マンションよりはキャップレートが高くなるから、ここでは10％と想定しよう。そうすると、不動産の価格は、1部屋60万円も上がることになる。そのアパートは何部屋あるんだ？」

「えーっと、10部屋です。となると、不動産の価格は600万円も上がるんですね。もし、1000万円の頭金で投資していれば、1・6倍にもなるってことですね」

「そのために、自分で不動産を点検して、周りの物件よりも、少しぐらい高い賃料を支払ってもいいと思わせるように、借りる人の感情を刺激する『こだわり』を作っていくことが必要になる」

「『こだわり』ですか？」

「道明取締役は、今日の鎌倉の新築マンションを見て、すぐに買う意思決定はしなかった。本当によければ、私に会う前に、契約していたはずだ。なぜ、そうしなかった？」

美穂はもう一度、自分がマンションを訪れたときの状況を思い出してみた。

「建物の外壁はキレイな白で、内装もモダンでよかったし、立地もあのときは悪くないと思ったんですが……〝このマンションだ！〟という強いひと押しが、なかったんですよね」

「食べるもの、着るものは、そんなに高いものでもないし、失敗しても、何回もやり直しがきく。でも、住むところは価格が高いから、やり直しは難しい。つまり、不動産は、飲食や洋服とは違って、『スイッチングコスト』が大きいってことなんだ」

「『スイッチングコスト』って、なんですか？」

「乗り換えるときに負担するコストという意味だ」

「マンションは借りて住んでしまうと、違う物件に移ることは面倒ってことですね。実際、引越しには、費用も時間もかかりますしね」

「だからこそ、不動産は『こだわり』で、相手の感情をひと押ししないと、決めてくれないんだ。他の物件からスイッチさせるためには、相当の努力が必要になる。ただ、一度、変わってしまえば、逆に、出て行かないことにもなる」

「よくマンションの賃貸物件で保証金や礼金がゼロ円とか、事務所ビルならば3ヶ月間だけ賃料ゼロ円とかのキャンペーンをやっていますね。それって、スイッチするコストを下げていたんですね」

「それ以外にも、化粧品の試供品を無料で配ったり、一定の金額以上の買い物をすると、駐車場を無料にしたりするのも同じ戦略になる」

「そうそう、その駐車場がタダになるってやつ、ショッピングモールでもよくありますが、みんな一定の金額以上を買うから、すごく混むんですよね。でも、一定の金額って、そんなに高くないですよ。それで、駐車場のコストが回収できているんですかね？」

「無料のお客を多くして、わざと混むようにしているんだ。そうすれば、もう一度、他のお店で買い物をして、戻ってくるのは面倒になるから、その場所でまとめて買ってしまう。十分に、駐車場のコストは、回収できているはずだ」

「今回の見学ツアーも、鎌倉まで連れて来てくれて、無料でした。昔から、タダより高いものはないって言いますね」

「とにかく、住む人が決まれば、売上は安定する。ただ、住んでもらうために、賃料を下げることで、スイッチングコストを小さくしようとすると、不動産の価格も下がってしまう。だから、賃料を上げても、住んでもらえる『こだわり』を作るしかないんだ」

「それって、会社の事業でいうと、『商品の販売価格を上げる努力が必要』ってことと同じですね。半年前に、ロボット社長から、革カバンの販売価格を値上げすると提案されたときには、驚きました。最初は、売れ行きが心配で夜も眠れませんでしたが、結果は売上も利益も上がりました。それによって、『集中戦略』から『差別化戦略』に、うまく移行できたんでした」

「単純に、販売価格を下げるだけで、商品の売れ行きがよくなるわけではない。コストを削減したなど、その商品が安い理由にお客が納得する必要があるんだ。例えば、スーパーで、メロンが2倍の価格で売られていたら、おいしいはずだと思って買う人がいるだろ。本当は、季節から外れていたり、不作だという理由だけだったりするかもしれない。いつでも、最も安い商品だけを買うという人は少ない。『安いものは、それなりの品質』という考え方があるからだ」

「デザインも、品質もよい革カバンが、安く売られていたら、『訳あり商品』かもしれないと勘ぐりますからね。化粧品でも、あまりに安いものは使いませんね。逆に、高い化粧品の方が効果は高いはずだって、勝手に思い込んでいるのも確かです」

「不動産の投資も事業だから同じってことだ。理由もなく賃料を安くしたら、逆に、警戒されてしまう」

「それならば、『こだわり』を作って、賃料を高くした方が、それに納得して借りてくれる人が増えるってことなんですね」

「そうだ。ただし、その『こだわり』は、自分の主観で作ってはいけない。自分がよいと思うもの、自分が住みたいと思うものではなく、他人がこれなら住んでみたい、高い賃料でもいいと思わせる『こだわり』を考えなくてはいけないんだ。不動産は、都心、駅からの距離、寒い地域、海が近い地域など、周りの環境によって、住む人の考え方が大きく変わってくる。それも分からずに不動産に投資しても、損をするだけだ。で、今の道明取締役には、その賃料を上げるための知識がないだろ？」

「正直、今は会社の仕事も忙しいので、そんな情報を集めている時間はないですね……でも、不動産投資をする人達は、そんなことまで、理解しているんですかね？」

「当たり前だ。不動産投資は、借入金でレバレッジをかけるのが普通だから、ハイリスクではあるが、ハイリターンでもある。つまり、賃料を上げることができれば、すごいリターンが期待できる。一生懸命やる価値があるってことだ」

「それだけ、時間をかけても、見返りがあるってことなんですね。そう考えると、不動産に投資する人は、ハイリスクな投資であることも覚悟しているってことですね。それで、賃料を上げる『こだわり』を日夜、考えているんだ」

美穂は、不動産投資をする人達に対して、成金イメージを持っていたが、少し考え直さなくてはいけないと思った。

「さらに、不動産への投資で成功するためには、詳細な事業計画書も作成しなければいけない。つまり、毎年の賃料や経費を一定と仮定せずに、キャッシュフローを計算するんだ」

ロボットは、そう言うと、左腕の電光掲示板に、数式を映し出した。

正味現在価値＝将来のキャッシュフローの現在価値の合計－不動産への投資金額

「キャッシュフローとは、さっきの表[図㉙]（306ページ）でいうと『手残り金額』のことで、まずは10年ぐらいで予想する。もちろん、投資したときに修繕費を使うことで賃料が上がったり、周りの環境の変化によって大きく賃料が変動している地域であれば、それらも考慮に入れなくてはいけない。また、不動産によっては、大規模な修繕が必要になる場合もある」

「ローンの返済期限って、10年よりも長いですよね？　それは、どうなるんですか？」

「10年以上先までの賃料や経費を詳細には見積もれないから、10年後の『純粋な賃料』をネットのキャッシュプレートで割って、その時点での不動産の販売価格を計算するんだ」

「10年後のキャップレート、ですか？」

「建物も古くなるし、不確実性も高くなっているから、今のキャップレートよりは大きくなるはずだ。最後に、毎年のキャッシュフローと10年後の販売価格を現時点に割り引いて合計すると、現在価値になる」

「それで、正味現在価値がプラスになれば、ローンも問題なく返済できるし、投資すべきだってことになるんですね……うーん、でも本当に、アマチュアの人がここまでやっているんですかね？　修繕費の見積もりなんて、不可能な気がするんですが」

「不動産投資は、アマチュアだけで競争をしているわけではない。プロの不動産会社も競争相手になる。彼らは、本業でやっているんだから、修繕費も正確に見積もって、事業計画書を作って投資している。そこまでやっても倒産するんだから、みんなが詳細なシミュレーションを行うのは、当たり前だろ。それが、無理なら、不動産投資は止めた方がいい」

美穂は、吾郎のことで不安定な気持ちのまま、この鎌倉のマンションをむやみに買おうとしていた自分に、怖くなった。そして、ここでようやく、美穂は自分が中途半端な気持ちで不動産投資をやろうとしていたことに気がついた。

「今回のマンションへの投資は、自分だけの主観で、しかも、とてもいい加減な気持ちで意思決定しようとしていました」

「道明取締役が、男性用の革カバンの事業で成功したのは、そのデザインやマーケティングの『こだわり』を、お客の目線で判断できたことが、大きな勝因のひとつだと私は思っている。これがもし、自分の主観の入った『こだわり』の女性用のバッグを売っていたとしたら、単なる『自分の欲しいもの』、『自分の作りたいもの』、『自分が売っていてカッコいいもの』が優先されて、お客が欲しい商品とズレてしまい、失敗していたかもしれない」

「『こだわり』と言っても、自分が他人から認められたいという自己実現のための『こだわり』と、お客を満足させるために何ができるのかという『こだわり』の2種類があるんですね。そして、後者の『こだわり』が、不動産への投資で成功するための『戦略』ってことになるんですね」

美穂は、そう言いながら、吾郎の作る歌を思い出した。

吾郎は、自分の『こだわり』だけで歌詞を作り、それを曲にして歌い続けている。

しかし、それが売れていないということは、市場で『売れる歌』のニーズとは大きくズレている証拠でもある。このまま吾郎が、自分の『こだわり』を貫《つらぬ》き通していたら、メジャーデビューへの道は不可能に近いのかもしれない。

美穂は自分の浅はかさと、吾郎のことを思い出してしまったこともあり、さらに気持ちがどんよりと暗くなった。

「どうだ、まだ、マンションに投資したい気持ちが残っているのか？」

ロボットが足湯から足を出して、首から下げたタオルで拭《ふ》き始めた。

「もうすっかり冷めましたよ。他人が、不動産投資で成功しているという根拠のない話を、なんとなく信じることは危険だと思いました。〝戦略なき投資は、失敗する〟という大事なことを、忘れていました」

「すべての投資にはリスクがあり、それを覚悟してリターンを得るためには、『戦略』を練ることが必要なんだ。まぁ、それが分かればよろしい。では来週、会社で」

そう言うと、まだ足を浸《つ》けている美穂を置いて、ロボットは足湯から立ち去ろうとした。

「あっ、あの、ちょっと待ってください！」

「まだなにか質問があるのか?」

ロボットは首を180度回転させて、振り向いた。

「明日、お帰りですか?」

「ああ、日曜日には東京に帰る」

「あのぉ……もしよろしかったら、一緒に東京に帰りませんか? あっ、別に深い意味ではなくって、ただ、なんとなく……ひとりで帰路《きろ》につくのが嫌で」

美穂は気持ちが落ち込んでいることもあって、ひとりで電車に乗って帰る自分を想像すると、寂しさがこみ上げてきて、堪《こら》えきれなくなっていた。

しかし、だからといって、友達と会って話を聞いてもらいたい心境でもない。何も感情を持たない、ただ話を聞いてくれるだけのロボットだからこそ、そばにいて欲しかった。

「別に、構わないぞ」

「ホントですか!」

一瞬、美穂は女性から、しかも会社の上司にこんな誘いをするのは世間的には〝不適切な関係〟と言われてしまうかもしれないと思った。しかし、幸いにして相手はロボットである。妻子持ちでもなければ、変な趣味を持った危険な男でもない。

「じゃあ、明日は何時の電車ですか？　私、鎌倉駅で待っています！」

「いや、電車には乗らない。明日、鎌倉駅のロータリーに10時集合。以上」

ロボットは、そう言うと、浴衣をなびかせながら、湯煙の中に消えていった。

仕事を続ける努力をするのではなく、楽しむ努力をしよう

「まだ好きだ。まだ好きだ。まだ好きだ。まだ好きだ。まだ好きだ。まだ好きだ。まだ好きだ。まだ好きだ。まだ好きだ。まだ好きだ。まだ好きだ。まだ好きだ」

吾郎はひとりつぶやいていた。

もう、自動販売機の横に立ち続けて、何時間が経つだろうか。近所の人が見ていれば、警察に通報してもおかしくないことだけは、確かである。

しかし、吾郎には、まったく苦痛ではなかった。

美穂とヨリが戻せるなら、このくらいの試練はなんとも思わない。ここ9ヶ月間の寂しさ、物悲しさ、つらさに比べれば、大したことではない。

「まだ、好きだよぉ」

美穂のことを思い出すと、たまらなく胸が締め付けられた。

まさか、美穂と別れて、自分がここまで落ち込むとは思いもしなかった。同《どう》棲《せい》していたアパートを出てから、一度もギターも弾いていなければ、曲も作っていない。それどころか、食事もろくにしていないし、転がり込んだ友達の家からも、ほとんど外出していなかった。

美穂がいたから、自分が存在していたようなもので、美穂がいなくなれば、自分の存在などなくなったのも同然だった。

「もっと、大切にするんだった」

彼は毎日のように、このセリフを口にしていた。

正直、美穂には甘えていたところもあるし、ここ数年は、ただの〝同居人〟として、ぞんざいに扱ってしまったところがある。

しかし、美穂は、そんな自分を100％愛してくれていると思っていたし、その愛は裏切られるものではないという絶対的な自信が、吾郎にはあった。ただ、その自信が、大切なものを見失わせてしまうほど強かったために、美穂は自分の元を離れていってしまったのである。

「もう一度だ」

数日前から、吾郎は美穂と復縁《ふくえん》する、という気持ちを固めていた。たぶん、美穂はまだ自分のことを好きに決まっている。でも、彼女は気が強くて意地っ張りなところがあるから、それを素直に出せずに困っているだけなのだ。

「かわいいなぁ」

吾郎は、そんないじらしい美穂の姿を想像して、少し嬉《うれ》しくなって、ニヤニヤとひとりで笑い出した。

「美穂、ひとり寂しい思いはさせないからな」

吾郎は、そう言うと、肩に背負っていたギターを抱え直した。

美穂を寂しさから救うのは、やはり自分の歌しかない。彼女が家に帰って来たら、サプライズで玄関の前で愛の歌を熱唱《ねっしょう》してやろう。

きっと、彼女は涙を流しながら喜ぶはずだ。

吾郎が、そんな妄想に耽《ふけ》っていると、前方からオートバイの排気音が聞こえてきた。

オートバイにはあまり詳しくない吾郎でも、その図太いエンジン音で大型バイクであることはすぐに察しがついたが、そのオートバイが、美穂のアパートの前で止まるとは予想もしていなかった。

吾郎は暴走族かと思い、慌てて自動販売機の陰に隠れた。

「今日は、ありがとうございました」

美穂は、オートバイの後部座席から降りると、運転していたロボットに、ヘルメットを手渡した。

「電車じゃないって聞いたときは、てっきり車だと思っていたんですが、まさかバイクで登場するなんて、想像もしていませんでした」

ロボットは、美穂の言葉を聞くと、無表情に答えた。

「定期的に身体に風を当ててクールダウンしないと、機械がオーバーヒートするからな」

「でも、初めてバイクの後部座席に乗ったんですが、こんなに気持ちがいいものとは思っていませんでした。これ、なんていうバイクですか？」

「ハーレーダビッドソン。アメリカのバイクだ」

「へぇ、これがあのハーレーっていうバイクなんですね。でも、ヘルメットがあって良かったです」

「念のために、持ち歩いていた。ロボットは、頭がヘルメットより硬いから、かぶらなくてもいいんだ」

「それは、道路交通法で決まっていることなんですか？」

「いや、私が決めたことだ」

ロボットが、そう言うと、美穂は、「あははっ」と甲高《かんだか》い声で笑い出した。

「たまには、会社でもそういう冗談、言ってくださいね」

「冗談？　今のは冗談に入るのか？　ならば、改めてデータを書き直さなければならない」

ロボットが、そう言うと、胸元辺りからハードディスクが回る音を響かせた。

「冗談でも本気でも、もうどっちでもいいです。とにかく、今日はありがとうございました」

「道明取締役は、頑張りすぎてしまうことがあるようだ。疲れたと思ったら、スパッと休んで、やる気が戻るのを待つことも大切だ。自分に厳しすぎたり、だらだらと惰性《だせい》で仕事をしたりすると、余計にストレスが溜《た》まるからな。仕事をやり続けるという努力をせずに、仕事自体を楽しむ努力をした方がいいぞ」

「今まで、土日もお店の売上が心配でしたが、鎌倉に行ってすべてを忘れることができて、気分がスッキリしました。しかも、バイクに乗って見る風景は、電車とは違って、風を感じるっていうか、すごく楽しかったです。ときどきは、違う角度から、物事を見ることも大事なんですね。これで、明日から1週間、頑張って働けそうです」

「見るもの自体を変えるのではなく、同じものでも、視点を変えて見ることが大事なんだ。まぁ、楽しんでもらえたなら、それは良かった。では、また明日」

ロボットは、いつものように唐突《とうとつ》に話を切り上げると、ハーレーのセルモーターを回してエンジンをかけた。

低音で重量感のある排気音を奏《かな》でたかと思うと、スタントマンのような素早い動きでクルッと向きを変えて、美穂のアパートの前を走り去っていった。

美穂は、ハーレーが見えなくなるまで、ずっと後ろ姿を見送り続けていた。

「ぐぉっ!」

美穂とロボットのやりとりを一部始終見ていた吾郎は、目の前にあった自動販売機を拳《こぶし》で思いっきり殴《なぐ》りつけた。

拳は赤く腫《は》れて、脳みそが割れるほどの痛みが襲ってきたが、それ以上に、胸の痛みが強かったので、吾郎はもう一度、拳で自動販売機を殴った。

ロボットだ。

あのロボットのせいで、美穂の気持ちが変わったのだ。吾郎は、美穂の口からロボットの話が出始めてから、態度がよそよそしくなったことを思い出していた。

「ロボットさえいなければ、ロボットさえいなければ、ロボットさえいなければ、ロボットさえいなければ、ロボットさえいなければ、ロボットさえいなければ」

吾郎は独り言をつぶやきながら、足にヘドロが巻きついたようなドロリとした歩き方で、美穂のアパートの前から離れていった。

第5章

運に任せた人生は、努力の効率が悪い

——戦略を理解できれば、人生の勝者になれる

ドアをノックする音が聞こえたので顔を上げると、そこには媚《こ》びた笑みを浮かべる〝タヌキ〟こと、田沼《たぬま》の姿があった。

「ロボット社長！　ごぶさたしております！」

「どうも」とロボットが答えると、田沼は「いやいやいや」と言いながら、机のすぐ脇にかがみこんだ。

「ちょっとだけ、こちらの会社に用事がありましてね。久しぶりなんで、挨拶《あいさつ》でもしておこうかと思いまして」

「これは、わざわざ」

ロボットは、丁寧におじぎをした。

「聞きましたよぉ〜。最近、業績がかなりいいらしいじゃないですか」

「全国で革カバンのお店が20店舗に増えてから、急激に、利益が伸び始めましてね。人口が増えている政令指定都市だけに絞って、重点的に展開したことと、地方で廃業した工場を借りて、製造場所を集中させてコストを下げたことが、よい結果をもたらしました」

「ロボット社長のことだから、これからの事業の展開も考えているんでしょ？」

「今、道明《どうみょう》取締役とセカンドラインと言って、若者向けに、1万円以下の商品を開発しているんです」

「1万円以下だと、利益率が低くないですか？」

「ただ、その若者が、ファンになってくれれば、社会人になったときに、ファーストラインの利益率が高い革カバンを買ってくれるはずです。会社の経営が安定してきたことで、目の前のことばかりではなく、長期的な視野に立って、戦略を立てることができるようになってきました」

「いいなぁ、ホリデイ産業と違って、将来性を感じますよ」

田沼は、周りをキョロキョロと見回したあと、「そこで相談なんですが……」と言って、ロボットの耳元に顔を近づけた。

「どこか、この会社に、私が働けるようなポジションは空いてないですかね？」

「うちの会社に転職したいってことですか？」

「いや～、ここだけの話、ホリデイ産業では最近、社長の息子さんが入って来ましてね。ちょっと、私とは折り合いが悪いんですわ」

田沼は、そう言うと、両手の人差し指を、バチバチと重ね合わせた。

「そこで、自分の能力をもっと活かせる新天地を探そうかなと……なにか、いいポジションがあれば、そこを終《つい》の棲家《すみか》にして、定年までまっとうしようと思いましてね」

「分かりました。社内の各部署に問い合わせてみます」

「おぉ、さすがロボット社長、話が早い！」

「ただし、条件があります」

「おおぉ、なんでも言ってください！　私が若いときは、なんでもできる社員を目指せって、会社から言われていましてね。新卒のときから、本当に、いろいろな部署を回って来たんですよ。だから、どんな仕事でも、無難《ぶなん》にこなせる自信があるんです」

「いえ、仕事の内容ではありません。給料の条件です。当社に入社されると、ホリデイ産業で、田沼部長がもらっている給料の8掛け程度に下がってしまいます」

「な、なんだと！　給料が下がるだと！　俺はもう、今年で55歳だ！　なんで、そんな扱いを受けなきゃいかんのだ！」

田沼は、大声で怒鳴り出したが、ロボットは、冷静な口調で話を続けた。

「田沼部長の今までの実績や経験は、大変すばらしいことは知っています。ただ、うちの会社に対しての貢献度《こうけんど》は分かりませんし、すべての中途入社の方の最初の給料に上限を設定しているのです。その上限の給料が、田沼部長の現在の給料の8掛けになるのです。それでも、中途入社の最高額ってことですよ。それに、入社したあと、頑張りさえすれば、給料はドンドン上がるので安心してください。会社の売上も利益も、すごい勢いで伸びていますから、たったの20%ぐらい、すぐに追い抜けますよ」

「それなら、毎年、いくらずつ上がっていくんだ？」

「今の時点で、昇給の金額までは、お約束できません。でも、田沼部長が、実績を作れば、それに見合ったポジションと給料になることは、保証します。私はロボットなので、ウソは言えないようにプログラムされています」

「俺は、子会社の売上も利益も知っているんだぞ。すでに、これほど儲《もう》かっているんだから、給料を下げる必要はないだろ」

田沼は、脂ぎった顔でロボットを睨《にら》みつけた。

「それは、『自動的な思い込み』です。会社の業績がよいと、仕事も面白く、給料もいいのでは、と考えてはいけません。会社に利益が出ているのは、社員が夜遅くまで働いて、給料が低いという理由なのかもしれないですよ。現実に、株主であるホリデイ産業とベンチャーキャピタルから、目標の利益を提示されて、それほど、社員には高い給料を支払えていないんです。社員にやる気がなくなると、株主にとってもよくないので、交渉しようとは思っていますが」

「俺は、もう55歳になってしまった。30代や40代の中堅社員と違うから、体力があるわけじゃない。そんなに、実績を出せと言われても、不安だな」

「経済成長しない今の日本では、過去の考え方に囚《とら》われない企画力で、新しい商品とサービスを作って、お客に自分が欲しいものを気づかせてあげる能力が必要なんです」

「お客は、自分では分かっていないということなのか」

「お客の心を揺らす企画によって、新しい需要を作り出せるとも言えます。でも、よく考えてみてください。企画力に、体力は関係ないはずです。30代の社員だからといって、50代の社員よりも、斬新《ざんしん》で面白い企画を思いつくことができるなんて根拠は、どこにもないでしょ」

「そういうもんか？　では聞くが、その企画力を上げるために必要なものはなんだ？」

　田沼は、首を斜めにしてロボットの顔を覗き込んだ。

「知識と努力です。いきなり新しい企画が降って湧《わ》いてくるはずがありません。過去の知識の積み重ねから生まれるのです」

「経験は必要ないのか？」

「もちろん、知識とは、本を読んだり、セミナーに参加したり、資格を取ったりと、自分への投資によって得られるものばかりではありません。経験は、必ずや知識の一部になり、よい企画を生み出す原動力になります」

「それなら、俺は、経験が豊富だから、企画力があるってことだな」

「ただし、経験は、正しく使わなくてはいけません」

　ロボットは、そう言うと、左腕の電光掲示板に２つの項目を映し出し、ピカピカと点滅させた。

①プロになるほど過信してしまう
②過去の成功した経験がじゃまをする

「なんじゃこりゃ？」

「経験が豊富なプロは、あせったり、熱くなったりせずに、冷静な判断をすることができる反面、仕事に対して自信過剰《じしんかじょう》になりがちです。それで、人の意見を聞き入れない態度になって、新しい情報を受けつけなくなります。やはり、経験がどれほど豊富であっても、謙虚《けんきょ》さは必要です。また、人間はプロセスをすべて覚えずに、結果だけが頭に残ってしまいがちです。特に、成功した経験を持っていると、周りの状況が変わっているのに、同じ方法を選択してしまうものなんです。だから、株や不動産の投資でも、プロなのに大失敗することがあるんです」

「そうか、やっと分かったぞ。この会社の取締役の道明君には、プロという自信もなく、成功した経験もないから、逆にそれが幸いして、ここまで事業を成功させることができたのか」

「彼女は、いろいろ勉強していましたし、すごい努力もしましたよ。実際に、革カバンの事業を始めてから、何度も会社で徹夜《てつや》して事業計画書を作っていました。今では、部下が作った事業計画書をチェックしたり、デザイナーと協力して新商品を開発したりするなど、指導する立場になっています。それに、店舗は全国にありますが、出店するときには、必ず現地に張り付いて、開店セールにはお店の前に立ち、自らお客に声をかけて反応を観察しています。次の開店のときには、今までの経験を活かして、より効果がある広告が打てるように工夫しているんですよ」

「では、道明君のように、出店を成功させたり、新しい商品を開発したりして、売上と利益を稼ぐことができれば、ポジションも給料も上がるってことなのか？」

「出店を成功させることだけが、会社の利益になるわけではありません。安いコストで材料やお金を調達できることも、人事で優秀な人材を採用することも、すべて、会社にとっては利益と言えます。ただ、どれも成果を上げて、会社に利益をもたらさなくてはいけないことだけは、共通しています。まぁ、会社で働くすべてのサラリーマンにとって、最終目標は成果を上げることですからね」

「結局、この会社の給与制度は年功序列ではなく、もたらした利益によって給料が変わる成果主義になっているってことなのか？」

「経済が、ずっと成長している時代であれば、会社の売上も伸び続けるので、年功序列の給与制度でもよかったんです。でも、今の時代に年功序列の給与制度は合わないと言っていいでしょう。だって、企画力は、年齢とは、関係ないですからね」

「だが、成果主義を導入して、失敗した会社もたくさんあるじゃないか」

田沼は語気を強めて言った。しかし、ロボットは表情ひとつ変えず、たんたんと田沼に言葉を返し続けた。

「もちろん、完全な成果主義がよいというわけではありません。会社とは組織であり、分業体制ですから、社員ひとりですべての仕事を完結させて、成果を上げることはできません。みんなと協力して、自分の役割を果たすことが利益に繋《つな》がるんです。ただ、完全な年功序列の会社が成功していると感じている人もいないはずです。だから、どこの会社も、その両方をうまく融合《ゆうごう》させて、基本の給料は定額で、賞与だけを成果主義にしたり、社内ベンチャー制度を作ったり、子会社化したりして、試行錯誤《しこうさくご》しながら、給与制度を決めているんです。でも、いい時代だとは思いませんか？　自分が、頑張りさえすれば、少なからず、それがポジションにも、給料にも反映されるんですよ」

「……そうかな」

田沼は腕を組んで、タヌキのように背中を丸くして考え込んだ。

「絶対に、そうですよ。ハッキリ言って、会社が完全な成果主義を導入していないかぎり、基本の給料がいきなり大きく下がることはありません。会社で承認された投資で失敗しても、給料は下がらず、逆に、投資を成功させれば、給料は上がるってことなんですよ。つまり、給料の上昇率であるリターンはプラスなのに、今の給料より下がるというリスクはゼロに近いんです。自分へ投資をして知識をつければ、成功する確率は高くなります。これは、株や不動産と違って、ほとんど『負けない投資』ですから、やるべきですよ。あとは、努力さえすればいい」

「この会社でも、そうなのか？」

「もちろんですよ。もし、失敗しても、しっかりとした事業計画書を作っていたはずですから、それを原因にして給料を下げることはありません。実際に、今までも、赤字で撤退したお店が2店舗ほどありましたが、その責任者であった社員の給料は下げませんでした。むしろ、その半年後には失敗を糧《かて》にして、新しいお店を成功させて、給料は上がっています。田沼部長が、新しい事業計画書を作って頑張りさえすれば、ホリデイ産業の社長の給料を超えることだってできますよ」

「おいおい、ホリデイ産業の社長の給料を抜く？　それは、ウソだろ？」

「冷静に、現状を分析してください。5年後のホリデイ産業とうちの会社、どちらの利益が大きくなると思いますか？」

「いくらなんでも、たったの5年だろ？　そりゃ、ホリデイ産業だろ」

「今までの2社の業績の推移や、今後の社会の情勢などを分析したことがありますか？　よく学校の試験でも、終わったあとに、答え合わせをしない人がいますよね。でも、早めに答えを知った方が、自分の弱点を早く分かることができて、正しい意思決定に繋がるんです」

田沼はロボットの話を聞いて、目をつぶって腕を組んで考え込んだ。

簡単に儲かる話は、すぐに儲からなくなる

田沼は1分ぐらい黙っていたが、ゆっくり目を開けて、遠くを見つめながら話し始めた。

「冷静に考えてみると、10年ぐらい前までは、ホリデイ産業は売上も利益も伸びていたし、ずっと儲かるって信じていたな。最大で、関連会社が10社もあったし、それらの子会社も私が全部管理してきたんだ。そして、その仕事は、社長に高く評価されて、同期でも一番出世が早かった。でも、大口の取引先である百貨店が倒産したことがきっかけで、ホリデイ産業は、ずっと売上も利益も下がりっぱなしだ。経営資源を集中させると言って、10社の関連会社もすべて潰《つぶ》してしまった。私が社長からの命令でリストラをして、社員も半分に減らしたんだ……だから、私のことをよく思っていない社員も多いし、私自身も性格がひねくれてしまった……これから、ホリデイ産業の業績が一気に反転する起《き》爆剤《ばくざい》は見当たらないな」

田沼は、そう言うと、鼻をぐずぐずと鳴らし始めた。

「さすが、田沼部長ですね。冷静に分析できるじゃないですか。それならば、今から、うちの会社に入って、やり直した方がいいと思いませんか？　一度もらった給料が減るのが嫌だと感じるのは、人間に『損失回避』という本性があるからだけなんです。いいですか？　この先もホリデイ産業の売上が上がらないとすれば、誰かが、その損を被《かぶ》らなくてはいけないんです。ホリデイ産業の社長や役員が、自分達の給料を下げられますかね？」

「いや、自分達の給料を下げてでも、社員の給料を維持しようとは考えないだろう。彼らは、ホリデイ産業が、自分達のために存在しているって思い込んでいるからな」

「それならば、社員の給料が下がるしかないってことですよ。それに比べて、うちの会社は、これからも売上が拡大していくはずです。役員も含めて、社員全員の給料が上がることは、明らかじゃないですか。今、給料がたったの20％下がることなんて、大したことではないですよ」

「でも、給料が2割もダウンするっていうのはなぁ。そんなリスクは負いたくないな」

「リスクを取るからこそ、チャンスが広がり、給料が上がることにもなるんです。リターンはリスクに比例するんですよ」

「うーん、ホリデイ産業で、給料を2割上げるには、相当大変なんだけどなぁ。そんなに簡単に給料が上がるとは、まだ信じられんな」

「田沼部長が、そこまで迷っているのは、自分のルールがないからですよ」

「自分のルール？」

「よく、失敗したのは、会社のせいとか、うまく行かないのは、親のせいとか言いますが、それは、他人のルールに従っていた自分が悪いんです。他人のルールである限り、何が悪かったのかという理由も分からなくなるんです。でも、自分のルールを作って、それに従うなら、状況は大きく違ってきます。例えば、明日から寝る前に2時間は勉強するというルールを決めるならば、それに従うんです。もしそれでテストの成績が悪ければ、2時間の勉強時間が短かったのかもしれないし、勉強のやり方が悪かったかもしれないと、自分で反省して、勉強時間とやり方を変えようとするはずです。でも、これが親に強制された2時間の勉強であれば、テストの成績が悪いことを親のせいにして、2時間と勉強方法に目を向けることはないでしょう。これでは、いつまで経っても、テストの成績はよくなりません。つまり、ホリデイ産業のルールに従っていると、自分の給料が高いのか、安いのか、分からなくなってしまうんです。自分のルールを作れば、自分の給料にも納得できるようになりますよ」

「自分のルールねぇ。自分が欲しい給料があれば、それに対して、どれだけ会社に利益をもたらすべきか決めるということだな」

「成果を上げたのに、納得する給料がもらえないならば、転職してもいいじゃないですか。きっと、その成果を評価してくれる会社があるはずです」

「うーん……それならば、仕方がない。〝奥の手〟を出すとするか」

「奥の手？　どんな交渉をしたとしても、中途入社したときの給料の上限金額は変わりませんよ。ひとりに融通《ゆうづう》をきかせて、交渉だけで給料を変えてしまったら、みんなが仕事よりも、上司の機嫌を取ることばかりやってしまいます。そんなことをしても意味がないと、ハッキリした態度を取ることが、大事なんです」

ロボットは、田沼の言っている「奥の手」の意味が分からなかったので、無理という意味で、左右に小さく首を振った。

しかし、田沼はニヤリと笑って、上目遣《うわめづか》いでロボットに顔を近づけて来た。

「本当は、すぐに教える気はなかったんだが……まぁ、これが転職するときの〝お土産《みやげ》〟みたいなもんだな。これで、給料を上げてもらうのが、私のルールってことだ」

「お土産、ですか？」

「そうだ。私がこの会社に転職するときに、中国で革カバンを売ってくれる取引先を連れて来る。すでに革カバンのサンプルを送ってあり、１億円分の商品を仕入れてくれると言っている。革カバンの材料費が50％とすれば、１年間で５０００万円ものキャッシュフローを稼ぐことができるんだ。どうだ、すごい

ことも検討しますよ」

「その取引先は、すぐに調査して、本当に提携できる先であれば、商品を卸す

だろ」

「中国の会社だから、心配しているのか？　もう、ホリデイ産業と、5年以上も取引がある会社だから、そこらへんは心配ないぞ」

「そうではないんです。簡単に儲かるビジネスは、簡単に儲からなくなるんですよ。もし、その中国の会社が、1億円分の商品を仕入れるとすれば、うちの会社は機械設備も購入して、工場の社員も雇わなくてはいけません。でも、来年になって、〝やっぱり、もう仕入れるのは止めた〟と言われたら、困ってしまいます。それに、単にうちの会社の商品のデザインや作り方を盗みたいだけかもしれません」

「工場の固定費が心配なのか？　それでも、キャッシュフローがマイナスになることはないはずだ。絶対に損はしない」

「そんな考え方では、会社の価値を上げることはできません。なんのノウハウも溜《た》まりませんし、一度、そんな簡単に儲かる取引をしてしまうと、すぐに同じような取引先を探すようになるんです。私たちは、1店舗ずつ、綿密《めんみつ》な事業

計画書を作り、地道に努力して、売上と利益を増やしてきました。成功する店舗が増えたことで、今では、全国の百貨店やショッピングモールから、出店の依頼が来るようになったんです。本当の会社の実力とは、利益を稼げる理由がハッキリしているものなのです。もともと、そんな、あぶく銭は、すぐになくなってしまうものですしね」

「そんな悠長《ゆうちょう》なことを言っていると、競争社会では生き残れないぞ！　さては、俺の給料を上げるのが、嫌なんだな！」

「そうではありません。それに、もし、その会社との取引が成立したとしても、田沼部長の最初の給料は、やはり8掛けになります」

「なんだと！」

「冷静になってください。その取引先を紹介してもらうのは、別に田沼部長でなくてもいいのではないですか？　ホリデイ産業の他の取締役でも、その中国の会社を知っているってことですよね？」

「それでも、最初に、この話を持ってきたのは、この俺だ！」

ロボットは、無言で首を横に振った。

「合理的に考えてください。会社は組織で、協力して仕事をしているんです。

親会社が子会社のために、取引先を紹介するのは当たり前の行為じゃないですか。それで、紹介手数料として、給料を増やせと言うのは、おかしな話です。その中国の会社は、田沼部長だからではなく、ホリデイ産業だから取引をしているはずですよ。私は、田沼部長に本当の意味で、仕事で成功してもらって、給料をたくさん受け取って欲しいと考えているのです。もし、その取引先を紹介しただけで、給料が上がったことを、ホリデイ産業の社長の息子さんが知ったら怒るでしょ。それに、うちの会社の社員にも、尊敬《そんけい》されないですよ」

「さっきから聞いていれば、冷静だの、合理的だの、うるさいロボットだな！」

「ロボットだからこそ、田沼部長の人間性や好き嫌いなどは考慮せずに、冷静に分析して、お話しさせてもらっているのです。田沼部長のことを、バカにしているわけでも、能力がないと言っているわけでもありません。不合理な考え方は、田沼部長でなくても、人間であれば、みんなが陥《おちい》りやすい罠《わな》なのです。私が言いたいのは、間違った決断をする恐れがあると事前に分かっているならば、先にそれを知ることで、正しい判断に向かって努力できるということなのです。弱点を知るからこそ、それを克服《こくふく》することができるんです」

「うるさい！　もう御託《ごたく》はいい！　俺は、ホリデイ産業の、上場会社の、部長なんだぞ！　お前みたいなポンコツロボットに、説教《せっきょう》される筋合《すじあ》いはないわ！」

田沼は、そう叫ぶと、立ち上がって歩き出し、社長室のドアノブに手をかけようとした。

しかし同時に、外にいた女性秘書が扉を開けたため、田沼は前のめりで、ずっこけるような形で、社長室から転げ出てしまった。

あまりにも予想外の出来事が目の前で起きたこともあり、女性秘書が扉を開けたまま、あっけに取られて立ち尽くしていた。

「どうした？」

田沼の姿が見えなくなったことを確認して、ロボットは女性秘書に声をかけた。

「あ、はい、すみません、実は、社長宛にお電話が入っていまして」

「電話？　内線で繋げばいいじゃないか」

「そうなんですが……なんか、変なんです。とにかく『社長を出せ』と若い男の声で」

「若い男の声？」

ロボットは受話器を取った。

「……ロボットの社長か？」

秘書の言うとおり、受話器に布をかぶせているような籠《こも》った声だったが、なんとなく年齢は若い感じがした。

「なにか用か？」

「おたくの会社に、道明美穂《みほ》という女性が働いているだろ」

「ああ、うちの取締役だが」

「誘拐した」

その言葉を聞いて、ロボットはすぐに返事をすることができなかった。しかし、電話口の男は、構わず話を続けた。

「場所は、1回しか言わない。お前ひとりで助けに来るんだ。これが、俺から出す取引条件だ」

夜になって、美穂が外出先から戻ると、部下の男性社員が、血相を変えて駆《か》け寄って来た。

「道明取締役、どこに行ってたんですか！」

「どこって、行動予定表に書いているじゃない。今日は、朝から直行でデザイナーと新作バッグの打ち合わせよ」

「携帯電話が、まったく繫がらないじゃないですか！」

「そうそう！　そうなのよぉ〜」

美穂は、口を尖《とが》らせながら話し始めた。

「昨日の夜、携帯電話をどこかで落としちゃったのよねぇ。カバンの中にちゃんと入れて、家に持ち帰って充電したところまでは、覚えているんだけど……記憶違いかしら？　私も歳ねぇ。あっ、そう言えば、今、思い出したけど、今日は私の誕生日だったわ。はははは」

「笑っている場合じゃないですよ！　今日の夕方から、ロボット社長が行方不明なんです」

「行方不明？　どういうこと？」

美穂は、形相《ぎょうそう》を変えて手に持っていたカバンを机の上に放り投げると、部下の隣にいた社長秘書の女性に詰め寄った。

「行動予定表には、なんて書いてあるの？　連絡先とか、聞いていないの？」

「すみません……若い男から、変な電話があって、それを社長に繫いだら、そのあと、ものすごい勢いで社長室から飛び出して行って……そのまま、連絡が取れなくなってしまったんです」

「若い男？」

美穂は、喉元《のどもと》まで胃液がせり上がってくるような、不快な感じを覚えた。

目の前にある物事ほど、価値が高いと錯覚しやすい

エンジンを止めると、外から船の汽笛と、石油コンビナートが奏《かな》でるボイラーの低い音しか聞こえなくなった。

ロボットはゆっくりとバイクから降りると、目の前にある倉庫の大きな扉を両手でこじ開けた。

倉庫には、うっすらと窓の明かりが入り込み、中の様子を、かろうじて読み取ることができた。周囲を警戒《けいかい》しながら歩を進めると、倉庫の中央に横たわる女性の姿が目に入った。

「道明取締役！」

ロボットは駆け寄って、その女性を抱き上げた。しかし、その瞬間、すぐにそれがマネキンであることに気がついた。

「お前がいるから、いけないんだよ！」

背後から突然、男が叫ぶ声がして、ロボットは首を180度回転させた。が、すぐに脳天に激しい衝撃《しょうげき》を受けて、そのまま後ろに、勢いよくひっくり返った。

ロボットが、頭を抱えながら起き上がろうとすると、再びその男は太い鉄パイプを持って、大声で叫びながら襲ってきた。

ロボットは、振り下ろしてきた鉄の棒を片手で摑《つか》むと、そのまま棒ごと男を後方へ突き飛ばした。

男は、糸の切れた操り人形のように数メール後方に吹っ飛び、そのままダンボールの山に、身体ごとぶつかっていった。

「もう止めろ。これ以上、攻撃をすると、私も本気になるぞ」

ロボットが、そう言うと、男はフラフラと立ち上がりながら言った。

「お前が……お前がいるから、美穂は俺の元からいなくなったんだ！」

「美穂？　キミはもしかして、道明取締役が、7年間付き合っていた5歳年下の彼氏か？」

「あぁ！　しかし、ちょうど1年前の7月5日、美穂の誕生日の翌日に別れた。美穂がいなくなってから、俺は……俺は、もう、なにをしていいやら、分

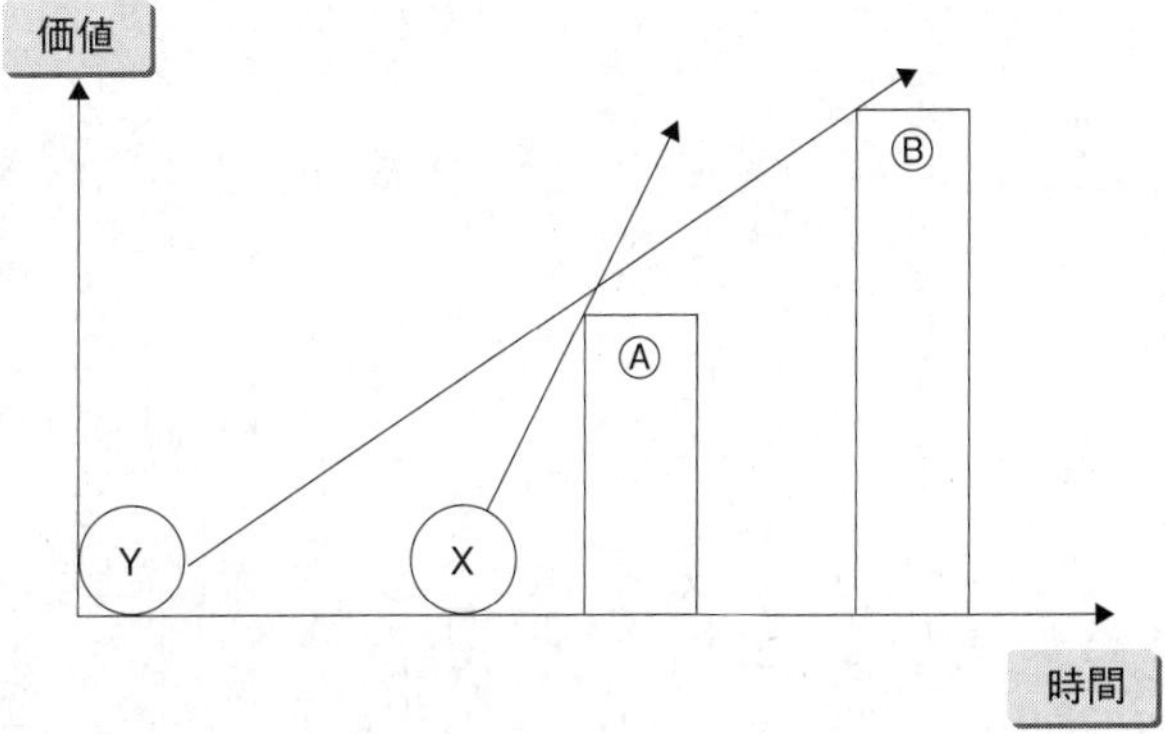

図㉜

からなくなったんだよ！　とうとう2ヶ月前には金もなくなり、クレジットカードで10万円の借金をしたが、それも尽きて、明日、メシを食う金もない！」

「カードで借金をしたら、金利は18％にもなるな。その10万円は、なにに使ったんだ？」

「生活費に決まっているだろ！」

　ロボットは、それを聞くと、胸のモニターに図《図㉜》（上図）を表した。

「これは、なんの図だ？」

「今、キミはX点からしか物事を見ていない。そのため、遠くの価値があるものⒷが見えず、近くの物事Ⓐに囚《とら》われてしまっているんだ。いつでも、Y点から、物事を考えなくては、後ろにあるもっと大きな価値が見えなくなる」

「何を言っているんだ？」

「タバコを吸う人間は、将来、ガンになって体を壊す可能性が高いだろ？　それでも、今日はいいやと考えて、吸ってしまう。目の前にあるものに、高い価値があると錯覚《さっかく》してしまうんだ。同じように、今日の10万円は、定期預金の金利が1％とすれば、1年後には10万1000円にしかならない。それなのに、18％もの金利で借りたら、明らかに損だと思わないか？　10万円ぐらいなら、バイトで、ちょっと頑張ればすぐに稼げる金額じゃないか」

「美穂にふられてから、やる気が起きねぇんだよ！」

「働いている人間が、彼女にふられたという理由で、会社を休んでいたら将来の大きな損失になる。短期的には辛《つら》くても、長期的に利益が大きいのは、休まずに働くことだとすぐに分かるはずだ。しかも、別れてから1年も経っているんだろ。合理的な考え方ができなければ、人生の投資で成功することなどできない」

「投資？　そんなこと、俺には関係ない話だろ！」

「いや、関係ある。人生は、投資そのもので成り立っているからだ」

「なんだとぉ！」

吾郎の罵声《ばせい》に、ロボットは、冷静な口調で言葉を発した。

「道明取締役から聞いたが、キミは、ミュージシャンを目指しているんだってな」

「あぁ……でも、それと投資が、なんの関係があるんだよ」

「ミュージシャンだって、曲を作って、それをリリースするには、経費がかかる。それは、ＣＤを売ったお金で回収しなければいけないだろ？」

「うるせぇ！　そんなこと、心配してくれなくてもいい！　もう少しで、みんなに俺は認められそうなんだよ！　実際に、チケットだって少しずつ売れるようになっているし、自費製作のＣＤだって、以前の何倍も売れ行きがいい」

　ロボットは、それを聞くと、腹から紙図㉝（３６７ページ）をプリントアウトした。

「今度は、なんの図だ？」

「プロスペクト理論と言って、投資するときに、人間が陥りやすい感情を表している。大事な図だから、歌詞カードの間にでも挟《はさ》んでおけ」

「なんで、こんなもん歌詞カードに挟まなきゃいけねぇんだよ！」

「説明を聞いてから、判断してもいいだろ。まず、Ｘ点が急に上がっているのは、最初に少し儲かったときに、それ以上に利益が出たときよりも、『嬉しさが大きい』ことを表している。だから、株に投資して、少し値上がりすると、もっと儲かる可能性があるにもかかわらず、売って利益を確定してしまう」

「……せっかく儲かったんだから、早く勝ち逃げしたくなる気持ちは、競馬でも同じだから、それはよく理解できるな」

「一方、Y点が急に下がっているのは、最初に少し損をしたときに、それ以上に損失が広がったときよりも、『ショックが大きい』ことを表している。だから、株に投資して、少し値下がりすると、元に戻るのではと甘い期待を持ってしまい、売らずに塩漬けにして、もっと損失を大きくしてしまう」

「それもよくあることだな。パチンコでなかなか玉が出ないのに、ずーっと同じ台に座り続けて、そのまま、全額使っちゃうのと似ている」

「しかもだ。最初に少しだけ損をした『ショック』は、最初に少しだけ儲かった時の『嬉しさ』の2倍の感情が生まれると言われている。つまり、損をしたショックの方が大きいために、Y点の傾きの方が、X点の傾きよりも、急になってしまうんだ」

「はぁ……で、何が言いたいんだ？」

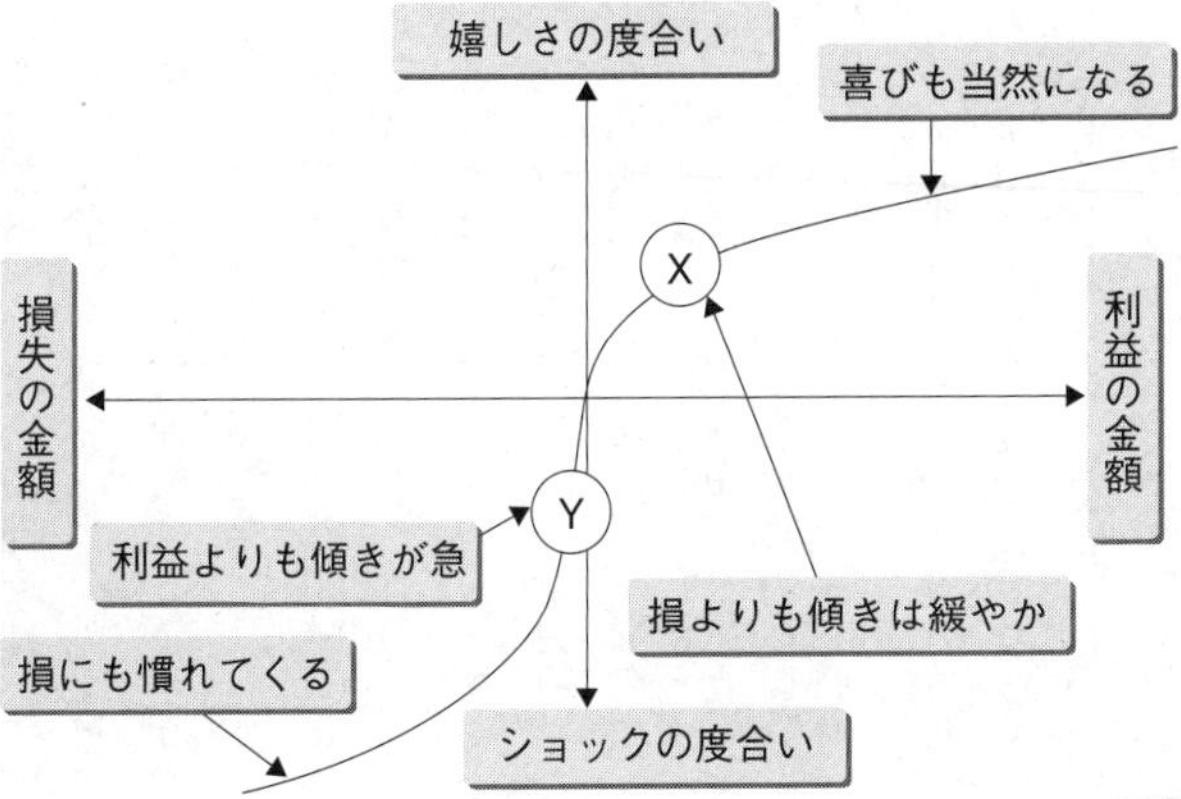

図㉝

吾郎は小首をかしげながら、眉間《みけん》にシワを寄せた。

「キミは、今まで曲を作ってきたが、全然、売れていないということは、投資が失敗していたってことだ。ミュージシャンになったばかりの自信があった頃は、曲が売れないことで、ショックを受けていたのかもしれないが、その痛みに慣れてしまったんだよ。それでも、ミュージシャンを続けることで、少しずつファンが増えて、ライブのチケットやCDも売れるようになって、損は小さくなってきている。つまり、キミは、今、Y点からゼロの点に戻ってきたんだ。そのとき、この傾きは急なので、少し損が小さくなると、すごく得した気分になってしまうんだ。でも、いまだに曲を作って売り出すという投資をしても、損が出ていることには変わりがない。これほど、長くやっても、マイナスなのは才能がない証拠だ。合理的に判断するならば、今すぐ、ミュージシャンを辞めて、別の職業についた方が賢明《けんめい》だな」

「なんだとぉ！　黙って聞いてりゃ、才能がないだの、音痴《おんち》だの好き勝手なことを言いやがって！」

「音痴とは言っていないし、キミだけを責めているわけでもない。会社が赤字であれば、事業のやり方を見直さなければいけないだろ。それなのに、少し売上が回復すると、まだ赤字なのに、手放しで喜んでしまうことが多い。感情に振り回されて、合理的な判断ができなくなるのは、みんな同じだ。大事なことは、そうなってしまっている自分に気づいて、これからの行動を変えることなんだ」

「うるさい！　ロボットなんかに、人間の感情なんて分かるか！」

「キミは、この理論を信じないというのか？　〝利益のときには、早めに確定させることでリスクを回避し、損失のときには、できるだけ確定させないので、結果的にリスクを取ってしまう〟という人間の感情を分析したプロスペクト理論は、２００２年にダニエル・カーネマンがノーベル賞を受賞しているんだぞ」

「俺は、ロックミュージシャンだぞ。ノーベル賞なんて、関係ねぇ！」

吾郎は声を荒らげた。

「今まで、どんなにキミが失敗しても、道明取締役がその失敗を補塡《ほてん》してくれたんだろ？　つまり、自分で責任を持って、投資していないから、こういった感情の罠《わな》に嵌《は》まっても、気がつかないんだ」

「うるさい、うるさい！　うるさーい！」

有名人の発言は、信用するな

ロボットは少し黙っていたが、いつも会社で部下に話すように、冷静で、そして落ち着いた口調で、諭《さと》すように話を始めた。

「いいか、冷静に私の話を聞くんだ。確かに、諦めずに曲を作り続ければ、いつかは当たる可能性はある。普通は脱落するから、やり続けることは、ひとつの才能とも言える。ただ、運に任せてやっていれば、成功は20年後、いや50年後になるかもしれない。しかも、1発だけ当たったって、終わりってことになるだろう。それよりも、投資の理論を勉強して、早く1曲目をヒットさせ、その稼いだお金を再投資して、さらに、2曲目も3曲目も売れることが、本当の成功じゃないのか？」

「1曲目がヒットすれば、有名になるから、次の曲だって、自動的にヒットするだろ」

吾郎は少し落ち着いたのか、ロボットの問いに答えた。

「いや、ほとんどのミュージシャンが、統計的に1曲が少し当たっただけで、終わっている。何曲もヒットさせるミュージシャンは、ほんの一握《ひとにぎ》りしかいない」

「ほとんどのミュージシャンが、曲に込めた〝魂〟が弱いんだよ」

「魂の強さとヒットの数は、関係ない。何曲もヒットさせるミュージシャンは、自分だけの『売れる歌』の作り方を見つけて、長期的な視野に立って、将来の成功までの道のりを計画しているんだ。つまり、自分の曲を連続してヒットさせるための投資の理論を理解して、それを実行しているってことなんだ」

「じゃ、俺にも、そのヒット曲が連続で生まれる投資の理論を教えてくれよ」

「ミュージシャンのキャラクター、歌い方、声の質、それに、バンドかソロかでも、それぞれに合った『売れる歌』は違ってくる。彼らは、いろいろな曲を企画して、それに投資して、ヒットする要素を見つけているんだよ」

「俺だって、ヒットするために、頑張っているぞ」

「今まで売れなかった歌なのに、それを大きく変えようともせずに、何度も同じような曲を作って投資しているキミは、努力の効率が悪い」

「なんだと！」

「それに成功したミュージシャンは、1曲目がヒットしたときに、意図的に、〝次の曲もヒットさせる〟ように仕組んでいるんだ」

「意図的に、仕組む？」

「そうだ。1曲目がヒットして儲かったお金を、次の曲のTVCMを打つ、プロモーションビデオを作る、ドラマや映画とタイアップして主題歌にするなど、広告宣伝費として使っているんだ。それによって、次の曲は、1曲目よりも売れるようにする。もし、魂が強い曲だけが売れるなら、そんなことする必要がないだろ」

　吾郎は、ふと先日聴いたヒットチャート1位の曲を思い出した。

　気分が悪くなるような甘い歌詞に、オルゴールのようなダルい曲。「なんで、こんな曲が売れるんだ？」と、ワンコーラスの部分を聞いただけで、耳を塞《ふさ》いでしまった。

ジャンルが違うし、アイドルだし、もともとファンの質が違うんだと、勝手に納得していた。しかし、彼らが効果的な広告宣伝を行い、意図的に売れるように計画していたとは、知るよしもなかった。

「だから、キミも投資の理論を理解できれば、ヒット曲を連発させることができる」

「ちょっと待った！　でも、大々的に広告宣伝している曲でも、売れないことがあるぞ」

「100％の確率で成功する投資はない。ただ、広告宣伝に投資するというリスクを取らないと、リターンもない。それでも、ヒット曲を生み出すための投資は、キミがよくやっている競馬やパチンコより、ずっと儲かるギャンブルだということは確かだ」

「じゃあ、1曲しかヒットしていないミュージシャンは、その投資の理論が分かっていないってことなのか？」

吾郎は冷静になったのか、ハッキリとした口調で、ロボットに尋ねた。

「さっきのプロスペクト理論で、人間は、すぐに利益を確定してしまいがちなんだ。１曲目がヒットして儲かったお金を貯金して、次の投資に使わないからダメなんだよ。大きく儲けるためには、お金を惜しまず、投資を続けなくてはいけない。いいか、チャンスは何度もない。ここが勝負だと思ったら、全力で投資しなければ、競争相手には勝てないんだ。それで、名前が売れて、ＴＶにも出るようになれば、もっと儲かるようになる。これは、ビジネスでも同じだ。１店舗しかない革カバンのお店もあるが、うちの会社のように20店舗、いやもっと大きな会社は１００店舗以上もあったりする」

「もしかして、儲かったから１００店舗になったわけではなく、最初から長期的な視野に立って、お店を増やすことを計画していたってことなのか？」

「１店舗だけ成功しようと思っていたら、知らない間に１００店舗になっていましたということはない。で、キミには、長期的な計画はあるのか？」

「お、俺だって、将来は、矢沢永吉《やざわえいきち》みたいな、ロック界のカリスマになるという目標がある」

「それが最終目標ならば、途中の事業計画書は、どうなっているんだ？　曲の売上や広告宣伝費などの経費のおおよその予想はしているのか？」

「売上？　経費？　そんなもんねぇよ。計画はシンプルな方がいいだろ。俺の計画は、『CDを100万枚売って、武道館でライブをやって、ビッグになる』ってことだ」

「100万枚って、何曲の累計なんだ？　武道館で1回でもライブをやれば、矢沢永吉を超えることになるのか？　もともと、矢沢永吉を超えるというのは、キミの空想《くうそう》じゃないのか？　実現の可能性がなければ、予想とは呼べない」

「うるせぇ！　そんな将来のことを細かく決めたとしても、当たらねぇから、意味がないだろ。そもそも、お前に矢沢のなにが分かるんだよ！」

ロボットは、頭の中の矢沢永吉のデータを追いかけたが、ウィキペディアの情報以外には、『時間よ止まれ』、『止まらないHa～Ha』の2曲しかインプットされていなかった。吾郎の言うとおり、矢沢永吉のことをなにも分かっちゃいなかったが、構わず話を続けることにした。

「もちろん、遠い将来を、正確に予想できる人間はいない。だから、将来の計画も立てなくてよいと考えていたら、絶対に、目標にはたどり着けない。うちの会社も、道明取締役が1店舗目を出すときに、5店舗目、20店舗目、100

店舗目までの工程表を、できるだけ詳細に作ったんだ。だからこそ、現実に20店舗まで達成できたし、今後も店舗を増やしていけるんだ」

吾郎は、何となくロボットが言っている意味は理解できたが、実際に今から自分がなにをすればいいのか、具体的な行動は、まったくイメージできなかった。

「でも、1曲目を当てなきゃ、次の曲に投資できるお金もないんだろ？　1円のお金も話題性もない今の俺に、1曲目の『売れる歌』が作れるのか……具体的に、俺は今すぐなにをすればいいんだよ」

「いろんなジャンルの曲を聞き、コンサートに行って、知識を増やす。それで、新しい企画で曲を作り、音楽事務所にデモテープを持ち込んだり、コンテストに応募したり、売り込む努力をするんだ。そこで、きついことも言われるかもしれないし、音楽性を全否定されるかもしれない。そうしたら、まったく違う企画で曲を作り直すんだ。それで、少しでも手ごたえがあったなら、同じような企画で次の曲を作り、もっと大きく投資する。それが、もっとヒットしてお金が入ってくれれば、広告宣伝も大々的に打つことができるようになる」

「……俺、5年ぐらい前に1回だけ、小さな音楽事務所のコンテストを受けたことがあったんだ。でも、そのとき、曲の作り込みが甘いって、相当、怒られた」

「彼らは、もっといいものを作って、音楽業界を盛り上げて欲しいからこそ、怒るんだ。ただ、それによって、新しい企画を作るキッカケが摑めるかもしれない。中には、親身にアドバイスをしてくれたり、個人的に会ってくれる人もいるはずだ。とにかく、ダメ出しを恐れてはいけない。何度も挑戦することで、相手に真剣だということが伝われば、対応も違ってくる」

「分かった。今度、どっかの音楽事務所のオーディションを受けてみるよ。その他に俺がやることは、なにかないか？」

「売れているミュージシャンを徹底的に分析して、その理由を探るんだ」

「ああ、それならやっているよ。憧《あこが》れのミュージシャン何人かの本はすべて読んだし、実際に会って、サインをもらったこともある。そして、そのときに曲が売れた理由を聞いたところ、〝魂を込めた曲を作れ〟とアドバイスされたんだ」

「それで、曲には、魂が必要だって信じていたのか？」

「まぁな。でも、それは何人ものロックのミュージシャンが、同じようなことを、TVのインタビューや有名な音楽雑誌の取材で答えているんだ」

ロボットは、それを聞くと、腹を開いて紙をプリントアウトした。

①一部の意見を、代表的な考え方だと勘違いしてしまう
②自分の意見と同じものは過大評価して、正しいと判断してしまう
③最初に聞いた意見が強い影響力を持ち、他の意見を素直に聞けない

吾郎は、吐き出されて下に落ちた紙を拾った。

「なんだ、これは？」

「人間は、いつでも、この3つに引っ張られて、結論を急いでしまう傾向がある」

「それで、早く目的が達成できるなら、合理的でいいじゃんかよ。今の世の中、スピードが勝負じゃないのか」

「ただ、急いだことが原因で、不合理な結論を導いてしまうことが多いんだよ。例えば、〝成功する秘訣《ひけつ》を知りたい〟と考えているサラリーマンが、成功している100人の社長にアンケートを取ったら、50％の人が、メモ帳を持ち

歩き、60％の人が、毎日、靴を磨いていたという、有名な雑誌の記事を読んだとする。しかも、それを有名人が推薦していると、それが成功する法則だと思い込んでしまうんだ」

「アンケートのデータを操作することはないだろ。その結論で、いいんじゃないのか？」

「まず、①は『代表性』と呼ばれるもので、直感的な判断によって、勝手に代表的な法則を作ってしまうことを指す。もちろん、それで正しい結論が導き出せればよいのだが、メモと靴磨きだけで、誰もが成功できる法則になるはずがない。それに、その意見を導き出すために、アンケートの内容に偏《かたよ》りがあったかもしれない」

「それが、本当に成功の法則の一部だったら、どうすんだよ」

「では、別のアンケートで、成功している100人の社長の80％が朝食をとり、70％が毎日、電車で会社に通っているという結果から、朝食と電車で通うことが、成功の秘訣という記事があったらどう思う？」

「そんな極端な質問はしないだろ？　朝食で成功するならば、誰も苦労しないし、電車で通うかどうかは、会社と自宅の場所と距離によるだろ。アホらしい」

「それは、②の『利用可能性』と呼ばれるものに陥っている。自分の意見と明らかに違うと、すぐに否定して、少しでも自分の意見と似ていると、それが正解だと考えてしまう。いろいろな角度から、できる限り、すべての可能性を列挙することが必要なんだ。特に、自分とは、まったく正反対の意見であっても、検討しなければいけない。さっきのアンケートの話であれば、もしかして、朝食や電車で通うことも成功の法則の一部かもしれないだろ」

「そんなもんかねぇ」

吾郎は耳の穴を小指で突《つつ》きながら、ロボットの話を聞いていた。

「最後の③は、『アンカー効果』と呼ばれるもので、有名な雑誌で、有名人が推薦というだけで正当化してしまったり、アンケートの結果が頭に残り、新しい意見が思いつかないことを指す。いつでも、ゼロベースで考え、有名な雑誌は読者に受けやすい意見を作っているのかもしれないし、有名人は可もなく不可もない内容だから推薦しているのではないかと、疑うべきなんだ。あくまで、〝成功する秘訣を知ること〟が目的なのだから、〝有名な雑誌〟、〝有名人が推薦〟という余計な情報は、捨ててしまうことだ」

「そんなことを言うのなら、正しい結論にたどり着き、目的を達成するためには、具体的に、どうすればいいんだよ」

「いつでも突っ込んで考えることで、本当に必要な情報を絞り込み、時間がかかったとしても、それを収集するんだ。例えば、メモを取っていたことが原因ではなく、そのメモの書き方に秘訣があるのではと考える。それで、いろいろなメモの書き方を、できるだけ集めるんだ。そのときに、〝有名な雑誌〟や〝有名人が推薦〟という情報は無視する。それで、自分で実践《じっせん》してみて、一番よいと思う方法を選ばなくてはいけない」

「それなら、電車で通うのが成功法則かもしれないっていうのは、どう突っ込めばいいんだ？」

「電車で通うことで、毎日、本を読む時間が取れているのではと考えてみる。それで、電車に乗っているときに、どんな本を読んでいるのか、いつでも周りの人を観察するんだ。時間はかかるかもしれないが、そんなに、難しいことではないだろ」

「……もしかして、俺が、〝曲を作るときに、大切にしていることは？〟と憧れのミュージシャンに質問したときに返ってきた〝魂を込める〟という答えも、より深く突っ込んで考える必要があったってことか？」

「そうだ。〝曲に魂を込めるために、具体的にやるべきことを、優先順位をつけて、３つ挙げて欲しい〟と聞けば、違う答えが返ってきたんじゃないのか？　そして、『突っ込んで考える』とは、単なる人の意見を真似するだけではなく、自分なりに情報を変換して、使いこなせるようにすることなんだ」

「自分なりに、変換する？」

「さっきのメモの書き方であれば、自分に一番合っているメモの書き方を実践している中で、もっと使いやすい方法に変えていくってことだ」

「そんなこと、本当に、できるのか？」

「だからこそ、いつでも自分の頭で考える癖《くせ》を持つことが大切になる。例えば、新聞の記事を読んで、〝この社長は、経営が下手だから、会社が赤字なんだ〟とか、〝会社をこれほど黒字にできるなんて、すごい手腕だ〟と話しているサラリーマンを見るが、これでは仕事ができるようにはならない。赤字であっても、黒字であっても、〝自分が社長だったら、その会社の商品を、どのように販売していただろうか〟と10分でもいいから、それだけを集中して考えることが必要なんだ。そして、もし自分で実践できることがあれば、そのやり方で本当に稼げるのか、試してみる。結局、稼げなければ、それには価値がないから、すっぱり捨てて、もう一度、新しい情報をもとにゼロベースで考えてみるんだ」

「……今まで俺が作ってきた曲は、まったくお金が稼げないから、価値がないってことなのか？　そんな曲は、捨てろってことなのか？」

「もともと、憧れのミュージシャンだけに目を向けすぎていたんじゃないのか？　別のジャンルで、しかも嫌いなミュージシャンの情報も集めるべきだ。それで、曲をすぐに作るのではなく、自分の音楽がたどり着くべき目的について、そして、それを達成するためには何をやらなくてはいけないのか、じっくり考えてみることだな」

「なんとなくだけど、言いたいことは分かったよ。でも……」

「どうした？」

「俺には、今までサポートしてくれた美穂がいない。さっぱり、やる気も起きないし……自信もなくなってしまった」

吾郎の言葉は、徐々に小さくかすれた声になっていった。

「自分の人生だろ？　何を甘ったれたことを……そもそも、道明取締役と付き合っているときにも、やる気があったのか？　しかも、別れて1年も経って、まだ……」

と、ロボットがそこまで言いかけた、そのときだった。

倉庫の扉がゆっくりと開いた。

うまくいっている戦略を見直して、修正する勇気

最初は、月明かりが逆光になり、誰が立っているのか分からなかったが、その明るさに慣れた頃には、その人物が美穂であることは、すぐに分かった。

「吾郎、もうバカな真似は止めて」

急に現実に引き戻された吾郎は、足元に落ちていた鉄パイプを、もう一度拾い上げた。

「どうして……どうして、俺がロボットをおびき寄せたって、分かったんだよ！」

「会社の電話の着信記録よ」

「なんで、着信記録だけで分かったんだよ！　以前使っていた携帯電話は美穂のもんだったから、別れたときに返したはずだ。今は美穂の知らない電話番号

のはずだから、俺が電話をかけたなんて、着信記録を見ても分かるはずがないだろ！」

吾郎は、大声で騒ぎ立てた。しかし、美穂は落ち着いた口調で、一歩一歩前へ進みながら言葉を続けた。

「それが、分かっちゃったのよ。会社にかかってきた不審な男からの電話番号の着信記録、下４桁が……『０７０４』じゃないの」

「あっ」

「『０７０４』、つまり、７月４日の今日は……私の誕生日よ」

美穂は、言葉を詰まらせた。

「なんで……なんでもっと頭をちゃんと使わないのよ、バカ！　別れた彼女の誕生日を電話番号の下４桁に入れれば、バレるに決まっているじゃない！」

「それでも、なんで……なんで、この場所が分かったんだ！」

「ここを突き止めるのは簡単よ。吾郎のバンド仲間に連絡して、どんなに大きな音で演奏の練習をしても、近所迷惑にならない場所はあるかって聞いたら、ここを教えてくれたわ。どうせ吾郎のことだもん。そんなに行動範囲が広いわけでもないし、誰もいないところに人をおびき寄せるとしたら、場所は限られているはずだと思ったの」

気がつけば、美穂は吾郎の手の届く範囲まで、歩み寄っていた。美穂は吾郎の前に立つと、右手を差し出した。

「返してちょうだい」

「な、なにをだよ」

「私の携帯電話。今日、私と会社が連絡を取れたらまずいから、家にこっそり入って盗んだんでしょ？　いつも玄関の靴箱の上で充電しているから、合鍵で家を開ければ、さっと盗れるものね」

「うぅ……美穂がヨリを戻してくれたら、返す」

「そんな、子供みたいに不合理なこと、言わないでよ」

「ロボットだけじゃなく、美穂まで、合理性が大事だって言うのか！　俺は、美穂のことが好きなんだ！　恋愛に合理性は関係ない！」

「吾郎は優しかったわ。あなたのそういうところが大好きだった。でも、やっぱり、もう一度、ヨリを戻すのは無理。私は、前を向いて生きたいの！」

美穂がそう言うと、吾郎は突然、「うわぁー！」と大声を出してあとずさった。

「みんなで！　みんなで俺のことをバカにしやがって！」

「バカになんかしていないわよ！」

「もう、もうどうなってもいいんだ！　もう、どうなってもいいんだ！」

吾郎は、鉄パイプを振り回し始めた。

「止めてちょうだい！」

美穂が叫んだそのとき、鉄パイプが吾郎の手からスッと離れて、勢いよく美穂の方に向かって飛んで来た。

「きゃ！」っと、美穂が悲鳴をあげて目をつぶった瞬間、「ガチャン！」と車が衝突するような耳障《みみざわ》りな音が倉庫に響き渡った。

美穂がおそるおそる目を開けると、目の前には両手を広げて仁王立ちするロボットの姿があった。

胸の部分には鉄の棒が突き刺さり、バチバチと青い火花を散らしている。

美穂が黒板を爪で引っかいたような悲鳴をあげたが、それでさらにパニックになった吾郎は、足元に落ちていた別のもう1本の鉄パイプを拾い上げて、ロボットに襲いかかった。

「もう、どうなってもいいんだ！　もう、どうなってもいいんだ！」

同じ言葉を繰り返しながら、吾郎が鉄パイプを振り回した。ロボットは吾郎の攻撃を避けようと身体をひねったが、胸にささった鉄パイプの影響か、素早い動きができず、鉄パイプはそのままロボットのわき腹に直撃した。

「吾郎！　止めて！　ロボットが死んじゃう！」

「ロボットが死ぬわけないじゃんかよ！　なにが投資は合理的に判断しろだ！　人間は、不合理な生き物なんだよ！　お前なんか、音楽を聴いて、魂が揺さぶられることなんて、ねぇだろ！」

吾郎は、眼をむき出しにして叫ぶと、大きく鉄パイプを振りかぶって、力の限りロボットを叩きまくった。

美穂は止めようとしたが、あまりに豹変《ひょうへん》した吾郎の狂気さに身動きが取れず、倉庫には機械がひしゃげる音だけが響き渡った。

ロボットの身体と頭が変形するまで叩きまくった吾郎は、自分の顔に飛び散った油を拭《ふ》こうともせず、息を切らしながらかすれた声で言い放った。

「へっ、ロボットって言ったって、大したことないじゃないか！　俺は、お前が言う『売れる歌』なんて、絶対に作らない！　やっぱり、俺は、〝魂を込めた曲〟を作り続けることに決めたよ。そうしなければ、俺が音楽をやる意味がなくなっちまうだろ。音楽は、俺の生きる意味、そのものなんだよ。聞いてんのかよー！」

吾郎は、ロボットの足を蹴飛《けと》ばした。

しかし、ロボットは割れた豆電球をピカッと1回だけ光らせて、少し雑音の入った声で静かに言った。

「一時の感情や、今までの思い込みだけで、未来の行動を決めることは、合理的ではない」

「なに？」

「殴《なぐ》ることで、気がすんだか？　殴っても、どれほど、怒鳴り散らしても、状況が改善することはない。それどころか、不合理な行動をするほど、状況は悪化するだけだ。バカなことは止めて……もう帰れ」

「そんなポンコツ姿で、なにを言っているんだ！　お前こそ、もう壊れそうなのに、俺に説教するとは、お前こそ不合理だろ！」

「いや、最初に言ったが、これ以上攻撃すると、私も本気になるぞ」

「なんだと！」

「そうしたら、説教じゃ、すまなくなる」

その言葉に、吾郎の目が一気に吊《つ》りあがった。

「ふざけるな！　やれるもんならやってみろ！　ロボットだからミサイルでも撃つつもりかよ！　もう絶対にブチ殺してやる！　今の日本じゃなぁ、ロボットを殺しても罪にはなんねぇんだよ！」

吾郎は、そう叫ぶと、ロボットの顔面めがけて、思いっきり鉄パイプを振りかぶった。

そのときだった。

ロボットは倒れた姿勢のまま、まだ動く右手を高くあげて、人間の関節とは逆方向に肘《ひじ》を折りたたんだ。

「へっ？」

その動きに吾郎があっけにとられて動かなくなった瞬間、筒状になった右手から「ドンッ！」と大きな音が響き渡り、煙が立ち昇った。

「うぉおおおお！」

吾郎は悲鳴をあげて、大砲の弾のように数十メートル弾け飛んだ。

「吾郎！」

美穂は大声をあげながら、倒れた吾郎の方に走り寄った。しかし、吾郎は倒れたまま、まったく動く気配はなかった。

「大丈夫だ。発射したのは空気砲のミサイルだから、爆発したわけではない。気を失っているだけだろう。まぁ、アバラ骨の2〜3本は持っていかれたと思うがな」

ロボットは、半分起き上がった姿勢で、そう言うと、そのまま地面に倒れこんだ。それを見て、美穂はロボットのところに駆け戻って来た。

「大丈夫ですか！」

美穂はロボットの上半身を抱き上げたが、片目のLEDがチカチカと光るだけで、まったく動く気配がない。

「すぐに人を呼びますから！」

「いや、大丈夫だ」

「でも……油がこんなに、漏《も》れて……まったく、止まる気配が……」

美穂は自分のシャツを口で引きちぎると、ロボットの油が漏れる関節に巻きつけた。しかし、すぐに黒く滲《にじ》んで、ポタポタと油が地面に流れ落ちた。

「もういいんだ」

「……ミサイル、出たんですね」

「そこに足が落ちているだろ。その裏を見てみろ」

　美穂は、吾郎に壊された足を拾い上げた。初めて、ロボットの足の裏を見たが、そこには、「ミサイル付ロボット」と書かれていた。

「ミサイルと言っても、空気砲だがな」

「本物も、搭載《とうさい》することがあるんですか？」

「それはない。ミサイルを撃つことなんて、めったにない。ほとんど、使わないものに、経営資源を投入してはいけない」

「経営資源？」

　気がつけば、ロボットを抱える美穂の膝《ひざ》は、油で真っ黒になっていた。

　しかし、ロボットは、いつものたんたんとした口調で話を続けた。

「これは、ビジネスでも同じことが言える。例えば、革カバンに新しい機能を付けて、売れたとする。それで、もっと売るために、みんなで考えた機能を増やしていく。そのときに、前に付けた機能が必要かどうか、必ず、検討しなければいけないんだ」

「なぜですか？」

「その機能を付けたことで、売れた印象が強いと、削る必要がないと自動的に思い込んでしまうからだ。でも、新しい機能によって、お客にとって価値が小さくなった古い機能は削るべきなんだ。それによって、製造コストを下げたり、代わりにサービスを増やしたりする方がいい」

「ミサイルを配置するときにも、戦略が必要なんですね。〝戦略なき投資は、失敗する〟でした。私、バカだから、また忘れちゃいましたよ」

「いつでも、今まで取ってきた戦略が正しかったのかを見直さなければいけない。戦略がうまくいっているときこそ、やるべきなんだ」

「戦略を見直す〝戦略〟も必要ってことなんですね。やっぱり、これからも指導がなければ、私ひとりじゃダメそうですね」

美穂は、油だらけの手で涙を拭《ぬぐ》いながらも、笑ってみせた。

「私もそうしたいが、どうやら……それは、無理のようだ」

「なぜ、ですか？」

美穂が声をかけた瞬間、ロボットは口から大量の油を吐き出した。

「大丈夫ですか！」

「ゴボッ……おそらく……あと少しで、私は、止まる」

「止まるって……そんな悲しいこと、言わないでください！　まだ私に仕事をたくさん教えてください！」

美穂は、大粒の涙を流しながら大声で叫んだ。その水滴は、ロボットの顔にボタボタと流れ落ちたが、鉄の顔面に染み込むわけもなく、そのまま涙の塊は頬《ほお》を伝い、地面にゆっくりと落ちていった。

「全部、全部、私がいけないんです。吾郎とあんな別れ方をしなかったら、こんなことに……こんなことに」

「気にするな。どちらにせよ、私は、あと数日で、止まる運命だったんだよ」

ロボットの予想もしなかったセリフに、美穂は言葉を失った。

「私は、銀行が貸付先に、投資を勉強させるために作られたロボットなんだ。感情を挟まず、冷静に状況を分析して、合理的に意思決定できるロボットの方が、人間よりも投資には適しているからな。ただ、高性能な知能を持つロボットゆえに、さまざまな情報がインプットされていくと人間の感情を持ってしまい、だんだんと合理的な判断ができなくなってしまうんだ」

「だったら、それでもいいじゃないですか！　投資には人間の感情的な判断も必要だと思います」

「いや、それだと私がロボットでいる意味がない。人間の感情を持ち始めると、自動的に停止装置が作動して48時間以内に思考回路が止まり、すべてのデータが消去されて、それで私の使命は終わるんだよ」

「そんな悲しいこと、言わないでください！」

「悲しいことじゃない」

ロボットは、かろうじて動く左手を動かしながら、美穂の手を握り締めた。

「永遠に動き続けるロボットであれば、たとえ労働用のロボットといえども、やる気をなくしてしまう。時間には期限があるからこそ、その中で優先順位を決めて、なにをやるべきで、なにをやらないべきかを決めることができるんだ。それは、人間だけではなく、ロボットでも同じことなんだ」

「じゃあ、銀座のクラブに通ったり、皇居の周りをランニングしたり、ハーレーに乗って鎌倉の温泉に行ったりするのも……」

「ロボットだから、できるだけムダな動きはしたくないという思考回路が働く反面、ムダなことの楽しみも覚えなくては、ここぞというときに、思考回路が効率的に働かないから、あんなふうにプライベートを過ごして、バランスよく仕事をしていたんだ」

「でも、ここで動かなくなったら、もうプライベートも楽しめないじゃないですか！」

ロボットの胸に刺さっている鉄パイプの辺りから、ガチャガチャと異音がなり始めた。機械に詳しくない美穂でも、明らかに、部品がショートし始めていることが分かった。

「……もう、そろそろお別れだな。思考回路が止まったら、自動的に東京明治SF銀行に信号が発信されて、迎えが来る。そこから先は、担当者の指示に従ってくれ」

「私たちの会社は、どうするんですか！　社長がいなくなったら、誰が、取り仕切るんですか！」

「道明取締役、キミが、社長になればいい」

「私が？　そんなの無理です！」

「いや、キミならできる。だってキミは経営者としても、人間としても、一番大切なことを覚えたじゃないか」

「一番大切なこと？」

「それは投資だ。いつも保守的で、安全な人生を選ぶより、リスクが大きくなったとしても、自分が本気でやりたい目標を見つけたなら、人生を賭《か》けてでもやるべきだということを、私はキミに教えたつもりだ。そして、キミはそれを見事に実践してきた。だから……大丈夫だ」

ロボットの声は、だんだんと小さくなり、雑音が混じり始めて聞こえづらくなってきた。

「ひとりにしないでください！　私……アナタがいなくてはダメなんです」

「もう、ひとりで大丈夫だ」

ロボットは、そう言うと、筒状になった右手を震えながら持ち上げて言った。

「今まで、楽しかった」

「これからも、一緒に、楽しみましょうよ」

そのとき、美穂には、ロボットの表情が笑っていることが、ハッキリ分かった。

「ありがとう」

この言葉を最後に、ロボットの頭の豆電球は消えて、まったく動かなくなった。

美穂は、それと同時に、喉《のど》が切れるほどの甲高い声で泣き叫んだ。

エピローグ

美穂《みほ》は、ホテルのロビーで大きくため息をついた。

「で、向かい風が強かったから、遅刻したってわけ?」

「ええ、まぁ、そうなんですが……」

社長秘書の真壁《まかべ》は、ひん曲がったメガネの位置を直しながら、自分の発言に自信なさそうに答えた。

「あんた、社長秘書になって、何年目よ?」

「こ、今年で3年目です」

「だったら、もっとまともな遅刻の理由を考えなさいよ!」

美穂は手に持っていた書類で、真壁の頭を叩いた。

「うちの会社も、今年で設立11年目よ。上場もしたし、今では革カバン以外のブランドでも日本中から注目を集めているんだからね。たった5分の遅刻でも、そういう気の緩《ゆる》みが、取引先やお客からの不信に繋《つな》がり、会社にとって致《ち》命傷《めいしょう》になるかもしれないのよ。分かった？」

「はい、すみません」

真壁は汗を拭《ふ》きながら頭を下げると、「すぐにタクシーをまわしてきます」と言って、ホテルのロビーから飛び出して行った。

ロボットが止まったあの日、すぐに倉庫の前にトラックが横付けされて、数人の男が壊れたパソコンでも回収するかのように、ロボットを運び出して行った。

美穂も、その場からすぐに東京明治ＳＦ銀行の本社に移送されて、黒ずくめの男達に書類を手渡され、本日起きたことは口外しないように、契約書へのサインを強要《きょうよう》された。

銀行特有の一方的な態度に、美穂は躊躇《ためら》いもあったが、吾郎《ごろう》の一件も絡《から》んでいたこともあり、騒ぎ立てずに契約書へサインをすることにした。

銀行側からは、「ロボットは、出向元の東京明治ＳＦ銀行に戻り、代わりに、道明美穂が代表取締役に就任した」と口裏を合わせることを指示されて、美穂は、会社に戻ってからも、忠実にそれに従った。

社内は、ロボット社長が急にいなくなったことで動揺が走ったが、美穂のリーダーシップですぐにその騒ぎは収まり、さらに固い団結力で仕事に取り組むようになった。

そして、10年の月日が流れ――。

革カバンの会社は、今ではスーツやネクタイ、革靴、時計などを取り扱う男性総合ファッションブランドメーカーとして、全国に100店舗を展開する大企業へと成長していた。

3年前には上場を果たし、ヨーロッパの有名ブランドから、買収を提案されたこともあった。

そのとき、美穂は自分の株を売却して、リタイアすることも考えたが、この会社を手放すと、ロボットとの思い出が消えてしまう気がして、結局、その提案には乗らなかった。

一方、ホリデイ産業は売上の下落が止まらず、しかも革カバンの製造を他の工場に移されたことで、とうとう赤字に転落してしまった。それによって、資金繰りにも詰まり、子会社が上場する4年も前に、保有していた株式を、美穂を含めた経営陣と社員、そして、こちらが指定した数社の取引先とベンチャーキャピタルに、すべて売却してしまったのだ。

それによって、ホリデイ産業は、東京明治SF銀行からの借入金を返済できたので、倒産を回避することはできたようだ。ロボットがそこまで見込んでいたのかは分からなかったが、結果的にプログラムされていた目的は、達成できたと言える。

その後、社長の息子が会社を継いだのだが、売上が回復することもなく、田沼部長も含めて、美穂が知っている人間はほとんど、早期退職制度で辞めてしまった。正確には、辞めさせられてしまったと言った方が、いいのかもしれない。

それからは、ホリデイ産業との取引も交流もなくなり、自分達の会社が、ホリデイ産業の子会社であったことを知っている社員さえ少なくなった。

美穂はというと、めまぐるしいほどの多忙な日々を過ごし、女性とは思えないほどのハードスケジュールをこなしていた。35歳を過ぎてから、さらに女性としての魅力を増した美穂には、プライベートでたくさんの男性との出会いがあり、そして恋もあった。一時は結婚直前まで話が進むこともあったが、結局、今現在も独身のままで過ごしている。

唯一、10年前と変わらないことと言えば、口説かれた男性も、口説いた男性も、すべて年下だったということだけである。


タクシーに乗り込むと、秘書の真壁は、スケジュール帳をめくりながら、心配そうに言った。

「今日のブロックアート不動産で行う外国人の社長へのプレゼンテーション、うまくいきますかね？」

「大丈夫よ。ニューヨークの出店の事業計画書は完璧《かんぺき》だし、英語のプレゼンは、このところ全戦全勝よ。よほど頭の固い取締役じゃない限り、この案件は絶対に成約するわ」

「でも、もし断られたら……」

「なに弱気になっているのよ！」

美穂はもう一度、手に持っていた書類で真壁の頭を叩いた。

「ニューヨークへの出店は、我が社の長年の夢なのよ。これを成功させて、ワールドワイドなブランドとして『差別化戦略』を徹底させないと、世界の有名ブランドの中で、生き残っていけないわよ」

そのとき、タクシーのラジオから、聞き覚えのある音楽が流れてきた。

イントロの部分が流れた瞬間、真壁は「あっ」と声を出すと、すぐにタクシーの運転手に「ボリュームをあげてもらえますか?」と尋ねた。

「いつ聞いても、GOROの曲はいいっすねぇ」

「あっ、お客さんもGOROのファン?」

60歳代半ばのタクシー運転手は、渋いダミ声で、後部座席の真壁に話しかけた。

「僕、GOROのデビュー曲の〝独立記念日〟のCDから、全部持っているんですよ。心にジーンと来るんっすよねぇ。懐かしいっていうか、元気になるっていうか……」

「実は、私もなんです。珍しいですよ、私みたいな年寄りまで支持層が広い、若いフォークミュージシャンっていうのも。多分、曲に魂っていうか、ソウルっていうか、そういうのが入っているからじゃないんですかねぇ」

「この新曲も、リリースされてから3日でチャート1位っすよ。今度は武道館で、初ライブをやるらしいし、やっぱ、すごいっすよね」

「そう言えば、この間、表参道で乗せた音楽関係のプロデューサーが言ってたんですけど、ＧＯＲＯって、昔は、漢字の〝吾郎〟という名前でロックを歌っていたらしいですね」

美穂はこのタクシー運転手が、乗客のみんなに、同じ話をしているのだろうと思った。

「ホントっすか！　いやー、僕知らなかったっすよ！　ＧＯＲＯって、昔は、ロックミュージシャンだったんですね」

「それを聞いてからね、私、ロック時代のＧＯＲＯの曲も聞こうと思って、神田のインディーズのＣＤショップに行って、若い頃の曲を見つけてきたんですよ」

「マジっすか！　で、どうでした？」

「いやぁ、良かったですねぇー。ロックでもジーンと胸に響きました。ただ、歌詞はフォークの方が合っていますね。とにかく、ここまできたら、ＧＯＲＯはフォーク界のカリスマになれます。すでに、井上陽水《いのうえようすい》も超えたかもしれないですね」

「いやー、まだ、井上陽水の方が上っすよ」

タクシーの運転手と真壁は、本気になって口論し始めた。

美穂は、そんな二人の会話は無視して、GOROの曲にずっと耳を傾けていた。


今になって、美穂には、ハッキリと分かったことがある。

ビジネスでも、出世争いでも、株や不動産でも、恋愛でも、投資を成功させるためには、自分の頭で考えて作った戦略が必要となる。

ロボットは最後に、いつでも、その戦略を見直さなければいけないことを教えてくれた。

「戦略を見直す」とは、過去に囚《とら》われずに、環境の変化に合わせて、「自分の考え方を変えろ」ということなのだ。もちろん、それにはリスクがあるし、絶対に成功するとは限らない。それでも、自分が変わらなければ、お客だって、上司だって、部下だって、恋人だって、変わってはくれないのだ。

あの倉庫で起きた事件以来、吾郎とは会っていないから、推測でしかないが、きっと吾郎も、そのことに気づいたのだ。

それは、5年前に突然、吾郎がフォークミュージシャンとしてTVデビューしたときに、直感した。自分の力で、お客を含めた周りの人達を変えることなどできない。それならば、自分が変わるしかない。自分の音楽を大きく変えて、市場の求めている『売れる歌』を作ったからこそ、すべての人が吾郎に対する態度を変えたのだ。

もちろん、吾郎にとって、ロックを捨てることは、相当、辛い選択肢だったに違いない。しかも、何年間もずっとやり続けてきて、少しずつファンも増えてきたのに、それをすべて捨てるというのは、すごく難しいことである。

でも、吾郎はリスクと向き合い、変わることができた。

自分のやりたいロックを追求するのではなく、〝自分の魂を伝える〟という目的を達成するためには、フォークでなければうまくいかないという結論に、たどり着いたのだろう。

もちろん、私もそうだったように、今までの自分を否定することは苦しいかもしれないが、変わってしまえば、周りに認められることに、やりがいを感じるはずだ。

もし、私が吾郎に会うことがあるならば、そのときは「おめでとう」とひと言だけ声をかけてあげたい。

ブロックアート不動産の会議室で、美穂はプロジェクターのスイッチを入れて、パワーポイントをスクリーンに映し出した。

「では、そろそろ始めさせていただきます」

美穂が手元の資料をめくろうとすると、ブロックアート不動産の取締役のひとりが「ちょっと、待ってください」と声をあげた。

「本日、就任する新しい取締役が、まだ到着していなくて……もう少しで現れるとは思うんですが」

そのとき、会議室の後方の扉が開いて、遅刻した取締役が入って来た。

「遅くなってすみません」

彼は、そう言うと、当たり前のように、ガシャン、ガシャン、ガシャンと金属がきしむ音を立てながら会議室に入って来て、空いているイスに腰を下ろした。

「社長、ロボットですよ！　ロボット！」

隣に座っていた真壁が、怯《おび》えたような小さな声で、美穂のわき腹を肘《ひじ》で突《つつ》いてきた。

美穂は一瞬、状況が飲み込めなくなって頭の中が混乱したが、すぐに懐かしい思い出がこみ上げてきて、両手で口元を押さえ込んだ。

「本日、東京明治ＳＦ銀行より出向して来ました、ロボットです」

彼はそう言うと、丁寧に頭を下げた。

しかし、秘書の真壁は動揺しているせいか、しつこく美穂の耳元に、小声で話しかけてきた。

「ロボットですよ、ロボット！」

それを聞いても、美穂は感情を抑えながら、静かに答えた。

「大丈夫よ。ミサイルを発射したりするわけじゃないんだし」

美穂は、そう言うと、席から立ち上がり、大きな声でプレゼンを始めた。

ロボットは頭の上にある豆電球を、チカチカと点滅させながら、手元にある美穂の作った英語の事業計画書をめくり始めた。

著者紹介

竹内謙礼（たけうち　けんれい）
有限会社いろは代表取締役。大企業、中小企業問わず、販促戦略立案、新規事業、起業アドバイスを行なう経営コンサルタント。大学卒業後､雑誌編集者を経て観光牧場の企画広報に携わる｡楽天市場等で数多くの優秀賞を受賞。現在は雑誌や新聞に連載を持つ傍ら､全国の商工会議所や企業等でセミナー活動を行い､「タケウチ商売繁盛研究会」の主宰として､多くの経営者や起業家に対して低料金の会員制コンサルティング事業を積極的に行っている。特にキャッチコピーによる販促戦略、ネットビジネスのコンサルティングには､多くの実績を持つ｡NPO法人ドロップシッピング･コモンズ理事長としてネット副業の支援と普及にも力を入れている。青木氏との共著として、『会社の売り方、買い方、上場の仕方、教えます！』（クロスメディア･パブリッシング)､『会計天国』（ＰＨＰ文庫)、著書に、『売り上げがドカンとあがるキャッチコピーの作り方』（日本経済新聞社)、『一瞬でお客さんの心をつかむ！１秒POP』（すばる舎）ほか、多数。
「有限会社いろは」HP：http://e-iroha.com/

青木寿幸（あおき　としゆき）
公認会計士・税理士・行政書士。日本中央税理士法人代表社員、株式会社日本中央会計事務所代表取締役。
大学在学中に公認会計士２次試験に合格。卒業後、アーサー･アンダーセン会計事務所において、銀行や大手製造業に対して最新の管理会計を導入し、業績改善や組織改革の提案を行う。その後、モルガン・スタンレー証券会社､本郷会計事務所において、M&Aのアドバイザリー､不動産の流動化､節税対策の提案などを行う。平成14年１月に独立し、株式会社日本中央会計事務所と日本中央税理士法人を設立して代表となり、現在に至る。会計・税金をベースとして､会社の再生､株式公開の支援､IR戦略の立案､ファンドの組成､事業承継対策などのコンサルティングを中心に活動。著書に、『ありふれたビジネスで儲ける』（クロスメディア・パブリッシング)、『相続のミカタ』（中経出版）など多数。
「株式評価.com」HP：http://www.kabuvalue.com/

本書は､2010年４月にＰＨＰ研究所より刊行された『投資ミサイル』を改題し、加筆・修正したものである。

PHP文庫　戦略課長

2014年1月22日　第1版第1刷

著　者　竹内謙礼
　　　　青木寿幸
発行者　小林成彦
発行所　株式会社PHP研究所
東京本部　〒102-8331　千代田区一番町21
　文庫出版部　☎03-3239-6259(編集)
　普及一部　☎03-3239-6233(販売)
京都本部　〒601-8411　京都市南区西九条北ノ内町11
PHP INTERFACE　http://www.php.co.jp/
組　版　朝日メディアインターナショナル株式会社
印刷所
製本所　図書印刷株式会社

ISBN978-4-569-76143-5

PHP文庫好評既刊

11歳のバフェットが教えてくれる「お金」の授業

田口智隆 著

大恐慌の時代に生まれ、父は失業!? 貧しかった大富豪ウォーレン・バフェットの少年時代の秘話から、お金のしくみを楽しく学べる一冊。

定価 本体五七一円（税別）